“十三五”国家重点图书

改革开放40年中国猪业发展与进步

猪场建设与环境控制

主编 贺东昌 王伟伟

主审 万昭军

中国农业大学出版社

·北京·

内 容 简 介

本书第一、二、三章通过对改革开放以来各个时期的猪舍设计进行总结，回顾了改革开放以来我国猪舍设计的发展历程，为今后养猪业的健康、稳定发展提供一些借鉴；第四、第五章对猪场配套设施设备和环境污染、控制方面的技术措施进行了总结和叙述；第六、七、八章对猪舍温度、光照、有害气体、粉尘以及对病原微生物的控制等内容分别进行了描述；第九章描述了猪舍建设和环境控制的大事件；第十章对猪舍物联网案例进行了分析。

由于我国地域辽阔，猪场建设和环境控制形式存在较大的差异，因此，要保证所有的猪场都能优质高效地运行，要遵循当地自然气候特点，因地制宜，才能促进生猪产业的健康发展。

图书在版编目(CIP)数据

改革开放40年中国猪业发展与进步．猪场建设与环境控制/印遇龙等主编；贺东昌，王伟伟分册主编．—北京：中国农业大学出版社，2018.10

“十三五”国家重点图书

ISBN 978-7-5655-2107-2

Ⅰ.①改…　Ⅱ.①印…　②贺…　③王…　Ⅲ.①养猪业—产业发展—研究—中国　②养猪场—经营管理　③养猪场—环境控制　Ⅳ.①F326.33②S828

中国版本图书馆CIP数据核字(2018)第228573号

书　　名　改革开放40年中国猪业发展与进步
　　　　　　猪场建设与环境控制

作　　者　贺东昌　王伟伟　主编

策划编辑　丛晓红　赵　中　　**责任编辑**　石　华
封面设计　郑　川　黄海滔
出版发行　中国农业大学出版社
社　　址　北京市海淀区圆明园西路2号　　**邮政编码**　100193
电　　话　发行部010-62818525，8625　　读者服务部010-62732336
　　　　　　编辑部010-62732617，2618　　出　版　部010-62733440
网　　址　http://www.caupress.cn　　**E-mail**　cbsszs@cau.edu.cn
经　　销　新华书店
印　　刷　涿州市星河印刷有限公司
版　　次　2018年10月第1版　　2018年10月第1次印刷
规　　格　787×1 092　　16开本　　13印张　　320千字
定　　价　388.00元(全九册)

编审委员会

序

国庆之后，孙德林先生来到我的办公室，系统介绍了即将出版的《改革开放 40 年中国猪业发展与进步》一书并邀我做序，我为之一振。

这部系统记录中国改革开放 40 年养猪业巨大变化的恢宏著作，就像中国养猪人的“系谱”，描述了我国猪产业在遗传改良、营养与饲料科学、猪场设计与环境控制、疫病防控与生物安全和猪场管理等各方面的技术进步，述说着一代代养猪人的情怀。

1978 年全国生猪出栏 1.6 亿头，到 2017 年全国生猪出栏 6.89 亿头；猪肉消费从改革开放初期人均约 15 kg，到现在人均约 40 kg。由于养猪业的发展，我们彻底改变了中国人动物性蛋白质食品供应不足的局面，实现了猪肉自给自足，这是一个开天辟地的飞跃。这样的成果来之不易，感恩于党领导下的改革开放政策的引领，感恩于亿万养猪从业者脚踏实地、持之以恒的勤奋努力。

中国养猪业经历了从分散饲养发展成规模化与集约化生产的过程。改革开放初期，中国养猪还不能称之为产业，40 年来，我们学习借鉴国外先进工艺设计，从机械化养猪到工厂化养猪，再到现代化和智能化养猪，我们走了一条引进、消化、吸收与创新的道路。在猪种方面，我们也是从中国地方猪品种到培育新品种、引进国外高产高效猪种，再到实现中国地方猪品种与外来猪品种杂交，生产安全、优质猪肉的生产模式。在育种技术上，我们从常规体尺测定到动物数量遗传学在育种上的应用，再到现在高科技生物技术在养猪生产中应用，实现了育种手段上跨越式的发展。

该书(全 9 册)是养猪科学家与企业家联袂打造的成果，体现了合作共赢的理念，表达了养猪接力棒的传承。我们还不是养猪强国，目前任务还很艰巨，未来任重道远，需要我们继续努力创新，加快提高养猪生产力水平。新一代养猪从业者的胸襟、抱负、视野和理念决定着中国养猪业未来的发展，我们将拭目以待。

作为中国畜牧战线的一名科技工作者，拿到沉甸甸的书稿，我真是心潮澎湃。看到一个个熟悉的中青年科技工作者，看到飞速发展的中国养猪产业，我感到骄傲与自豪，在无比的喜悦中快乐地分享着。在此将该书推荐给广大养猪界的朋友们，以此感谢勤苦付出的编委团队。祝大家猪业新程，再立新功！

中国科学院院士

中国农业大学教授

2018年10月于北京

前　言

随着养猪业的发展，猪场建设和环境控制越来越受到重视，逐渐成为养猪成败的决定性因素。猪场建设直接关系着猪只的健康和生产性能，直接关系着猪场效益变化，对猪场的可持续发展具有非常重要的意义。只有科学合理的猪场建设才能为猪群创造良好的生活环境，满足猪只生理需要，保证猪群健康成长，发挥猪的生长潜能，降低猪场的养殖成本、提高经济效益。本书再现了改革开放以来，我国猪场设计布局从农户散养到越来越趋于合理化、舒适化的进步过程。与此同时，养猪业的快速发展，使得养殖规模不断扩大、饲养密度不断增加。大量有机废弃物的产生和排放，所产生的一个不可回避的问题就是环境的污染问题。根据中华人民共和国环境保护部、国家统计局和农业部 2010 年 2 月 6 日发布的《第一次全国污染源普查公报》数据显示，40％的水污染物来自农业源，而畜禽养殖业的化学需氧量、总氮和总磷排放量分别占农业源的 96％、38％和 65％。畜禽养殖业产生的废弃物已成为我国环境污染的重要来源之一。另外，猪场的废弃物中含有大量的病原微生物和寄生虫卵，这些废弃物排放到环境中会对水源、空气、土壤等产生巨大影响，严重危害动物自身和人类的健康。由此可见，猪场对环境污染的控制已经迫在眉睫。

本书第一、二、三章通过对改革开放以来各个时期的猪舍设计进行总结，回顾了改革开放以来我国猪舍设计的发展历程，为今后养猪业的健康稳定发展提供一些借鉴。第四、五章对猪场配套设施设备和环境污染、控制方面的技术措施进行较为详尽地总结和叙述。由于猪群在生长过程中，其产生的废弃物和粉尘等对猪舍造成的污染，会反过来影响猪群的健康，因此，本书第六、七、八章对猪舍温度、光照、有害气体、粉尘以及对病原微生物的控制等内容分别进行了较为详尽地描述。第九章描述了猪舍建设和环境控制的大事件，第十章对猪舍物联网案例进行了分析。由于我国地域辽阔，猪场建设和环境控制形式存在较大的差异，因此，要保证所有的猪场都能优质高效地运行，要遵循当地自然气候特点，因地制宜，才能促进生猪产业的健康发展。

本书是由国家生猪产业技术创新战略联盟、中国农机学会机械化养猪工程分会、广西扬翔股份有限公司和北京市生猪产业体系创新团队组织的《改革开放40年中国猪业发展与进步》丛书之《猪场建设与环境控制》分册，该分册由山西市生猪产业技术体系创新团队和广州荷德曼农业科技有限公司为主编单位，四川省生猪产业技术体系创新团队为主审单位，山西省生猪产业技术体系创新团队首席专家、山西省畜牧兽医研究所贺东昌研究员和广州荷德曼农业科技有限公司王伟伟先生为主编，四川省生猪产业技术体系创新团队首席专家、四川省畜牧科学研究院万昭军研究员担任主审。

《猪场建设与环境控制》分册编写组

2018年7月

目　录

第 1 章

猪场设计工艺的技术进步

本章内容提要

猪经过近万年的演变逐步成为今天的家猪，产仔数达到每头母猪每年 20～30 头。养猪方式从狩猎、驯化家养、散养、圈养到大规模现代化集约化养殖，养猪技术水平和生产效率越来越高，养猪方式发生了很大的变化。猪场的清粪工艺方面也有了很大的变化，当前清粪方面主要使用的是干清粪方式和尿泡粪工艺，有些地方还出现了楼房养猪工艺和高架养猪工艺。干清粪方式可以使粪尿干湿分离，减少污水中有机污物含量，但是用人较多；尿泡粪工艺用水量较少，便于管理，适用于规模猪场使用，但是对排污管道设计施工要求严格，须有专门人员来完成，否则会运行不良，造成麻烦。楼房式养猪占地较少，高架养猪使猪与粪便分开，各有优缺点。

中国是世界上最早养猪的国家，最新考古研究表明，中国家猪饲养历史最早可以追溯到6 000～9 000 年前，即新石器的早中期，1973 年广西桂林甑皮岩遗址发现距今约 9 000 年人类圈养家猪骨骼（李有恒，1978），距今 6 000～7 000 年前的浙江余姚河姆渡遗址和桐乡罗家角遗址出土动物骨骼中，有较大比重的家猪骨骼，还有陶猪发掘出来。人类从野外狩猎获取野猪以后把活着的剩余野猪逐渐驯化家养，演变为当今的家猪（罗运兵，2013）。狩猎、驯化家养、散养、圈养到大规模养殖，养猪技术水平和生产效率越来越高，养猪业已成为农业或畜牧业最重要的产业之一。规模化养猪的出现，要求有规范的技术和养殖配套设施，猪场设计工艺也就随之而生。

猪场设计工艺是决定猪场成败的决定性因素。在猪场建设的过程中，只有整体而合理的结合才能提高猪场生产效率。猪场整体设计工艺不仅指制造工艺，更指对整个猪场的设计工艺体系及饲养工艺流程体系。当前国情下，环保为制约养猪发展的第一要素，需要引起特别重视（余海波，2014）。

工艺的概念基本的解释是劳动者利用生产工具对各种原材料、半成品进行增值加工或者处理，最终使之成为制成品的方法和过程。由于近几年我国生猪养殖规模化速度的加快，形成了一批规模化养猪企业，才加深了对猪场工艺的认识。在此之前相当长一段时间内，小规模养猪散户根本没有猪场工艺这个概念。随着国外各种先进的设备和成熟的饲养管理理念的进入，养猪户才渐渐对"工艺"有了理解。但即便有了一定的理解，也只局限于比较笼统的工艺名词，比如，全进全出、多点布局等工艺，对整体上的工艺并无深刻认识。究竟设计工艺如何渗透到猪场的各个环节中，又对设备本身的工艺提出了怎样的要求呢？

猪场整体设计应符合生产工艺要求，对整个猪场来说，由工艺所带来的整体影响体系在方方面面，比如，如何用工程手段来确保整体防疫能力，猪场的环保如何，都是与相关的设备要求相关联的。目前非常热门的福利养猪，同样在工艺设计中得到了充分的表达。定位栏或圈栏饲养工艺模式逐步取消后，要求改善饲养环境，为猪只提供必要的"玩具"设施，比如，磨牙链、蹭痒架、草捆和玩具箱等，这都是工艺不断完善向前发展的证明。现代规模化猪场的工艺设计体系十分复杂，猪场无论采用何种先进的设备，都是要符合整个生产工艺要求，否则就不可能有助于猪场提高生产效率。

工艺对设备的选择和要求，现代规模化养猪生产的工艺流程是采用分段饲养，讲究全进全出的饲养工艺。由于猪场的饲养规模、技术水平不同，不同猪群的生理要求也不同，要使生产和管理方便，提高生产效率，分段饲养、全进全出，是一个解决之道。目前，中国规模化养猪速度加快，孕育出了一批专业公司，能够提供从猪场规划设计到工艺流程、设备安装等全套解决方案。在不同的饲养工艺下，猪场工艺设计会对猪栏设备、环控系统、喂料系统、排污模式的选定提出不同的要求。

工艺对猪栏设备的要求，猪栏是工厂化养猪场的必备设备，这是猪场形成的最基本的生产单元，用于饲养不同类型、不同日龄的猪群。猪的饲养密度、饲养环境、饲养管理条件都与猪栏的形式、结构、材料、排列组合方式有密切关系。伴随着集约化养猪生产的进一步发展和对猪生物学特点的进一步了解，猪栏也在工艺方面不断提高。其中，分娩区是猪场的核心区域，整个猪场的运行效益很大程度取决于分娩区的生产状况。

良好的分娩栏工艺设计，对提高分娩阶段的饲养效果极为重要，是养猪生产成功的关键。现代化的设计工艺要求分娩栏地板与地面持平，围栏用PVC隔板，仔猪加热区不完全封闭，母猪围栏长宽和大小都可调节，有防压杆和调节杆，从而为仔猪群提供一个最佳的生长环境，并提高成活率。仔猪断奶后要转入保育栏。

保育栏也是一个需要清洁、干燥、温暖，且空气新鲜的环境。现代化设计工艺对保育栏的要求是围栏采用PVC板或栏杆，但地板一般要求是塑料地板，料槽与面积配套，且划分躺卧区、活动区、采食区和排泄区。这样不仅保证了温度的控制，而且各种活动还得以分开进行，卫生条件自然能随之改善，成活率也能随之提高。

工艺对环控体系的要求，对于规模化猪场而言，包括通风系统、供暖系统和排污系统等在内的环控体系扮演着重要的角色。传统猪舍的设计没有很好地考虑通风系统，只是利用门窗自然通风，容易造成夏天过热、冬天保温与通风难以兼顾的困局，这是我国养猪生产效率不高的重要原因。而现代化工艺设计要求猪场采用全自动控制的联合通风系统；夏季要采用湿帘加风机的纵向通风措施，降低高温对猪只的影响；冬季则要采用横向通风措施，才能在保证猪舍温度的同时，又保证最低通风量。猪舍气候调控的现代化对我国养猪业的影响可以与蒸汽机对工业化进程的影响相比。供暖设备要求热水加热工艺，比如，欧洲专家一般都会推荐以水为载体的加热方式，并形成了整套机制。这其中地暖是一种效果极好的加热方式。地暖设计，要求在实体地面部分设置地面采暖设施。这种设施符合热工学原理，由下而上逐步升温，能保证猪群生长温度的需要，而且由于工作量少和能持续加热的特点，有助于促进猪群健康成长。另外，规模化猪场的环控系统中，空调也是必不可少的设备。现代化工艺设计要求采用空调换气一体机，每一个单元由独立温控系统控制，能根据单元面积计算需要安装的换气一体机的数量。

工艺对排污系统的要求，传统猪舍的排污基本采用干清粪方式，劳动量大，污水量也大。规模化猪场的工艺要求在猪舍内设计漏缝地板覆盖的粪沟，用以储存猪粪、尿和冲刷用水，待一定时间（一般为 2～3 个月）后粪沟装满，便可拔出塞子，让污水顺管道排出。规模化猪场对排污设备本身的工艺要求是很高的。近期有猪场设备厂家推出了一个新的技术产品——水泥漏缝地板系统。这种地板援引欧洲福利地板的制作工艺和配方，提高地板表面的耐磨性和柔韧性，确保猪蹄不受到损伤，提高出栏率，设计中考虑增加地板的长度，地板长度达 3 m，可以减少支撑体系，并显著降低建造成本。

工艺对喂料系统的要求，规模化猪场的工艺设计要求采用自动化的喂料系统。全自动喂料系统在国外猪场应用非常广泛，而我国对猪自动饲喂设备的生产尚处于起步阶段。全自动饲喂系统有很多优点：定时定量喂饲（特别是在母猪饲喂方面，能避免限饲引起的应激反应）以及切断疫病的传播途径等。母猪智能化饲喂设备就是规模化猪场饲喂系统工艺流程中必不可少的设备，是对现代化饲喂工艺的要求的精准体现。

猪场工艺对环控体系的要求比较高，这就需要考虑粪便的处理。舍内清粪工艺应根据节能环保这一需求来选择合适的清粪工艺。水冲粪工艺耗水量大且水处理难度大，不提倡使用，所以已基本不用，近几年，尿泡粪工艺在我国受到了大、中型猪场的青睐，而中、小型猪场大多都使用干清粪和水泡粪。近年来，在一些地方还出现了全漏粪、免水冲工艺、高架养猪工艺、楼房养猪工艺等。

根据生产线方式不同，猪场工艺分为：一点式、两点式、三点式养猪工艺；根据清粪方式不同，分为干清粪工艺、水冲粪工艺、水泡粪工艺、尿泡粪工艺、全漏粪、免水冲工艺；根据建筑方式不同，有些地方出现了高架养猪工艺和楼房养猪工艺。

1.1　养猪工艺

我国从 20 世纪 90 年代中、后期开始，从国外引进这种比较先进的现代化两点式、三点式养猪工艺。当时在北京、上海、广州等一些大城市比较先进的大型养殖场就应用这种先进分点、分段式饲养工艺。在我国未引进分点式饲养工艺之前，国内已经建成的上千个现代化万头猪场都采用一点式饲养工艺，它是把整个繁育过程都在同一场地进行，而分点式饲养就是把整个的繁育过程分为两点或三点来完成。在当前的这种各类猪病不断发生的大环境下，相比一点式饲养工艺，两点式或三点式的饲养工艺才可以更好地防范疫情的传播，从而大大地降低猪只在生长的各个阶段的死亡率和淘汰率，这种多点的饲养模式还可以提高其生长速度，除此之外，这种分点式饲养也可以降低猪场生产运营过程中粪污处理的压力，各点的粪污可经过适当处理后就近还田。现阶段国内的生猪养殖业正在从传统养殖业逐步向现代养殖业的道路迈进中，无论是生猪的生产管理方法，还是繁殖母猪的生产能力等都在不断地发生重大变化（王清玲，2015）。

现代化生猪饲养工艺主要可以划分为两种：一点式生产工艺和两点，或三点式饲养工艺。虽然现代国内养猪事业蒸蒸日上，生产工艺流程也日趋成熟，但是“一点式”生产工艺还是广泛地存在于大江南北的。①“一点式（一点一线式）”生产工艺就是各个不同时期的猪群被饲养在同一个地方，包括妊娠母猪及公猪、哺乳母仔猪、断奶保育猪、后备育成猪到出售，可以让饲养管理更加的方便，并且各类猪群到转群时也比较容易。但有着非常大的缺点，那就是猪群相距较近，一旦发生疫情容易在群体内扩散，疫病难以有效控制，有可能面临巨大损失。现代大体趋势还是“两点式”“三点式”生产工艺比较科学与流行，当前国内兴建的一些比较规范的大、中型生猪养殖场一般运用的都是“两点式”或“三点式”饲养工艺流程。②“两点式”饲养工艺比“一点式”饲养工艺所需土地面积较大，所以，国内的一些小规模猪场一般都不会采用。由于“两点式”生产工艺均采取的是早期隔离断奶饲养，仔猪在断奶应激免疫力低下时，来到距离母猪较远、经过彻底消毒空栏的保育舍饲养，母源病原菌难以侵袭仔猪，通过这种方法来阻止病原的传播。③国内不少的大型生猪养殖场应用的是“三点式”饲养工艺，它与“两点式”饲养工艺相比，“三点式”生产工艺主要是将保育舍与育肥舍分开，猪场自动喂料线让它们之间保持一定的距离。而将这两类猪群分开隔离饲养，主要是因为这样做不仅能满足仔猪在不同生长时期的营养需求与环境需求，而且还能更加有效地防止疫情的传播。

国外的养猪饲养工艺研究要比国内发展领先几十年，21 世纪以来，当国内养殖户主要运用“一点式”饲养工艺时，国外的一些行业发达国家已经将“两点式”“三点式”饲养工艺成功地运用到生猪养殖的实际生产中。国外养猪的生产管理不仅关注各类猪群的正常生活状况，而且这些行业发达国家还对“动物福利”加大关注力度。与此同时，他们还观察到了母猪定位饲养弊端，并通过一定的法规来避免母猪定位饲养弊端，从而让生产动物得到更大的福利。从 2003 年 5 月 1 日起，欧盟严格要求所有猪舍内必须给猪群提供拱咬物质材料，比如，垫草等。欧美的一些发达国家，从饲养工艺上来看，他们越来越注重规模化猪场养猪自动料线的统一生产管理，这也是未来规模化养猪业的重要发展方向。除此之外，欧美的业内人士越来越重视“动物福利”这一议题。无论“一点式”饲养工艺，还是“两点式”“三点式”饲养工艺，每个猪场的规模都要做到适度（李保明，2012）。

1.1.1 一点一线式工艺

一点一线生产工艺是指在一个地方，一个生产场按配种、妊娠、分娩、保育、生长、肥育生产流程组成一条生产线。根据商品猪生长发育不同阶段饲养管理方式的差异，其又分成 3 种常用的生产工艺。

1.1.1.1 两段式生产工艺

该生产工艺的特点是猪在断奶后直接进入生产肥育舍一直养到上市，饲养过程中转群次数少，减少了应激。但由于较小的生长猪和较大的肥育猪养在同一类猪舍，增加了疾病防疫的难度，也不利于机械化操作，而且这种方式比其他方式需要更大的建筑面积。所以，这种方式只适合规模小、机械化程度低或完全依赖人工饲养管理的猪场。

1.1.1.2　三段式生产工艺

这种生产工艺的主要特点是哺乳期和保育期分开，加上生长肥育期共分为三段饲养，国内多数规模化猪场多采用这种生产工艺。采用此工艺猪群应激也比较小，同时，可根据仔猪不同阶段的生理需要采取相应的饲养管理技术措施。该工艺主要特点是怀孕母猪单栏限位密集饲养，便于饲养管理，母猪不会争吃打斗，避免损伤和其他应激，减少流产，而且比怀孕母猪小群饲养节约猪舍建筑面积 500～600 m^2（以万头猪场计）。产仔栏按 7 周设计，怀孕母猪可在产前 1 周进入产仔哺乳舍，哺乳仔猪 4 周断奶后，立即转走母猪，而哺乳仔猪再留养 1 周后转入保育舍，即可对产仔栏进行彻底清洁消毒，空栏 1 周，以利于卫生防疫；保育栏也按 6 周设计，饲养 5 周，空栏清洁消毒 1 周，给生产周转留有一定空余。

1.1.1.3　四段式生产工艺

仔猪出生后按哺乳、保育、生长和肥育四段饲养，以万头猪场计算比三段式生产工艺和肥育合二为一的饲养可节约猪舍建筑面积 300 m^2 左右。四段式生产工艺还有一种形式叫半限位生产工艺，其特点是空怀和轻胎母猪采用每栏 4～5 头的小群饲养。产前 5 周为了便于喂料和避免打斗流产，又转入单栏限位饲养。采用这种工艺，哺乳母猪断奶后回到配种怀孕舍小群饲养，母猪活动增加，对增强母猪体质和延长母猪生育高峰期有一定好处，设计投资可减少一些，所以，有些猪场也采用这种饲养工艺；其缺点是小群饲养期饲养管理麻烦些，有时母猪争食打斗使应激增加，猪舍面积也有所增加。

三段式与半限位四段式饲养的主要差别为：从生产到肥育分 3 个阶段。其优点是可减少猪舍面积，一个万头猪场可减少 300 m^2 左右；缺点是猪群多次转栏，应激增加。

总体而言，一点一线的生产工艺最大的优点是地点集中，转群、管理方便，主要问题是由于仔猪和公母猪、大猪在同一生产线上，容易受到垂直和水平的疾病传染，对仔猪健康和生长带来严重的威胁和影响。

1.1.2　两点式或三点式

鉴于一点一线生产工艺存在的问题，一些国家采用了新的养猪工艺对仔猪实行早期断奶隔离饲养。其可分为两点式生产和三点式生产。

早期断奶隔离饲养工艺的主要优点是在仔猪出生后 21 d，其体内母源抗体还没有消失以前，就将仔猪进行断乳，然后转移到远离原生产区的清洁干净的保育舍进行饲养。由于仔猪健康无病，不受病原体的干扰，免疫系统没有激活，减少了抗病的消耗，因此，不仅成活率很高，而且生长非常快，10 周龄时体重可达 30～35 kg，比一点一线方法将近高 10 kg。

两点式或三点式生产的隔离距离最好尽可能远些，理想的距离应为 3～5 km，100～500 m 的隔离可视为合理。如果条件允许，猪场中猪舍的间距也应当设计的大一些。有些猪场由于地盘面积不够或相临猪场太近，不适合多点生产。

1.2 猪场的清粪工艺

1.2.1 干清粪工艺

干清粪工艺是指粪便一经产生便进行分离，干粪由机械或人工收集、清扫，尿及冲洗水则从下水道分流，然后再分别进行处理，是目前一般养殖场提倡的一种清粪工艺。根据国家环保总局《畜禽养殖业污染防治技术规范》(HT/T 81—2001)规定："新建、改建、扩建的畜禽养殖场应采取干法清粪工艺，采取有效措施将粪及时、单独清出，不可与尿、污水混合排出，并将产生的粪渣及时运至贮存或处理场所，实现日产日清。采用水冲粪、水泡粪湿法清粪工艺的养殖场，要逐步改为干法清粪工艺。"干清粪工艺具有舍内气味相对较小，污水产生少，干粪养分损失小，肥料价值高等优点，是未来粪污清理工艺的发展趋势。

1. 机械清粪工艺

干清粪工艺可通过机械或人工及时、有效地清除畜舍内的粪便、尿液，保持畜舍环境卫生，减少粪污清理过程中的用水。

(1)机械清粪的优点 ①粪便一经产生便分流，可保持舍内清洁，无臭味，产生的污水量少，且浓度低，易于净化处理，最大限度地减少废水的产生和排放，降低废水的污染负荷。②可以减轻工人劳动强度，提高工作效率。

(2)机械清粪的缺点 一次性投资大，由于对粪坑的施工精度要求很高，刮粪板需要猪舍从建设开始就先行设计，且运行和维护需要一定费用，适用于中大型的养殖场。

(3)机械清粪的类型 使用铲车和刮粪板清粪，后者比较常用，其工作原理是电动机将动力通过减速箱传递给传动机构，利用传动机构上的槽轮拖动刮粪装置，使其在粪道内做往复运动，对粪道内的粪便进行清理，并将粪便刮入集粪沟中(集粪沟也可设置刮板，最终将粪刮到粪池中)。刮粪装置碰到设置在粪槽内设置的形成控制机构后，通过控制电路，自动实现电动机的反转，将刮粪装置拉回，直到碰到回程的行程控制装置，实现其复位。为了节约设备和电力，通过绞盘和绞索绕线方式的变化，可做成1拖2、1拖3、1拖4几种组成安装形式。

2. 人工清粪工艺

人工清粪只需用一些清扫工具，如铁锹，扫把、手推清粪车。

(1)人工清粪的优点 设备简单，不用电力，一次性投资少，耗水量少。

(2)人工清粪的缺点 劳动量大，生产效率低。人工清粪主要适用于小规模养殖场。

1.2.1.1 干清粪工艺的优点

过去的干清粪多采用明沟方式，猪尿通过明沟排到舍外。现代的干清粪将明沟改为暗沟，暗沟在猪栏内有开口，猪尿可以通过开口，流入暗沟内。暗沟同时兼作为污气沟，在污气沟另外一侧安装负压风机，猪舍内的污气，经过流猪尿的地面开口被吸入暗沟内，再经过污气沟排到舍外。在北方冬季，这个方式可以明显降低舍内有害气体浓度，同时，又可以减少舍内温差，是一种较理想的通风方式。

干粪直接分离，养分损失小，肥料价值高，经过适当堆制后，可制作出高效生物活性有机肥。实现干清粪、粪水分离、分别处理是降低处理成本，提高处理效果的最佳方案，也是减少和降低畜禽生产给环境所造成严重污染的重要措施之一。

1.2.1.2　干清粪工艺的技术要点

干清粪工艺的实施，不仅仅是清粪本身或者添置机器，而是一套完整的工艺流程。因此，在实施过程中，要注意配套设施的完善，其要点有以下几个方面：①场区设计做好雨污分离，明道排雨水、暗道排污水，减轻污水处理量；②生产管理过程中按时排查，对饮水器、水管漏水等情况及时处理，减少污水产生量；③清出的干粪及时做好发酵、堆肥等处理，配套建设储粪场或做好销售工作，防止粪污堆积形成二次污染。污水则采用沉淀池、沼气池等方式处理，有条件的采用净化水循环利用工艺，节约用水；④畜禽舍改造成本高，养殖场应从建场时就做好规划和相关设计，避免重复建设。

1.2.2　水泡粪工艺

了解水泡粪工艺前，先了解一下水冲粪工艺（姚维斌，2016）。

1.2.2.1　水冲粪工艺

水冲粪工艺可以及时、有效地清除畜舍内的粪便、尿液，保持畜舍环境卫生，有利于猪群和饲养人员的健康，减少粪污清理过程中的劳动力投入，提高养殖场自动化管理水平。这种工艺需要每天用水冲洗圈舍，粪尿一同冲洗流入舍内粪沟，粪沟的一端设有冲水器，每天定时由冲水器放水冲洗粪沟，将粪沟内的粪污冲入排污主干沟，再进入贮粪池内贮存。该工艺的缺点是耗水量大，水资源浪费严重；后期粪污处理过程中，固液分离后，干物质养分含量低，肥料价值降低；污水中的大部分可溶性有机物仍然很高，增加了处理难度，一般目前不推荐使用此种工艺。

1.2.2.2　水泡粪工艺

水泡粪工艺就是在畜禽舍内的排粪沟中注入一定量的水，将粪、尿、冲洗和饲养管理用水一并排放至漏缝地板下的粪沟中，贮存一定时间（1～2 个月）待粪沟填满后，打开出口闸门，沟中的粪水顺粪沟流入粪便主干沟后进入地下贮粪池或用泵抽吸到地面贮粪池排出的清粪工艺（此工艺不冲洗栏舍和猪身，与传统养猪工艺比较，节省用水约 2/3，从而减少污水的产生）。

水泡粪工艺是 1988 年我国从美国引进的一项清粪工艺，经过各大猪场多年运用和实地的改进，其工艺已经非常成熟。该工艺的主要目的是定时、有效地清除猪舍内的粪便、尿液，减少粪污清理过程中的劳动投入，减少冲洗用水，提高猪场自动化管理水平。水泡粪工艺是在水冲粪基础上改造而来的。

1.2.2.3　尿泡粪工艺

尿泡粪工艺是改进后的水泡粪，粪便在粪沟内被尿液浸泡稀释成粪液，储存一定时间后，打开排污塞子，将沟中粪水排出。粪水顺粪沟流入粪便主干沟，进入贮粪池。尿泡粪工艺是欧美猪场推崇的一种较先进的粪污处理方式，也并非是传统意义上的水泡粪。尿泡粪工艺用水量极小，只需首次在粪沟底部放入 20～30 cm 的水，之后用猪本身产生的尿液来软化粪便，这样在水量的使用上，能够节省 70%的用水量，解决了水冲粪、传统水泡粪用水量大的问题，同时也解决了干清粪劳动效率低、劳动强度大的问题。该工艺的主要特点是定时、有效地清除畜舍内的粪便、尿液,减少粪污清理过程中的劳动力投入,减少冲洗用水,提高养殖场自动化管理水平。各种清粪工艺的排水量见表1-1。

表 1-1　养猪场不同清粪工艺污水水量和水质

项目		清粪工艺		
		水冲粪	水泡粪	干清粪
水量	平均每头/(L/d)	35～40	20～25	10～15
	万头猪场/(m^3/d)	210～240	120～150	60～90
水质/(mg/L)	BOT6	5 000～6 000	8 000～10 000	302,1 000,—
	CODCr	11 000～13 000	8 000～24 000	989,1 476,1 255
	SS	17 000～20 000	28 000～35 000	340,—,132

1. 尿泡粪工艺原理

尿泡粪系统(图1-1)主要利用虹吸原理形成负压,使粪污均匀分布在池底的排污口,从而有序排出。粪污管道将猪舍漏缝地板下的粪池分成几个区段,每个区段粪池下安装一个接头,粪池接头处配备一个排粪塞,塞上排粪塞时液体粪污能存留在猪舍粪池中。当液态粪污未排放时,管道内充满了空气,当要排空粪池时,工人可将排粪塞子用钩子提起来,随着排污塞子的打开,粪污开始陆续从小单元粪池向排污管道里排放并流入管道,而管道内空气逐渐排出,排气阀自动打开,当管道内完全充满粪污时,管道内不再向外排气,排气阀关闭,从而利用真空原理在压力差的作用下使粪污流入管道并顺利排出。

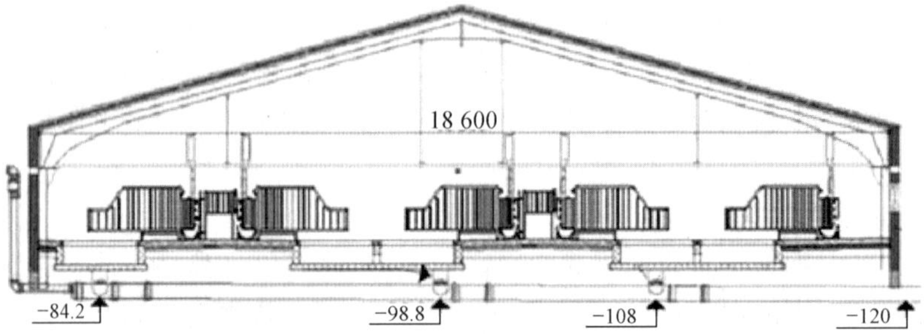

图 1-1　尿泡粪工艺

2. 粪池地面的设计

设计时粪池地面应保持水平、无坡度,这样排粪时才能有很好的虹吸作用,水流产生的漩涡可搅动粪池底沉积的粪渣,达到快速、干净排放粪水的目的。现在有许多猪场想当然给粪池的地面设计坡度,有的坡度还很大,这是造成粪池排不干净的主要原因之一。为了能更彻底地将污水排出,每一个排粪塞子所处的位置需要比粪沟低100 mm,并预留1 m×1 m的排粪坑(图1-2)。若粪池的池壁或者隔墙采用砌砖外部抹防渗砂浆,这种工序造价低,池子的水容易渗漏,导致在排放的时候就需要往内部大量灌水,起不到该工艺节水的作用。所以,建议池底、池壁均按照现浇混凝土施工,使得整个池子的整体防渗透能力强,同时隔断均为现浇墙体。

图 1-2　尿泡粪施工图

3. 排污管道和排污面积

排污管道设计时应考虑排污管直径与排污区域面积的关系，不同直径型号的排污管件有其最适合的排污面积限制，如果排污面积过大，则需在猪舍粪沟下增设隔墙来重新划分排污区域。设计管路要尽量保持平直，不能拐直角弯。管路中间也不需要设计检查井等硬件，因其不但会增加投资，还会不利于管路内的压力平衡和粪污排除。排污管铺设如图 1-3 所示。

图 1-3　液泡粪排污管铺设

资料来源：荷德曼供图。

4. 排气阀

很多猪场决定采用该系统时不知道需要安装排气阀，最终导致管道粪污不能形成压力差造成整套系统无法使用。在设计时舍内每条排污管路的首末两端均需设置排气阀。如果排污管道中不安装排气阀，那么粪污排放过程中空气会被迫从其他粪池单元的排污塞子排出，从而使排污塞子被顶起，粪污会从舍内粪池溢流出来。

5. 粪池通风系统

通风系统是非常必要的，粪池若没有通风系统，其产生的有害气体会全部扩散到猪舍，许多猪场水泡粪工艺失败的原因就是没有正确的通风设计，有的猪场甚至没有任何通风设施。

粪池的通风设计是尿泡粪工艺设计的重要内容,保证猪舍内适宜的温度、湿度和空气新鲜度是猪舍和粪池通风系统设计的依据。粪污长时间存放后会产生大量的有害气体,如硫化氢(H_2S)、氨气(NH_3)等。因此,粪便在舍下粪池内的设计存储时间不宜超过 14 d。

(1)粪池通风量　尿泡粪系统的通风分为 2 块:一块是粪池通风(地沟通风),另一块是畜舍通风。二者的使用需要根据实际情况进行调整,但在设计时一定要根据二者各自的功能进行合理的设计。在寒冷季节猪舍通风的主要目的是去除湿气和降低舍内的有害气体浓度。在冬季地沟以低流速通风可以保证在寒冷环境下新鲜空气在舍内的均衡分布。在炎热季节,通风系统的通风量通常很高才能达到排去舍内热量、降温的目的。猪舍风机和粪池地沟风机同时运转时,部分粪池的污浊空气会通过漏缝地板向舍内散发,由于大量新鲜空气进入舍内稀释了污浊空气,所以不会影响猪群的正常生产。

(2)粪池通风系统　第一,管道式通风系统,该系统内有一条和粪池长度相同的通风道,并且在通风道上每隔一定间距有一个较小的进气口,用来抽吸粪池内的污浊空气。第二,隔间式通风系统,即在粪池外墙上安装一台或者多台变速风机,通过管道与粪池联通,抽吸污浊空气。不管使用哪个系统,漏缝地板支撑横梁底部至液体粪污表面之间至少有间隙,此空隙用于粪池内污浊空气的流动,如果太小,会严重降低污浊空气排出效果。地沟风机在该系统中的使用在设计中非常重要,目前主要采用 18、24 型号变频风机,风机时刻保持开启状态,根据通风量和温度调节排风量。

6. 粪污处理工艺

养猪场产生的污染物一般包括猪尿、猪粪、饲料末和猪舍冲洗水,其中的饲料末和猪粪等固体污染物使得养猪场废水的总固体物质(TS)含量高达 20 g/L 以上,固体悬浮物(SS)含量高达 10 g/L 以上。为提高猪场粪便污水处理效率,需要对其进行发酵、综合利用,必须在猪场粪便污水进入生化处理系统前进行固液分离的预处理,降低污水中固体物质的浓度(图 1-4 和图 1-5)。

图 1-4　固液分离处理机

采用固液分离预处理有以下几大优点:①固液分离后可大大方便固体粪污的输送,有效改善猪场环境;②所分离出的固体物质可用来生产优质肥料,为农田提供有机肥,给猪场带来可观的经济效益;③固液分离能降低粪便污水中化学需氧量(COD)、五日生化需氧量(BOD5)、悬浮物(SS)的含量,降低猪场粪便污水处理或存储设施的土建投资和运行费用,减轻后续处理工艺管理难度。

尿泡粪工艺收集的粪污通过排污管道进入到集污池,粪污在集污池中经过搅拌机搅拌均匀后,由切割进料泵提升至固液分离机进行干湿分离。分离后的固体粪便经堆肥处理后制成

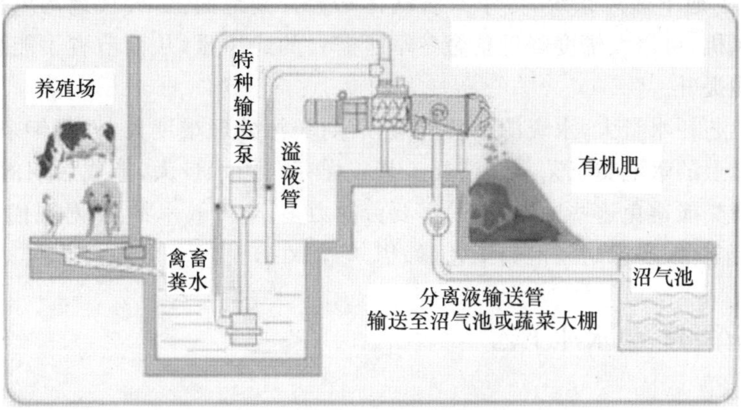

图 1-5　固液分离处理流程

有机肥，污水做沼气工程的原料或经后续处理后达标排放，也可根据场区情况，存储熟化后稀释灌溉。

猪粪含有丰富的氮、磷、钾和有机物质可作为优质有机肥，但其中含有的多挥发性物质、病原微生物、寄生虫卵及重金属等，若不作处理而直接施用于农田，会对生态环境和人畜健康带来不良影响。猪粪要作为真正的有机肥施用于农田，还需要发酵处理。

此外，猪粪由于碳、氮比（C∶N）较低和含水量较高，不适宜单独堆肥，可在发酵前在猪粪中适当添加稻草、粉煤灰或木屑、树叶等调节，使 C∶N 保持在（20～25）∶1，2.5 t 的猪粪宜用 1 kg 肥料发酵剂。每千克发酵剂可用 5～10 kg 米糠拌匀稀释后再均匀撒入物料堆。因为发酵是好氧过程，因而在混匀物料和发酵助剂时，要做到拌匀、勤翻、透气。发酵的启动温度在 15℃以上，水分控制在 60%～65%（判断方法为手抓一把物料，指缝见水印不滴水，落地即散为宜），堆积发酵 1 周左右，猪粪便可发酵完成。

污水处理经过固液分离后的污水属于高浓度废水，含有大量的有机物质和微量能源物质等，同时污水中还蕴藏着可供开发利用的物质与能量。因此，可根据污水特征，在无害化处理的同时，制订相应的资源化利用方案，将这部分物质和能量再利用起来，变废为宝。

固液分离后的高浓度废水可进入酸化除渣池，废水除渣后从酸化除渣池中流入均质池，经过调节水量和水质后出水。废水从均质池出来进入一级厌氧池，降低废水中 70%以上的生化需氧量和化学需氧量；经一级厌氧池处理后的废水流入二级厌氧池（二级厌氧池主要采用折板上流式厌氧污泥床），除去废水中 55%以上的生化需氧量，50%以上的化学需氧量和 50%的氨氮指标，这种厌氧消化液属中等浓度废水，还需要进一步无害化处理才能达标排放与肥料化利用。

经二级厌氧池处理后的废水（沼液）流入好氧系统（好氧处理系统主要采用 SBR 反应器），加入活性微生物菌剂，经生化反应池处理后可除去废水中 80%的生化需氧量、85%的化学需氧量和 82%的氨氮指标。SBR 生化反应池中的水流入后续生物氧化池、沉淀池或氧化塘作进一步处理。沉淀处理产生的沉渣排入浓缩池浓缩后降低含水率，进入固废堆肥化工艺流程。

我国南方地区，由于天气温暖，冬季也可以采用大通风量，所以，多数没有设计下通风系统，也不会影响猪的生长。在北方地区，由于冬季比较寒冷，通风量小。如果只是设计侧墙通风系统，将导致冬季猪舍内有害气体，潮气严重超标。新建的北方尿泡粪猪舍，无论哪个部分的猪舍，都采用了地下通风系统，冬季有害气体不会升到地面上，会被地沟风机，直接抽到舍外。采用地沟风机，可以大幅度降低猪舍冬季所需要的通风量，从而节省了能源，猪舍内空气质量得到了明显提升。

水冲清粪工艺耗水量大，水资源浪费严重，后期粪污处理难度大，近些年来已经很少被采用。而传统意义上的水泡粪工艺与水清粪工艺一样存在用水量大，造成后期的粪污处理难度大的问题。干清粪能避免这些问题，但是需要劳动力多，生产效率不高，对现代化、规模化的猪场并不适用。目前，大多采用尿泡粪工艺（韩华，等，2014）。

1.2.3 全漏粪、免水冲工艺

全漏粪、免冲洗工艺是在猪栏漏缝地面下设置有呈“V”字形的水泥沟用于承粪，中间留有“O”形专门的PVC导尿管。刮粪沟一般深为0.7～0.8 m，“V”字形的承粪沟斜面上安装有机械动力的刮粪板，PVC导尿管中含有圆形刮片，在刮粪时用于清理掉入尿沟的少量猪粪，可以有效防止尿管堵塞。生产过程中不需要用水冲洗，猪粪尿通过漏缝地面，自动漏进刮粪沟，粪便下漏到粪沟内的承粪水泥地面，尿液因承粪水泥地面具有一定的坡度，自动流入中间的PVC导尿管，达到粪尿自动分流。猪粪可定时被机械刮粪板收集至储粪池，进一步通过自然发酵做成高效有机肥，用于种植业的基肥、催肥、施肥和追肥。猪尿通过专门的排尿管进入有遮雨棚的储液池熟化，形成安全优质的液态有机肥，通过专门的沟渠和管道，用于种植物的浇灌施肥，消纳利用，实现种养结合。

在非农忙施肥季节，考虑将少量尿液污水采用立页增氧技术，将尿液污水进入立页增氧蒸发膜，通过蒸发膜具有巨大的表面积以及高效的空气流通，显著增加污水溶氧量，有助于膜表面的益生菌量增殖，吸附消纳污水中的营养物质；同时蒸发膜巨大的表面积有助污水在蒸发膜表面蒸发，最终达到液污零排放。或者还可考虑使用异位发酵技术，将尿液污水均匀喷洒在含有微生物发酵菌的垫料基质中，定时将垫料翻堆，发酵充分再制作成有机肥用于农作物施肥。

北方地区冬季寒冷，全漏缝需要更高的猪舍温度。除了在保育舍有应用外，其他部分的猪舍，多采用半漏缝的工艺，一年4个季节中，有3个季节猪更愿意趴卧在实心的地面上。只有夏季过于炎热时，猪才会选择趴在漏缝地板上面。现在黑龙江越来越多的猪场，采用的是半漏缝设计，并在实心地面下部，铺设水地暖或电地暖，以让猪更舒服。

1.3 其他养猪工艺

1.3.1 高架养猪工艺

随着养猪业的规模化、专业化的发展。养猪场猪粪处理成了养猪模式中重点考虑的问题。近来，有一种高架养猪工艺在广西一带推广效果良好，用得较多。

长期以来，“脏、臭、累”是我国生猪饲养行业所无法回避的一个严峻问题。我国是猪肉消费大国，也是生猪饲养大国，年产猪肉量几千万吨，占全球产量的一半以上。据实地测算，饲养一头生猪需要用水 0.05 t，需排废水 0.04 t，碳排放量等同于 19 个身体健康的成年人，其氨氮排放量严重超过土地承载能力。按国家标准，废水处理最低需 20 元/t，这对规模化养猪企业来说，无疑是个天文数字，特别是 2015 年被称为史上最严环保法的出台，更是使广大养殖企业雪上加霜。

生猪饲养是关系民生工程的大事，必须慎重对待之。即使部分地区采用了水泡粪饲养模式可以节约部分用水量，但因为广西地区气候高温湿热，虫蛆、蚊蝇较多，各种有害气体很难得以排除，加之生猪粪污量比较大和区内山区较多实际情况，配套设置难以大面积展开建设的实际情况很难得到克服，为此，高架养猪模式成为了必然的选择(丘毅，2014)。

高架养猪模式(图 1-6、图 1-7、图 1-8 和图 1-9)越来越受青睐，这种模式不仅具备了发酵床养猪模式的优点：清粪劳动量低，还实现了楼上楼下猪、粪分家，并且大量减少了粪污水的产生，也是很好的养猪场猪粪处理方案。

图 1-6　高架网床养猪猪舍

图 1-7　高架网床养猪猪舍一层

图 1-8　高架网床养猪猪舍二层

高架养猪模式将猪舍分为 2 层：一层为集粪区，地面用水泥硬化，高度为 1.9～2.5 m，底层的排泄物经过干清粪技术和固液分离系统处理后，粪污中的固体和液体得以分开利用。处理后的粪污中的固体可打包外运，作为有机肥施用于农田；污水则用于喷灌猪场附近的桉树和经济林木等耐水耐肥的植物。该层需要安装控湿、控温和控风设备。二层为饲养区，生猪在这一层进行饲养，高架网床由全漏缝地板组成。这既保证猪蹄不被缝隙夹住，又能满足猪只的承重要求。猪的排泄物也可直接从漏缝地板掉入集粪区，不需人工清理，也不需要用水清洗。二层要安装降温通风设备，内部高度为 2.4～3.5 m。

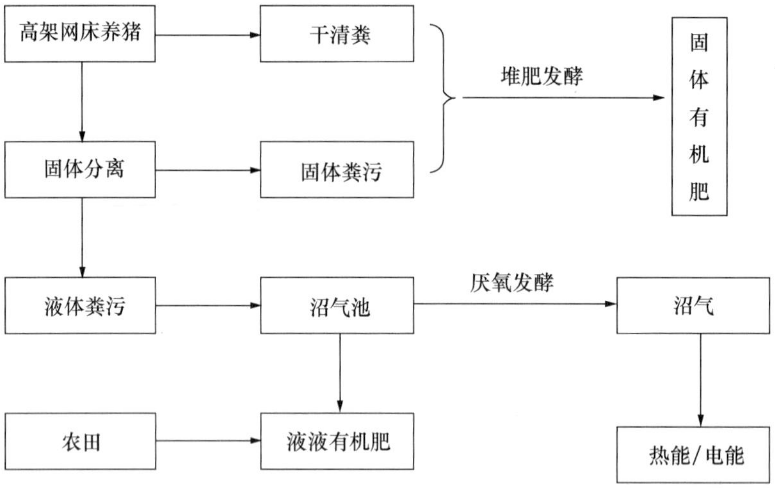

图 1-9　高架网床养猪模式粪污处理流程

1.3.1.1　高架养猪技术的优势

高架养猪技术的优势非常明显，其应用前景非常广阔。

1. 实现了真正意义上的节能减排

所养生猪排泄的粪便由漏缝板漏到底层地面，使生猪同粪尿实现了有效分离，使养殖过程中所用栏舍实现了免冲洗，养殖所用水量降低了 90%以上，污染处理系统压力大大降低，从源头上控制了整体排污量。同时，栏舍的用电量比较少，每个猪舍平均只需 100 元水电费进行运转，降低了额外养殖成本。

2. 提高了生猪整体抗病免疫力

生猪在高架网床的上方生活，使其远离了氨气等有害气体的不良影响，使空气保持了较好的控制质量，生猪的抗病能力显著提高，死亡率明显降低，患病猪的出现大为降低，并最终降低了药品，特别是抗生素等的滥用。另外，由于猪身上的汗腺不是很发达，自身很难通过排汗的方式排出体内所产生的毒素，而排泄物又是毒素积累的主要地方，高架网床饲养模式下，生猪远离了粪污，自然就会减少疫病发生；同时，清洁的环节也保证了饲料较高的转化率，实现了集约增效。

3. 获得了较高的养殖效益

经过实际测算，肉、料比达到了(1∶2.5)～(1∶2.75)，明显高于传统养猪业(1∶3)～(1∶3.5)的肉、料比，普遍可以提前约半个月，即在 4 个月达到 120 kg 时，生猪就可以出栏，缩短了出栏时间，生猪的平均饲养密度达到了 0.8 m^2/头。

4. 有效降低了人工成本

因高架网床模式下并不需要经常对栏舍进行冲水，从而使工作人员的工作量明显降低。如果条件好的养殖户或企业再辅之以自动投料设备，则单个工人就可以喂养三四千头生猪，这是传统养猪业所无法比拟的优势。

1.3.2　楼房养猪工艺

近 2 年来，全国各地的猪场拆迁、搬迁进行如火如荼，对现在的养殖户来说，有一块合适地方养猪，也不是一件容易的事情。为节约土地或在有限的土地上生产更多的肥猪，国内有些地方尝试采用高楼养猪（图1-10）。据了解，早在20世纪70年代就出现了，当时哈尔滨有一个大型猪场，就用一栋二层楼来养猪，当时争论很大，遇到的困难也很多，这可以说是楼房养猪的雏形。

1.3.2.1　高楼养猪节省土地

到了21世纪，随着工业化进程加速，养猪业也在追求“全进全出”“集约化经营”的生产模式，但是受到土地的限制，一些养猪人又开始研究了，是否可以把“平面化”的猪舍布局变成“立体式”，用楼房来进行工业化养猪，于是黑龙江、浙江、河北、辽宁、福建等多地都出现了真正的高楼养猪。那么，楼房养猪究竟能节约多少土地呢？比如，一个万头猪场，它的建筑面积要6 000 m^2，占地面积要3万～4万 m^2；而如果建设一栋4层楼房，建筑面积只需要1 500 m^2，减少4 500 m^2，猪舍间的隔离带更是可以减少1万～2万 m^2，也就是说，整个猪场的占地面积只需要1万 m^2 就足够了。比如，目前世界上最大的立体式养猪场——河北玉田县的兴田园生态农场，这座8层楼的猪场占地面积仅0.8 hm^2，但是年出栏生猪10万头；如果按照常规的建设方式，起码需要26.7～30 hm^2 土地。

1.3.2.2　楼房养猪能节省人力成本

由于环保的要求，最近几年楼房养猪才真正进入养猪人的视野。环保的投入越来越大、运行费用越来越高，而楼房养猪能在一定程度上减少粪污处理的面积，也便于集中处理。另外，由于养猪业人力成本的增加以及招人难问题的出现，极大地增加了养猪成本。而楼房的结构构造，有利于安装配备各种自动控温、自动喂料、自动冲洗等系统，实现高度自动化和数字化，极大地降低人工成本。

1.3.3　楼房养猪有哪些缺点

当然，凡事有利有弊，楼房养猪又有哪些缺点呢？第一，很多人会想到成本的问题。福建农林大学教授修金生是楼房养猪领域的专家，他算到，目前有漏缝地板、粪尿自动分离，能够实现机械清粪、机械通风、机械喂料的养猪场，土建造价是500元/m^2（土建指的是浇筑框架和楼板）。而楼房的造价是土建造价的2倍，达到1 000元/m^2。第二，楼房养猪一般猪只密度比较大，猪群过于集中，如果通风措施做得不到位，会造成猪舍的氨气等有害气体浓度比较大，如果猪只一直在这种环境里生长，容易造成呼吸道疾病。第三，楼房养猪最好有一定规模，能实现全进全出，从源头上防控各种疾病。第四，当前国内缺乏猪场设计方面的人才，很多楼房养猪，只能请外行来设计，没有考虑到猪只的生长习惯，结果往往会出现问题，影响生产成绩，给猪场带来损失。

1.3.4　楼房养猪适合哪些猪场

综合来看，楼房养猪比较适合土地资源紧张、环保要求高、人力成本高的区域，另外，楼房养猪适合老旧猪场改造，比如，你的猪场基本配套措施都比较完善，但是又想扩大规模，周围又没有足够的土地，这时你就可以把老旧猪舍进行升级改造成高楼，或者在周围的地方建高楼，这样可以减少大量的附属设施的投资。

这些年全国各地都有高楼养猪，也出现了很多模式，在福建、广西、江西等地都有猪场在进行各种模式的尝试。其中，福建的松溪科城、尤溪光华、建瓯华峰、延平福源等猪场进行了规模化尝试，总结了不少经验。

图 1-10　高楼养猪

1.3.5　楼房猪舍设计要求

根据尽量节省土地的原则，楼层就高不就低，尽量建5～7层的高楼，少建，或不建3层以下的猪舍。楼房猪舍的朝向主要考虑日照和通风效果。根据畜舍纵墙和屋顶在冬季多接受日照、夏季少接受日照的原则，以改善舍内温度状况，取得冬暖夏凉的效果。楼房猪舍的高度为：南方防暑地区，2.8～3.2 m；防寒兼防暑，2.7～3.0 m；北方防寒，2.5～2.7 m。

楼房上下空间要对温度、湿度、光照和环境卫生等进行有效控制，创造舒适的小环境，更好、更合理地满足和保证所养阶段猪群的生理及生长要求，提高生长率和出栏率。楼房养猪，是一次投资，多年受益。在设计上既要经济实用，又要能保证长期利用。楼房的基础、墙、屋顶和立柱要根据载荷、地基承载力、地下水位、生产流程等进行合理安排。保证坚固耐用，抗震、抗暴风雨。

规模养殖必须做自动供料系统，由于楼层高，粉状，或者颗粒自动供料系统成本相对要高一些，如果规模较少，可以选择液态自动供料系统，这个成本相对较低。固排粪和排尿等相关设施关系到猪舍的干燥、温度和湿度，二楼以上的设施还将考验高层地面的结构设计是否合理安全。因此，建议采用"全漏缝＋自动刮粪""半漏缝＋自动刮粪"模式。猪舍地面要求坚实、不透水、不滑、易清洗消毒、平坦而有一定坡度、有一定保温隔热性能和弹性（何葆祥，2006；孙德林，2008；陈剑晨，2015）。

第2章

猪场规划布局

本章内容提要

回顾我国改革开放40年以来,养猪业随着经济、社会的变化与要求也在与时俱进的改变其固有的养殖规模、养殖方式。由最初的农村个体私人饲养一两只猪——小规模的养猪场——中小规模的养猪场——规模化养猪场。养猪场的选址也从最初的农户自家院子里的猪圈,到在村里随便圈一块地盖养猪场养猪或是紧靠公路建造养猪场。而现代化规模猪场会选择远离城区与村庄,在政府许可的养殖区建场。猪场的布局也从农户家院子里单一的猪圈逐渐演变成具有小跨度独栋设计的生产区、生活管理区及隔离区的中小规模猪场,再进化成具有大跨度,多栋猪舍通过封闭通廊相连接的设计的规模化猪场。而合理的猪场选址与布局,对养猪场规避风险、提高猪场的效益都是大有裨益的。

在进行猪场选址、规划和安排建筑物布局时,应将近期规划与长远规划相结合,因地制宜、合理利用现有条件,在保证生产需要的前提下,尽量做到节约占地,并做好猪场粪便和污水处理。

猪场布局是指在选定场址后,根据场址的实际自然条件,考虑当地气候、风向、地形、地势、规划各建筑物之间的配置。它包括全场的道路、绿化、排水以及建筑物和设施的朝向、位置等。一般把整个猪场划分为生产管理区、生产区、隔离区。建筑物以坐北朝南为宜,布局紧凑,尽量缩短运输距离,便于经营,利于生产。

2.1 猪场选址的进步

过去对猪场场址的选择,广大养猪户没有科学的认识,对相关法律法规更是不了解。农村多数猪场在选址、建筑设计、生产设备等方面缺乏基本的动物防疫条件。有大约2/3的养猪户出于方便参观学习的考虑，将猪场紧靠公路建造。这种选址观念从防疫要求角度考虑是不行的，一方面，公路白天黑夜人流、车流、物流频繁，外来病原容易导致场内猪群感染，造成疫病难以控制；另一方面，噪声太大，环境污染严重，猪整天不得安宁，对猪生长不利。因此，现代规模猪场应选择远离村庄和畜产品加工厂、来往行人少、住房的下风或偏风方向、地势高燥、土质坚实，渗水性强、未被病原微生物污染、水源清洁、取水方便的地方（黄春玲，2009）。

猪场选址应在当地政府统一规划的养殖区内进行，禁止在风景区、自然保护区、水源保护区或环境污染严重的区域建场。猪场应本着节约用地、不占农田及不与农争地的原则，事先详细了解当地的土地利用发展规划、农牧业发展规划和农田基本建设规划，并对地势、地形、土质、水源、电力、周边环境、交通等条件进行全面勘察。猪场场址的选择要求如下。

2.1.1 地势高燥

猪场应建在地势高燥、背风向阳、地下水位较低、具有缓坡、北高南低且相对闭塞的偏僻地带，以利于防寒和保证场区有较好的小环境。具有一定的坡度不仅有利于排水和建筑施工，而且能减少基建投入；若场地太陡（坡度超过25°），会给建筑施工和场内运输带来不便。猪场切不可建在山坳、低洼或风口处，这些场地易积水潮湿，且夏季通风不良、闷热，冬季防寒困难、阴冷，同时易滋生蚊蝇和病原微生物（尤其适合寄生虫生存），对猪群健康不利（王利民，2012；刘影，2017）。

2.1.2 地形开阔

场地要开阔、整齐，且要有足够的面积，最好呈正方形，或长方形，以利于场内各种建筑物的合理布局。场地过于狭长或边角太多，都将会影响场区的合理布局，从而会拉长生产作业线，使得场区的卫生防疫系统配套不足，还会给生产管理带来不便，同时也增加了场区防护设施的投资。自繁自养的中小型猪场按基础母猪每头60～70 m^2 或上市商品肉猪每头4～5 m^2 计算占地面积，沼气等治污用地另行考虑。场地面积不足，会造成建筑物拥挤，给饲养管理、场区小环境、防疫、防火等带来诸多不便。因此，要根据猪场的生产方式、生产规模、治污工艺等因素确定猪场的占地面积，并且为以后进一步发展要留有余地（蒋宗兴，2012）。

2.1.3 土质良好

以沙壤土或沙土为好，这种土壤透气性和透水性好，自净能力强，不易积水潮湿，这样不仅可以保持猪场的清洁干燥，也易于猪场的卫生防疫；而且沙壤土，或沙土的抗压性强、质地均匀、基础稳固，可以延长建筑物的使用年限。由于受土地资源等客观条件的限制，选择理想的土壤较难选择。因此，对于土壤类型不必苛求，可通过猪场的设计、布局、施工及日常管理等措施，设法弥补土壤的缺陷（董日辉，2013）。

2.1.4 水源充足

猪场用水量非常大，比如，猪只饮水、猪圈清洗、工作人员的日常生活用水等。因此，充足的水源是必备的条件，以保证生产和生活用水。同时，水质应该符合国家的饮用水标准，并且水源应便于取用和进行卫生防护。若水源供应不上，将直接导致猪场的生产效益下降；而水质差也将影响猪只和饲养管理人员的健康，在猪场场址选择时，应将水源和水质作为优先考虑的重要因素。理想的水源是未受污染的山泉、溪河或湖泊中的活水以及卫生达标的深井水和自来水。猪场设计时供水量一般以存栏母猪计算，按照每头母猪 90～120 m^3/d，这已经包括了各类猪群和管理活动用水(黄剑铭，2013)。

2.1.5 电力充足

电力充足能够保证猪场生产的正常运转。因此，在猪场选址时要考虑靠近输电线路，以缩短架设输电线路距离，减少供电投资，且能获取足够、充足的供电。最好有自备发电设备。猪场必须有单独的变压器，保证生产和生活用电。

2.1.6 交通便利

猪场对外联系密切，饲料、生猪、粪肥等运输频繁且运输量大，尤其是饲料运输要求风雨无阻，故应保证交通车辆进出方便。在满足卫生防疫条件的同时，猪场应尽可能建在离公路或铁路较近的地方，以减少对于开路的投资。

但也不能太近，以便形成防疫缓冲带，并有专用车道与交通要道相连接。最佳距离为远离主要干道 400 m 以上，一般距铁路与一、二级公路不应少于 300～400 m，最好在 1 000 m 以上，距三级公路不少于 150～200 m，距四级公路不少于 50～100 m(董日辉，2013)。

2.1.7 防疫与环保

同时，猪场要距离居民点、工厂 500～1 000 m 及以上。如果设计有围墙、河流、林带等屏障，那么，其距离可适当缩小些。距其他养殖场应在 500～1 500 m 及以上，距屠宰场和兽医院宜在 1 000～2 000 m 及以上。禁止在旅游区及工业污染严重的地区建场。

2.2 猪场布局的进步

过去，猪场多采用小跨度，独栋设计，现在规模化猪场多采用大跨度，多栋猪舍通过封闭通廊相连接的设计。不论是大型猪场，还是中、小型猪场，都应进行合理分区，至少分成生产区、生活管理区、隔离区等。生活管理区位于上风向，隔离区位于下风向。

2.2.1 中、小型猪场布局

中、小型猪场内总体布局应遵循满足生产要求的原则下，猪场布局时节约用地，不占，或少占耕地。猪场周围要建隔离沟、隔离墙和绿化带，并且要将未来的技术提高和改造的可能性纳入规划中。

中、小猪场应划分为生活管理区、生产区、隔离区。生活管理区应选择在生产区常年主导风向上风向，或侧风向及地势较高处；生产区要有完善的垃圾排泄系统和无害化处理设施等；隔离区布置在生产区常年主导风向的下风向，或侧风向及全场地势最低处，并保持一定的防疫间距(50～100 m)。

2.2.1.1 生产区内布局

生产区内是猪场中的重点建筑区，通常建筑面积约占猪场总建筑面积的70%～80%，它包括各类猪舍和生产设施。①猪舍的朝向应尽量做到坐北朝南(偏东或偏西15°的角度最佳)，这样设计可以保证猪舍夏天通风降温，冬天避风保暖。当然也可根据猪场内的地形、地貌、水源、电源、风向等客观条件，因地制宜地做出调整；②各类猪舍排列要有秩序，相邻两猪舍的纵墙间距应控制在7～12 m最佳；③相邻两猪舍的端墙间距应不少于12～15 m。按种公猪舍、种母猪舍、生长(保育)猪舍、育肥猪舍的顺序排列。育肥猪舍要靠近卸猪台，以便育肥猪的出栏。

猪场生产区内的道路分净道和污道。①净道的功能是人行和饲料、产品的运输；②污道为运输粪便、病猪和废弃设备的专用道，互不交叉。生产区一般不设通向外界的道路。

猪舍的建筑形式根据各养猪专业户的经济实力可分为全敞开式、半敞开式和封闭式，而种公猪舍和后备(空怀)配种猪舍应采用前敞式带运动场的形式。生产区入口建立消毒池和消毒室。有条件的一定要设置淋浴更衣室，生产人员应洗澡、更衣、戴帽进入生产区(黄春玲，2009)。

建造消毒池时，一定要有科学的规划，既不能危害进出工作人员的健康，又要保证消毒的有效性。屏弃紫外线，或臭氧发生器的消毒模式，采用太阳能或沼气发酵转化为电能、热能的模式，给员工创造一个良好的个人消毒洗浴环境。同时，还要铺设好相应的烘干辅助设施，防止员工洗澡后受凉。如果有条件可以配置感应喷雾消毒系统与之进行配合，能够达到更好的消毒隔离效果。

生产区内垃圾排泄系统和无害化处理设施应设在下风向地势较低处。污水经过专用管道输入集污池，经过沼气发酵或生态处理，粪便人工清出后放置在堆置区，作有机肥加工处理。

2.2.1.2 生产管理区布局

生产管理区包括猪场生产管理必需的附属建筑物，比如，办公室、接待室、财务室、会议室、技术室、化验分析室、饲料加工车间、饲料仓库、修理车间、变电所、锅炉房、水泵房、车库等。饲料原料仓库与外界相通，成品仓库与生产区(饲料运送道)相连。它们和日常的饲养工作有密切的关系，且与外界联系频繁，应严格做好消毒防疫工作。生产管理区中生活区是管理人员和家属日常生活的地方，包括食堂、职工宿舍、文娱和运动场所等，应单独设立，一般设在地势较高的上风向或偏风向(蒋宗兴，2012)。

2.2.1.3 隔离区布局

隔离区设在下风向(黄春玲,2009)、地势较低的地方。主要包括兽医室、病猪隔离间、尸体剖检和处理设施,兽医室可靠近生产区,病猪隔离间等其他设施应远离生产区。

2.2.1.4 其他设施

自设水塔是清洁饮水正常供应的保证,位置选择要与水源条件相适应,且应安排在猪场最高处;管理区和隔离区分别设路通向场外;场区地势宜有1%～3%的坡度,路旁设排水沟,以利于雨雪水的排出;绿化不仅美化环境,净化空气,也可以防暑、防寒,改善猪场的小气候,同时,还可以减弱噪声,促进安全生产,从而提高经济效益。因此,在进行猪场总体布局时,要考虑和安排好绿化。

2.2.2 标准化规模猪场布局

目前,规模化生猪养殖场的各功能区的细分布局对于猪场建设投资、经营管理、组织生产、劳动效率、疫病防控都有着深远的影响,同时,还影响着猪场的小气候条件,进而决定了养殖经济效益的好坏。因此,在定好场址后就要对猪场进行科学的分区规划与布局。养猪场的功能分区一般分为4大功能区,即生产区、管理区、生活区、污物隔离区。

为便于猪场的防疫和安全生产,根据当地全年主风向和猪场地势,顺序安排以上各个功能区,即生活区(位于上风口及地势较高处)—生产区—污水隔离区(下风口及地势较低处)(黄剑铭,2013)。

2.2.2.1 生产区布局

生产区包括各类猪舍、集更衣、洗澡、消毒于一体的消毒室、消毒池、药房、兽医室、出猪台、值班室等。其中,各类猪舍和生产设施占全场总建筑面积的70%～80%,这是猪场的主要建筑区。

1. 猪舍的分区

生产区的猪舍根据种猪群、仔猪群和育肥猪群进行分区,各群要分区饲养在不同的地段。①最关键的种猪群和仔猪群应设置在防疫较好的地方,不同猪群间要保持100～200 m的防疫间距。②种公猪舍应该与其他猪舍隔开,形成种公猪区。种公猪区应设在人流较少和猪场的上风向,种公猪在种母猪区的上风向,防止母猪的气味对公猪形成不良刺激,同时,可利用公猪的气味刺激母猪发情(董日辉,2013)。③种母猪舍还可细分为妊娠母猪舍、哺乳母猪舍、空怀母猪舍。母猪分娩舍既要靠近妊娠舍,又要接近保育舍。育肥猪舍应设在下风向,且离出猪台较近(刘影,2017)。

2. 猪舍的朝向

猪舍的朝向关系到猪舍的通风、采光等方面。①在炎热地区,根据当地夏季主风向安排猪舍朝向,旨在增强通风效果,避免太阳对猪舍的强辐射。②在寒冷地区,应根据当地冬季主导风向确定朝向,减少冷风渗透量,增加太阳对猪舍的热辐射。③我国的南方地区一般猪舍的坐向以坐北朝南偏东15°为最佳(黄剑铭,2013)。

3. 饲料料库的设置

生产区饲料料库的设置应确保在不需要外来运料车辆进入的前提下,既要方便猪饲料的运进与运出,同时还要与猪舍保持最短且最方便的距离,饲料料库应设置在猪场地势的高燥处。

4. 消毒间和消毒池的设置

在生产区的入口处，应建设专门的消毒间或消毒池，从而方便进入生产区的人员和车辆可以进行严格的消毒。

总之，猪场的布局规划应依据当地的自然条件，充分利用一切有利因素，从而在布局上做到对猪场生产经营最为有利。

2.2.2.2 管理区布局

管理区与外界的联系最为紧密，因此，要与公路、销售点、电路、水源以及饲料供应地的距离较近。管理区应设置在场区内的上风口，并且场外运输与场内运输的车辆要有严格的区分。管理区包括猪场生产管理所必需的所有附属建筑物，比如，饲料加工车间、饲料仓库、修理车间、变电所、锅炉房、水泵房等。这些附属建筑物和日常的饲养工作有密不可分的关系，所以管理区应该与生产区毗邻建立。注意：自设水塔是清洁饮水正常供应的保证，位置选择要与水源条件相适应，且应安排在猪场的最高处(董日辉，2013)。

2.2.2.3 生活区布局

生活区包括食堂、猪场员工宿舍等，这是猪场工作管理人员和家属日常生活的地方，应单独设立一个区域。而生活区一般设在生产区的上风向，或与生产区风向平行的一侧(董日辉，2013)。此外，猪场周围应建造围墙或设立防疫沟，以防止其他动物或闲杂人员进入猪场内部。生活区与场外联系密切，为保障猪群的有效防疫，消毒池适宜设在猪场大门。消毒池设置为行人和车辆分离的消毒池，并设值班室和冲凉、更衣室。

2.2.2.4 隔离区及污物处理区

隔离区及污物处理区应远离生产区，设在下风向、地势较低的地方，以免影响生产猪群(董日辉，2013)。它可分为引进种猪观察区和污染区。

1. 引进种猪观察区

这个区作为引入种猪后进行检疫和观察的区域，靠近生产区的卸猪台，应该建有观察室，观察区门内一定要设有消毒室。

2. 污物处理区

污物处理区包括病猪隔离治疗舍、兽医室、粪污处理场、尸体处理坑、垃圾场和沼气池等。病猪隔离舍分为母猪舍、产仔猪舍、保育舍和肥育猪舍，进入隔离舍的猪一律不能返回生产区。

隔离区与生产区的门卡设消毒通道和消毒室，消毒通道供粪便清除和病死猪的运输，内部含有消毒池和清洗系统，运输粪便和病死猪的工具返回生产区前要彻底清洗消毒。消毒室设有消毒池、洗澡间和更衣室，供工作人员出入。工作人员返回生产区前要洗澡、更衣，经过消毒池消毒。隔离区具有较大的生物学危险性，是卫生防疫和环境保护的重点防范区。病猪隔离舍通常需要与种猪观察舍以及生产区猪舍的距离保持在 200 m 以上，尸体坑、粪便存放点距健康猪舍 200 m 以上。病死猪的尸体必须做无害化处理(刘影，2017)。

2.3 新建猪场选址的技术要求

建造标准化规模化猪场，场址的选择要符合当地城镇发展建设规划和土地利用规划要求和相关法规。在城镇居民区常年主导风向的下风向或侧风向，避免气味、废水及粪肥堆置而影响居民区环境；节约用地，尽量选用不宜耕作的土地，并为进一步发展留有余地；靠近饲料供应和商品销售地区，并且交通便利、水电供应可靠；考虑到当地小气候特点，趋利避害；禁止在旅游区、自然保护区、古建保护区、水源保护区、畜禽疫病多发区和环境公害污染严重地区建场为原则。

现代化猪场的科学选址是实现低投入、高产出的保证，科学合理的选址在猪生产过程中往往可取得事半功倍的效果，表现为可减少建设投资，降低生产成本，提高劳动效率，使生产流程通畅，生产潜力得以充分发挥。

场址选择是否得当，不仅关系到猪场的卫生防疫、猪只的生长以及饲养人员的工作效率，而且关系到养猪的成败和效益以及周围环境的保护。场址选择要考虑综合性因素，比如，面积、地势、朝向、交通、水源、电源、防疫条件、自然灾害及经济环境等，一般场址选择要遵循如下几项原则。

①一般猪场选址要求地形整齐、开阔，以便于充分利用场地和合理布置建筑物，减少施工前清理场地的工作量。②地势要求高燥、向南、平坦或有缓坡。如是缓坡，坡度不得大于 25°，以减少基建投入。

1 个万头猪场每天产生粪尿、污水总量近 50 t。这些粪尿如果通过附近的农田、果园、渔塘等自然消化，是很好的肥料；如果无序乱排放，会造成极大的环境污染。因此，在选址时要考虑周围有农田、果园、渔塘等配套。农业农村部 2018 年《畜禽粪污土地承载力测算技术指南》最新规定，以氮、磷两种养分计算，如果畜禽粪污不经处理，直接全部就地利用，不同种植物，每亩载畜量约 0.7～2 头猪当量，如果粪污得到较有效处理，每亩载畜量可以有较大提高，对不同种植物在 1.7～7 头猪当量之间。

2.3.1　地势地形

养猪场在选择养猪用地时要注意土地的性质，不能选择用基本农田，并且要对该地块及周围地块今后的开发方向有所了解，避免所选地块与政府其他开发项目相冲突。

地势应高燥，场地的高度至少要在历史洪水的水平线以上，地下水应在 2 m 以下，可避免地面潮湿。利于猪体的热调节及肢蹄的发育，可避免病原微生物和寄生虫的侵袭。地势应避风向阳，通风良好，这样可通过自然通风保持圈舍的温度及相对湿度，防止舍内有害气体大量的积滞。猪场不宜建于山坳和谷地以防止在猪场上空形成空气涡流，还要避开西北方向的山口和长形谷地以减少冬春风雪侵袭。地形要开阔整齐，有足够的面积，一般按可繁殖母猪每头 40～50 m^2。

2.3.2　坡度

地面应平坦而稍有缓坡，地势要求平坦但具有一定的缓坡，但是坡度不宜太大，不应超过 25°，以便于排水排污(图 2-1 与图 2-2)。

图 2-1　缓坡(1)

图 2-2　缓坡(2)

2.3.3　土质

要求土壤透气、透水性强，毛细管作用弱，吸湿性和导热性小，质地均匀，抗压性强，且未受病原微生物的污染。沙土透气、透水性强，毛细管作用弱，吸湿性小，但导热性强，易增温和降温，对猪不利。黏土透气、透水性弱，吸湿性强，毛细管作用明显，抗压性低不利于建筑物的稳固，导热性小。沙壤土兼具沙土和黏土的优点，是理想的建场土壤，但不必苛求。土质一般不是猪场建筑要考虑的主要内容，但是忽视土壤潜在的危险因素可能导致严重的问题，比如，场地土壤的膨胀性、承压能力对猪场建筑物利用期具有很大的影响，而土壤中可能存在的恶性传染病病原对猪群的健康则具有致命的危险。因此，在选择场址时，对土壤的情况作一定的调查也是很必要的。

2.3.4　水源水质

可供猪场选择的水源主要有两种，即地下水和地面水。不管以何种水源作为猪场的生产用水，都必须满足 3 个条件：①水量充足，②水质符合卫生要求，③取用方便，便于卫生防护、净化和消毒。规模化养猪场最好自建机井、水塔(图 2-3)，以管道直通各栋猪舍，不用场外河流的水或井水，比较理想的水源应当是地下水。据计算，自繁自养的猪场猪群饮水量按存栏能繁母猪每头为 90～120 L/d。一般水质的要求与人的生活饮用水标准来要求，见表 2-1。

图 2-3　水塔

资料来源：荷德曼供图。

表 2-1　人类饮用水水质标准

毒理学指标		细菌学指标	
氟化物/(mg/L)	1	细菌总数/(个/mL)	100
氰化物/(mg/L)	0.05	大肠杆菌总数/(个/L)	3
砷/(mg/L)	0.05	放射性指标	
硒/(mg/L)	0.01	总 α 放射性/(Bq/L)	1
汞/(mg/L)	0.001	总 γ 放射性/(Bq/L)	1
镉/(mg/L)	0.01	一般化学指标	
铬(六价)/(mg/L)	0.05	铁/(mg/L)	0.3
银/(mg/L)	0.05	锰/(mg/L)	0.1
铅/(mg/L)	0.05	铜/(mg/L)	1
硝酸银/(mg/L)	20	锌/(mg/L)	1
氯仿/(μg/L)	60	pH	6.5～8.5
滴滴涕/(μg/L)	1	总硬度(以碳酸钙计)/(mg/L)	450
六六六/(μg/L)	5	硫酸盐/(mg/L)	250
四氯化碳/(μg/L)	3	溶解性总固体/(mg/L)	1 000

2.3.5　电力设备

现代化程度较高的规模化猪场，机电设备较为完善。因此，在猪场选址时，应选择距电源近的地方，以确保获得足够而且比较稳定的电力，以利于养猪生产正常运行，并节省输变电费用开支。建造规模猪场的用电量一般可按年出栏 1 万头需配 50 kV · A 的变压器的标准进行计算。若猪场同时还要加工饲料(粉碎玉米等)还需配 100 kV · A 的变压器。若猪场全部采用负压抽风和饲料自动饲喂系统，其电力容量配备还要适当增加。并最好能按猪场规模大小配备发电机，以应对停电、限电等的不时之需。

2.3.6 防疫和环保

最好离主要干道400 m以上，一般距铁路与一、二级公路不应少于300～400 m，最好在1 000 m以上，距三级公路不少于150～200 m，距四级公路不少于50～100 m。

2.3.7 周围环境

建场还应考虑周边环境的各种因素，比如，水电、排污等。

第3章
猪舍设计技术进步

本章内容提要

本章主要介绍了改革开放40年来猪舍设计、猪舍供水工艺设计、猪舍排污系统工艺设计和猪场建筑材料等方面的进步，其中，猪舍设计技术进步介绍了改革开放前的猪场圈舍设计、改革开放后20世纪70年代、80年代、90年代以来猪舍设计发展情况。猪舍供水工艺设计技术进步介绍了猪场供水系统、猪舍给水系统、水管所用材质和铺设、饮水器等技术进步。猪舍排污系统工艺设计技术进步，结合清粪方式，介绍了干清粪、水冲式或水泡式清粪方式的排污系统工艺，以及近年来新出现的微缝地板清粪系统的排污设计。猪场建筑材料的进步介绍了建造猪舍的地面材料、屋面材料、墙体材料的进步。

3.1 猪舍设计技术进步

猪舍是猪每天生活的地方，作为养猪的关键环节，其设计的合理性直接影响猪只的健康和生长速度。比如，猪舍内环境温度过高，猪体内热量就不能及时排出体外，会造成体温上升；猪舍环境温度过低，超出机体可调节范围时，猪的体温就会下降；湿度过大，蒸发散热就会变得困难，相反，湿度越小，就会加速猪体水分的蒸发，从而加速体热的散发；良好的通风可以有效地去除猪舍内多余的热量和水汽，同时保持空气清新等。在我国的养猪业发展历程中，猪舍的设计也在不断地改进和完善。

3.1.1 改革开放前的猪场圈舍设计

我国早期的养猪主要集中在农村农户的家庭饲养，养猪的目的是为了积肥，同时提供肉食，以满足家庭自给自足，在很长一段时期内都是处于家庭副业的经济地位，所以，每户的养殖量很少，对猪舍的要求比较低。这时的猪舍的建设都很简陋，设施简单，不需要严谨的设计，也不需要很大的投资。这种猪舍往往是在院子的角落，挖一个坑，或砌一圈矮墙作为猪活动和排粪、尿的地方，在一面墙体上做一个石板搭建的或砖拱结构的空间，放上垫草供猪休息（图3-1）。

图3-1　改革开放前的猪舍设计

在20世纪50年代后期，农村出现了互助组和合作社，有的农村出现了小型的养猪场，为了便于管理以及养殖空间的需要，出现了成排的猪舍，这些猪舍主要为砖砌墙体，墙上设计有窗户用于通风，猪舍的屋顶也有单坡式、双坡式等不同的造型，带有简单的运动场。

图3-2　20世纪50年代后期的猪舍

3.1.2　改革开放后的猪舍设计技术进步

3.1.2.1　20世纪70年代末的猪舍设计

20世纪70年代末是我国养猪业发展的快速时期，养猪生产已开始由传统分散型向现代集约型转变，规模化养猪已成为发展趋势，全国开始兴建了一批机械化、半机械化养猪场，如广州白云机械化猪厂，沈阳马三家机械化养猪试验场和上海东风机械化猪场等，它们相对传统养猪已是一个很大突破，是工厂化养猪在中国大地上的萌芽(朱尚雄，1988)。猪舍的设计工艺上将猪群以不同的生理阶段划分，分别建设猪舍，按一点一线排列，将配种妊娠母猪，哺乳母猪，保育猪、育成猪、育肥猪分别饲养于不同的猪舍内，形成了阶段生产的工艺流程。依据不同功能的要求，对猪舍的地面、墙体、门窗等做特殊设计处理，同时，要考虑便利、清洁、卫生，保持干燥，有利于防疫等因素，并开始使用了一些简单的机械设备。

1. 自动饮水器

自动饮水器(图3-3)具有节水、清洁、投资少、效果好等优点，所以，在养猪设备中优先被采用，而且快速推广。

图3-3　自动饮水器

资料来源：荷德曼供图。

2. 机械送料装置

马三家机械化养猪试验场在猪舍内安装了轨道式饲料运送车；白云机械化猪厂在每栋猪舍外安装了饲料塔，通过绞龙将饲料送到饲料塔，然后再送入猪舍(图3-4)。

3. 刮粪机

广东四会下布畜牧场安装了刮粪机(图3-5、图3-6)。

4. 解决大型猪场粪污清洁困难和工作量大等问题

5. 金属围栏

传统养猪的围栏大都使用砖木结构，施工麻烦，占地多，通风差，操作不方便。这些大型猪场猪栏已部分采用金属结构(图3-7)，占地少，通风好，操作方便，猪场养殖规模介于3 000～10 000头。由于当时我国国情存在劳动力多，工业和科学技术基础薄弱，能源不足，机械设备由于没有专业的设计制造单位，在技术和质量上都存在不少问题，尽管如此，这些猪场为我国养猪机械化事业的发展迈出了勇敢的第一步。

3.1.2.2　20世纪80年代的猪舍设计

20世纪80年代初，随着改革开放的不断深入，我国开始引进国外现代化养猪工艺、设备

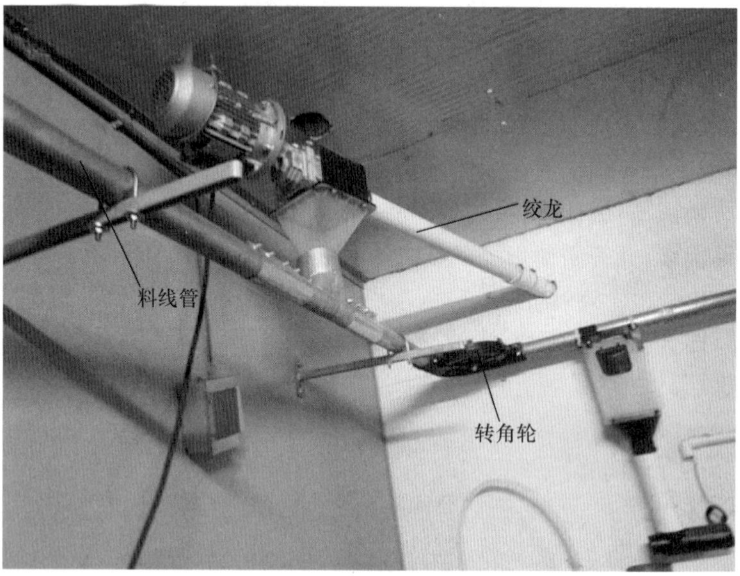

图 3-4 绞龙料线

资料来源:荷德曼供图。

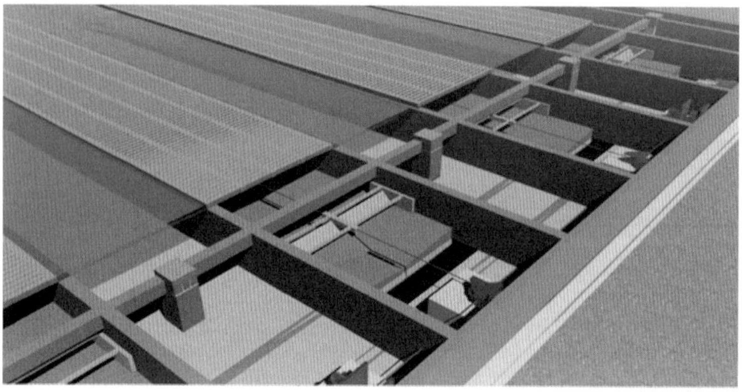

图 3-5 平刮粪机

资料来源:荷德曼供图。

和技术,1980年广东深圳光明农场率先引进美国三德畜牧设备公司的8条现代化万头养猪生产线成套设备。该成套设备属当时世界先进水平,机械化、自动化水平较高,一条万头生产线只要饲养员6人。

其猪舍和设备主要的特点是:①全封闭全空调的猪舍,即生产线的配种、怀孕、分娩和保育猪舍都是采用全封闭全空调,猪舍四周有良好的隔热保温结构,舍内有全自动空调系统;②适合不同阶段猪群的各种全金属围栏(包括漏缝地板),如母猪单体限位栏、公猪栏、分娩栏、保育栏、生长栏和育成栏,操作管理非常方便;③各栋猪舍都安装了自动饮水和自动送料系统,猪只随时可以喝到新鲜干净的水,饲料厂加工好的饲料通过散装饲料车运送到猪舍外的饲料塔,再通过绞龙由饲料塔送到各个食箱,供猪只采食,大部分围栏内都采用半漏缝或全漏缝地板结构;④猪粪、尿通过地板缝隙落入粪沟,所有粪沟都安装有自动冲洗装置,以保持猪舍环境卫生

图 3-6　V 刮粪机

资料来源：荷德曼供图。

图 3-7　镀锌定位栏

资料来源：荷德曼供图。

(张荣波等，2011)。

生产实践表明，这种现代化的养猪生产线具有很高的生产水平和劳动效率。然而进口设备的高投入、高消耗也让人生畏。一个万头猪场设备当时约 100 万美元，每天用水量约 300 m^3，给污水处理和环境保护带来很大压力，每条生产线装机容量达 100 kW，平均生产 1 头肉猪电费为 60 元[按 1 元/(kW・h)计]，大大增加了生产成本。国内的一些研究所对引进的设备进行了及时、全面的消化吸收工作，根据我国国情，在保留先进饲养工艺的前提下，对进口成套养猪设备做了重大的改进设计，逐步实现国产化，并取得了较好的效果，具体有以下几个方面。

①金属围栏和漏缝地板从材料到结构都做了较大的改进，普遍采用热镀锌管材、圆钢等代

替铝合金型材;②分娩栏和保育栏由落地局部漏缝改为高床全漏缝,改善了环境,大大提高了仔猪成活率和生长速度;③漏缝地板从材料到结构做了大量的开发工作,主要有金属漏缝板、铸铁漏缝板、塑料漏缝板、编织网漏缝板及水泥漏缝板等多种形式;④改善自动饮水、降温、清洁系统;⑤改进自动冲洗系统,引进的生产线采用翻水斗自动冲洗系统,噪声大、用水量大,于是设计了虹吸式自动冲洗器,降低了噪声,减少了用水量。

3.1.2.3 20世纪90年代以来的猪舍设计

从20世纪90年代至21世纪初是我国养猪集约化、现代化、标准化发展的重要时期。随着农业产业结构的调整,养猪业已成为我国农牧业的一项支柱产业。这一阶段的养猪场的设计和设施发生了很大的变化。

1. 养猪设施现代化

伴随我国养猪产业化的发展,一批专业化养猪设备企业研制开发了一些新型猪舍建筑材料、设施、设备和产品,并应用计算机辅助设计(CAD)技术装备了工厂化猪场,实行了标准化的生产技术、流水式的生产工艺、适宜化的饲养环境,特别是引进开发了粪污处理设施生产生物有机复合肥、建设沼气池等进行粪污处理和再生利用,减少了环境污染,提高了养猪的综合经济效益。

2. 养猪工艺流程化

工厂化养猪就像工业生产一样,以生产线的形式,实行流水作业,按照固定周期节奏(一般以1周为单位),连续均衡地进行生产。生产过程包括了配种、怀孕、分娩、哺乳、育成和育肥6大环节。现代工厂化养猪的生产工艺就是按照上述6个环节组成一条生产线进行流水式生产。正如工厂生产产品一样,养猪场的一类猪舍就是一个生产车间,每个车间完成1～2个生产环节,或生产工序,产品从一个车间转移到下一个车间,从一道工序转移到下一道工序,每一工序必须完成规定的生产工艺。这样进行养猪生产,分工明确具体,设备使用熟悉,饲料利用规范,也能够达到较高的技术要求。

为了使养猪工艺流程化,在猪场的设计上更加趋于完善,其设计的总体要求是冬暖夏凉、便于通风,保持干燥、便于日常管理操作和机械化、结构坚固,经济实用。

猪舍的类型根据猪舍内猪栏的配置情况,其类型分为单列式、双列式、三列式和四列式猪舍;根据开放程度可分为开放式、半开放式和封闭式猪舍。单列式猪舍是指猪舍内有一列猪栏的猪舍,可分为单列式开放式猪舍,单列式半开放式猪舍,单列式有窗带运动场的封闭式猪舍;双列式,或多列式封闭猪舍分为有窗封闭式猪舍和全封闭式猪舍。双列式猪舍的形式有双坡式、半钟楼式、钟楼式、平顶式(图3-8)。

屋顶的设计上,为了更好地起到夏天降温冬季保暖的作用,目前,我国很多地区猪舍屋顶材料采用油毛毡、石棉瓦、彩钢板、泥灰、瓦等。

每种屋顶各有其优点:①油毛毡或石棉瓦屋顶主要是农户发展养猪业建造临时性的简易猪舍。修建时可先用竹片与稻草灰成草帘子或草席铺在房顶上,然后再盖上石棉瓦或油毛毡,这样既经济实惠,且冬暖夏凉。②彩钢板屋顶保温效果好,但是造价较高,在规模化猪场中广泛应用(图3-9)。③泥灰屋顶耐久性差,但造价低,兼具避雨、防暑、防寒等优点。④瓦顶猪舍保温性虽不及草顶,却坚固耐用。造价虽高,但从长远的观点看,有条件者应尽可能盖建瓦顶猪舍。

近年来,有报道指出,将屋顶设计成上为石棉瓦,下为竹篾垫,中间厚为5 cm的聚乙烯泡

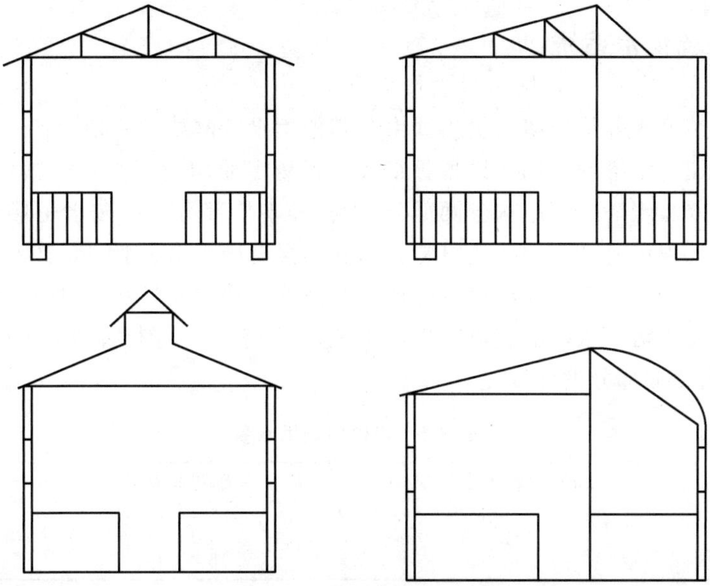

图 3-8　不同屋顶形成的猪舍

图 3-9　规模化猪场采用的彩钢板

资料来源:荷德曼供图。

沫板的复合材料,并在屋顶上方架设遮阳网可以显著降低夏季舍内温度(邵燕华,2002)。

3.2　猪舍供水工艺设计技术进步

我国早期农村农户的家庭养猪给猪饮水是在猪圈内一侧用砖垒的食槽供猪采食和饮水。水是从水窖挑的或自来水。后来,随着养猪产业由传统分散型向现代集约型转变,养猪场形成了专门的供水工艺。

3.2.1 猪场供水系统

猪场供水系统是为养猪场猪只提供饮水和其他用水所需要的一切设备组成。一般由取水设备、贮水塔或水窖、水管网及用水设备等组成。猪场多使用地下水作为饮用水，一般需要修建水塔以方便供水。水塔按其结构分两部分：水柜和支撑部分。而按水柜形式分为圆柱壳式和倒锥壳式水塔。也可将水塔按建筑材料分为钢筋混凝土水塔、钢水塔、砖石支筒与钢筋混凝土水柜组成水塔。丘陵以上的地区可以按地势在高处直接修建贮水池，即不要支撑部分；平原地区靠近水源修建水塔。水塔的容量按生产工艺，参照表3-1进行计算，用水高峰能保证1 d的供水量，其他由专业部分设计修建。

表3-1 规模猪场供水量 t

供水量	100头基础母猪规模	300头基础母猪规模	600头基础母猪规模
猪场供水总量	20	60	120
猪群饮水总量	5	15	30

在使用水塔作为贮水设备时，要由过滤装置滤去水中的泥沙等杂志，以保证猪的饮水卫生和防止泥沙堵塞饮水器。在猪场供水系统中，所有的输水管路总称为水管网。其中，从水源到水泵的水管成为吸水管，从水泵到水塔的水管成为扬水管，从水塔到各用水点的水管成为配水管，配水管又分舍外配水管和舍内配水管。

在铺设水管网时应该注意，舍外水管网的埋藏深度一定要比当地冻土层深0.2 m以上，以免冬季将水管冻裂。在温暖地区，舍外水管网的埋藏深度也应≥1 m，以防夏天水被晒热或车辆压坏水管。在舍外水管网的分支处应设检查井，以便在管路维修时关闭管路。水管网的设置既要考虑配套的设备，又要注意使用方便，节省材料。

猪场供水有集中式和分散式两种：①集中式供水方式取用方便、卫生、节约劳力，现代集约化猪场采用这种方式供水。②分散式供水方式，除小规模养猪户外，一般不宜采用。

规模化养猪场的供水系统应该至少设置2套：一套猪的自动饮水供水系统，可实现猪只在需要时能即时饮到清洁充足的饮用水，保证猪的正常生长发育的需要；另一套带增压设备的猪舍冲洗消毒用水系统，可以高效地完成猪场的清洗消毒工作，并可用于夏季的喷雾降温，减少猪只的热应激(王云林，2007；郭宗义，2010)。

3.2.2 猪舍给水系统

猪舍给水系统是为猪舍提供饮水的一切设备、设施组成。其主要功能是为猪只提供饮用水。它应当满足下列要求：①能满足各类猪的自动饮水。②水质清洁卫生，符合国家有关饮用水的卫生标准。③供水量充足。④工作可靠，密闭性好。⑤坚固耐用，造价低廉。猪舍饮水系统由管路、活接头、阀门和自动饮水器等组成，如图3-10所示。猪舍给水系统通过一个引入管与舍外水管网相连通。引入管的埋藏深度与舍外水管相同，并向舍外有0.3%的坡度以阻止泥沙进入猪舍饮水系统中，引入管的直径一般不小于50 mm。通常布置在猪栏的排粪区(群养猪栏或公猪栏)，符合猪只在饮水时排泄的习惯，有利于舍内卫生；在母猪分娩栏、单体母猪栏和配种猪栏的母猪区中，则应布置在食槽附近，便于猪饮水。在安装时，干、支水管都要固定牢固，以防猪拱。干水管的直径可根据它所负担的自动饮水器数量而定：负担 50 个以上时，直径≥25 mm，20～50 个时，直径≥20 mm，20 个以下或公猪舍等饲养数量较少的猪舍，可用直径 15 mm 的水管。支水管直径与自动饮水器所要求的直径相同，一般为 15 mm 的水管。

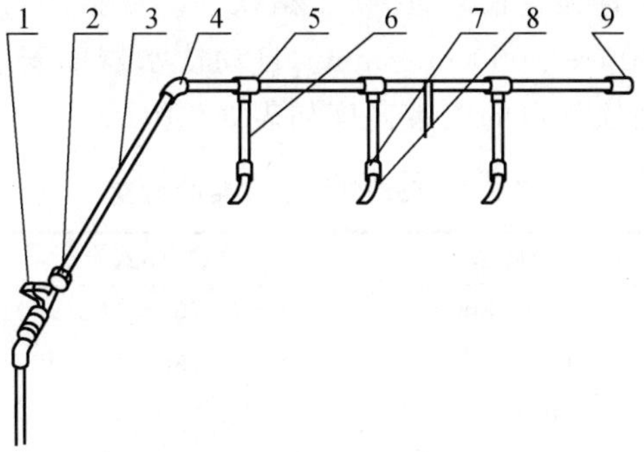

图 3-10　舍内供水系统

1. 阀门　2. 活接头　3. 干水管　4. 弯头　5. 三通　6. 支水管　7. 弯头　8. 饮水器　9. 外方堵头

资料来源：王林云．现代中国养猪．金盾出版社，2007：634.

3.2.3　水管所用材质

水管网所用的水管有铸铁管、钢管和 PPR，或 PE 管材等。铸铁管做供水管生锈后，易堵塞管道，出现供水不足的情况；PPR 或 PE 管材因安装管理方便、清洁卫生、内壁光滑对水流阻力较小、不易生锈腐蚀堵塞管道、容易消毒，而越来越得到普遍应用。猪栏中的输水管用不锈钢的。

3.2.4　水管的铺设

舍内水管在寒冷地区的无供暖猪舍，为防止冻裂给水管道，给水管应在地下铺设，并设回水管和回水井，夜间回水防冻；供暖猪舍或气候温暖的地区，舍内给水管应铺设明管。在管道的每个主要结点处应该设置水管检修口，以便于检查和维护供水管道。为避免水管出现死水端，可在水管的末端安装冲水阀。在新一批猪进舍前水管要冲洗过，并按压每一个饮水器，放掉主水管至饮水器端的陈旧水。

3.2.5　饮水器

猪只的饮水装置有自动饮水器和水槽两种。采用水槽饮水时，易造成周围潮湿，猪只踩踏，常污染、弄脏饮水，需要经常刷洗消毒，故不宜采用。我国多采用饮水器，常见的猪用饮水器有鸭嘴式饮水器、乳头式饮水器、碗式饮水器、杯式饮水器和圆盘式水位控制饮水器。现在，改鸭嘴式饮水器为碗式饮水器、杯式饮水器和圆盘式水位控制饮水器，更加节省用水。自动饮水器能够保障猪只随时喝到干净卫生的水，有利于饲养管理和卫生防疫，减少疾病传染。现在有的猪场，选用饲槽中带有饮水器的干湿饲喂器，不但满足了猪只边采食边饮水的习性，而且还能使猪只进行自拌湿料。

各种饮水器一般须采用集中式给水，水压较大时须在舍内设水箱减压。饮水器应设置在粪尿沟、漏缝地板或排粪区，以防猪床潮湿，有利于舍内卫生；在分娩栏和单体母猪栏、配种栏中的母猪栏，饮水器则布置在食槽附近，便于猪饮水。成猪用自动饮水器流量为 2 000～3 000 mL/min，仔猪为 1 000～2 000 mL/min。自动饮水器的安装高度随着猪的大小和种类的不同而不同，各种自动饮水器的安装高度如表 3-2 所示。

表 3-2　自动饮水器安装的高度　　mm

猪群类别	鸭嘴式	杯式	乳头式
公猪	750～800	250～300	800～850
母猪	650～750	150～250	700～800
后备母猪	600～650	150～250	700～800
仔猪	150～250	100～150	250～300
保育猪	300～400	150～200	300～450
生长猪	450～500	150～250	500～600
育肥猪	550～600	150～250	700～800

注：①饮水器的安装高度是指阀杆末端（鸭嘴式和乳头式）或杯口平面（杯式）距地（床）面的距离。

②鸭嘴式饮水器用 135 弯头安装时，安装高度可在适当增高；安装时阀体斜面向上，最好与地面呈 45°夹角。

③杯式饮水器杯口平面与地面平行。

④乳头式饮水器与地面呈 45°～75°夹角。

资料来源：李如志．家畜环境卫生学．3 版．2003：189.

3.2.6　水温

在全群供给猪只饮水时，对供水的温度也应有严格要求。冬季猪饮水的适宜温度为，生长育肥猪和妊娠猪 16～20℃，保育猪 20～25℃，哺乳母猪 25～28℃，哺乳仔猪 35～38℃。一般要求饮水温度种猪一般控制在 10～30℃，哺乳仔猪最好控制在 22～37℃。特别是仔猪，当饮水温度低于体温时，不仅猪需用额外的能量以提高摄入水的温度，而且冷应激还会造成猪胃溃疡、消化不良等病症。

经广西大学试验证明，哺乳仔猪饮用由多功能恒温饮水器供给的 37℃温水，比饮常温自来水的仔猪日增重多 39.4 g，增重多 0.82 kg，头均耗料多 0.34 kg，腹泻率低 20%。寒冷季节水温对母猪也很重要，哺乳母猪若喂温度 0℃的水和料，每天需多耗 0.5 kg 的精料浪费在维持体温上。冬季妊娠母猪喂冰凉水料，还易造成流产等不良后果。有条件的猪场，配备多功能恒温饮水器。

3.3　猪舍排污系统工艺设计技术进步

规模化猪场每天排出粪尿量很大，而且日常管理所产生的污水量也比较大。据统计，每头猪一天的排出的粪尿量与其体重之比为 5%～9%，生产 1 kg 猪肉所排的污水约为 25 kg。各阶段猪(表 3-3)排粪和排尿量。

表 3-3　猪污水排放量

畜别	饲养期/d	每头日排泄量/kg		
		粪量	尿量	合计
种公猪	365	2～3	4～7	6～11
哺乳母猪	365	2.5～4.2	4～7	6.9～11
后备母猪	180	2.1～2.8	3～6	5.1～8.8
出栏猪(大)	88	(2.17)	(3.5)	(5.76)
出栏猪(中)	90	(1.3)	(2)	(3.3)
断奶仔猪	35	0.8～1.2	1～1.3	1.8～2.5

注：括号内数字为平均值。

资料来源：①江立方．上海畜牧兽医通讯．1992.

②华南农业大学，等．规模化猪场用水与废水处理技术．中国农业出版社，1999.

③郭宗义，王金勇．现代实用养猪技术．化学工业出版社，2010：113.

合理地设置猪舍的排污系统，及时地清除这些污物和污水，是防止舍内潮湿、保持良好的空气卫生状况和猪体卫生的重要措施。

猪舍的排水设施一般与清粪方式相配套，清粪方式不同，每日的排污量相差很大。目前，在我国的猪场中，常用的清粪方式有干清粪、水冲粪或水泡粪等。猪舍的排水系统应根据清粪方式而设计。

3.3.1　干清粪方式的排水

干清粪工艺就是不加水浸泡和稀释，直接把粪便从猪舍中清理出去，相应的清粪方式有人工清粪和机械清粪两种。

3.3.1.1　人工清粪方式的排水

在采用高床网上饲养的分娩舍和保育舍中，人工清粪的粪沟结构见图 3-11。粪沟由斜面和平台两部分组成，平台横向有 1%左右的坡度，以利于猪尿和污水流入尿沟。猪的粪尿从漏缝地板落下后，尿流入尿沟中，粪则留在平台上，由人工利用刮板等工具将其收集在一起，然后运到舍外。猪舍排尿沟用半圆形，或方形均可，沟宽 15～30 cm，深 10 cm。排尿沟应尽量建成明沟，利于清扫消毒。在排尿沟与地下排水管的连接处要设一低于排尿沟的池子，以便使固形物质沉淀，防止堵塞管道。因此，称之为沉淀池。沉淀池上铺设缝宽度较小(5～10 mm)的漏缝地板，使其只能让猪尿和冲洗猪舍的废水通过，猪粪则留在上面。排尿沟一般每隔 20～30 m 设 1 个沉淀池，沟底 1%～2%的坡度向沉淀池倾斜。猪尿和冲洗猪舍的废水经沉淀池流到

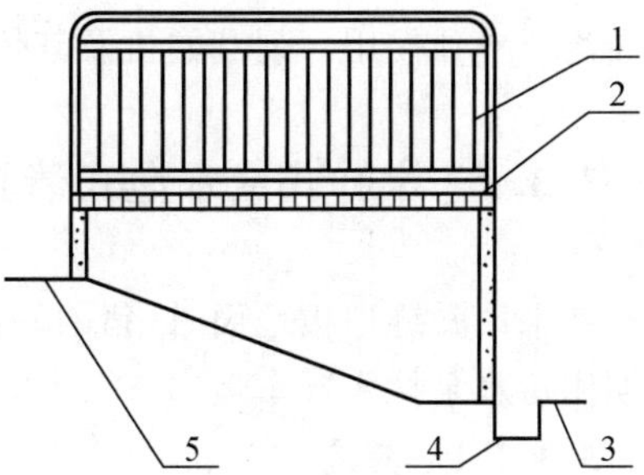

图 3-11　人工清粪粪沟结构示意图

1. 猪栏　2. 漏缝地板　3. 清粪通道　4. 尿沟　5. 饲喂通道

资料来源：王林云．现代中国养猪．金盾出版社，2007：640.

舍外的污水管道中，再经汇总后进行处理。

为了便于操作和运输，需要留出100～120 cm宽的清粪通道，通道比漏缝地板低60～100 cm。

在地面饲养的猪舍中，在猪栏内开一条宽80～100 cm、比地面低2～5 cm的排泄沟，沟中设置1～2个沉淀池。整列猪栏的沉淀井管道连通，污水通过沉淀井和管道流到舍外，再经汇总后处理。沉淀井中沉淀的少量粪便等固体物定期掏出运走。排泄沟中及栏内其他地方的粪便由人工清扫收集后运走。在寒冷地区采用这种清粪方式需要在猪栏外侧留出清粪通道。在温暖地区可以不留清粪通道，而是在每个猪栏的墙上开一排粪孔，将收集的粪便从排粪孔送到舍外，再由人力或机动清粪车运至集粪场。

3.3.1.2 机械清粪方式的排水

目前在猪场中使用较为广泛的清粪机是往复式刮板清粪机。往复式刮板清粪机由带刮粪板的滑架（两侧面和底面都装有滚轮的小滑车）、传动装置、张紧机构和钢丝绳等构成。刮粪机滑架的结构如图3-12所示。

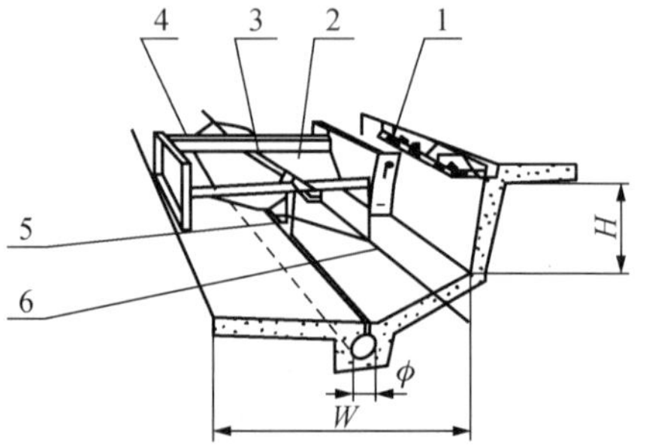

图3-12 刮粪板滑架及粪沟结构

1. 宽度调节板 2. 刮粪板
3. 刮粪板起落杆 4. 机架
5. 粪沟清扫板 6. 牵引钢丝绳
W：100～180 cm H：30～40 cm；
ϕ：10～20cm

资料来源：王林云．现代中国养猪．金盾出版社，2007：641.

往复式刮板清粪机装在漏缝地板下面的粪沟中。粪沟的宽度为100～180 cm，深度为30～40 cm（断面形状及规格要与滑架及刮板相适应）；排尿管直径为10～20 cm。在排尿管上开有通长的缝，猪尿及冲洗猪栏的废水从长缝中流入排尿管，然后流向舍外的排污管中，猪粪则留在粪尿沟内。为避免缝隙被粪堵塞，刮粪板上焊有竖直钢板插入缝中，在刮粪的同时可疏通该缝隙。把粪沟内的猪粪推到猪舍一端的集粪坑。集粪坑的猪粪再由人工或用机械运送到舍外的指定地方进行处理（王林云，2007）。

根据猪舍的猪栏布置情况，刮粪机的平面布置分为双列式和单列式2种。双列式用一台传动机构带动2列刮粪板运动；如果猪栏的布置为奇数，则有一个粪沟要单独使用一列刮粪机及其传动机构。

3.3.2 水冲式或水泡式清粪方式的排水

在采用漏缝地板地面时，猪的粪便和污水混合，粪水一同排出舍外，流入化粪池，定期或不定期用污水泵抽入罐车运走。

3.3.2.1 粪沟

粪沟位于漏缝地面下方，与漏缝地面宽度相近的盛粪设施。一般宽0.8～2 m；深度为0.7～0.8 m；向粪水池方向之坡度为0.5%～1%。也可采用水泥盖板侧缝形式，即在地下粪沟上盖以混凝土预制平板，盖板稍高于粪沟边缘的地面，因而，与粪沟边缘形成侧缝，猪排的粪便，用水冲入粪沟。

3.3.2.2　水冲或水泡清粪

如图 3-13 所示，靠猪把粪便踩踏下去，落入粪沟，在粪沟的一端设自动翻水箱，水箱水满时利用重心失衡自动翻转，水的冲力将粪水冲至粪水沟中。在粪沟一端的底部设挡水坎，使粪沟内保持一定深度的水（约 15 cm），漏下的粪便被浸泡变稀，随水溢过沟坎，流入粪水池；或粪沟里设活塞，当将活塞拔起时，稀粪流入粪水池，就是水泡粪。这种方法不需要特殊设备，省工省时，简便易行，清粪效果好。但用水量较大，使粪水的贮存、处理和利用复杂化，也容易造成环境污染，应慎重选用。

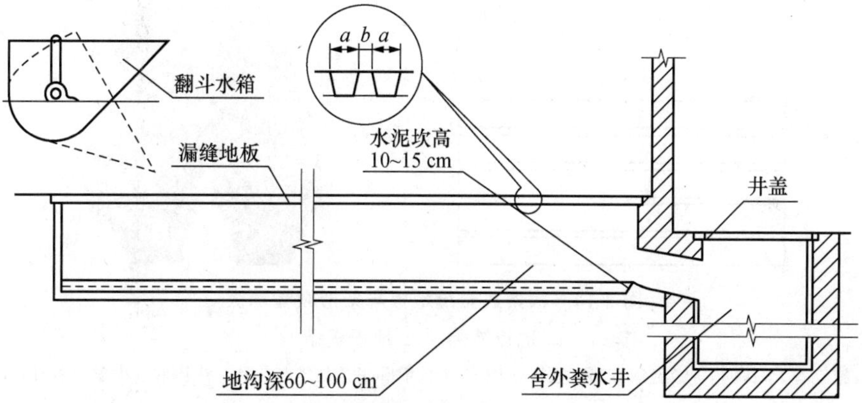

图 3-13　漏缝地板排水系统的一般模式

资料来源：李如治．家畜环境卫生学：3 版．中国农业出版社，2003：181.

3.3.2.3　粪水池

分地下式、半地下式和地上式 3 种。不管哪种形式都必须防止渗漏，以免污染地下水。此外实行水冲清粪不仅必须用污水泵，同时还需要专用的罐车运输。而一旦有传染病或寄生虫病发生，如此大量的粪水无害化处理将成为一个难题。

3.3.3　微缝地板与清粪系统

3.3.3.1　现在漏缝地板存在的一些问题

现在使用漏缝地板，虽然可有效地减少猪与粪便直接接触的机会，防止地面潮湿对猪的不良影响，但也有一些问题值得关注：①猪舍内氨气浓度大、湿度高，尤其是冬天舍内通风不畅时。②采用漏缝地板后收集干粪较困难。③漏缝地板的缝隙中的粪渣很难用人工方法清理。④饲养员劳动量大等问题。

3.3.3.2　微缝地板与清粪系统的设计

针对现有漏缝地板的问题，施正香等提出了微缝地板的设计概念，包含 3 个基本点：①地板缝隙宽度。微缝地板做到完全的粪尿分离，其缝隙只要能满足漏下水和尿等液体即可，固态的粪便被截留在地板表面。②地板缝隙形式。微缝地板的缝隙是通长的，可以使用与缝隙相配的耙齿疏通。清粪耙刮除并收集地板表面的固态粪，同时与耙固结的耙齿刮除并疏通缝隙中的粪渣，保持缝隙畅通。与之配套的清粪耙可以是手动的，也可以是自动的。③利用尿沟将尿液及时导出到舍外。微缝地板下或端部设置具有一定倾角的尿沟，漏下的尿液可顺尿沟排出到舍外污水井内。

3.3.3.3 微缝地板的构造

微缝地板可分为两种形式，一种是板条式，另一种是单条式(图 3-14)。此外，有一种微缝地板的缝隙不是贯穿的，称为沟槽地板。使用时，液体流入到沟槽内，并顺着具有一定斜度的沟槽流到端部的尿沟内排到舍外，猪粪流在地板上，实现了干湿分离。若尿液下落地的沟槽内有粪渣堵塞，尿液会溢出到相邻的沟槽内流下。由于缝隙下，猪粪很难把沟槽堵严，故尿液能从沟槽上架空的猪粪下流走，保持地板表面的干燥。

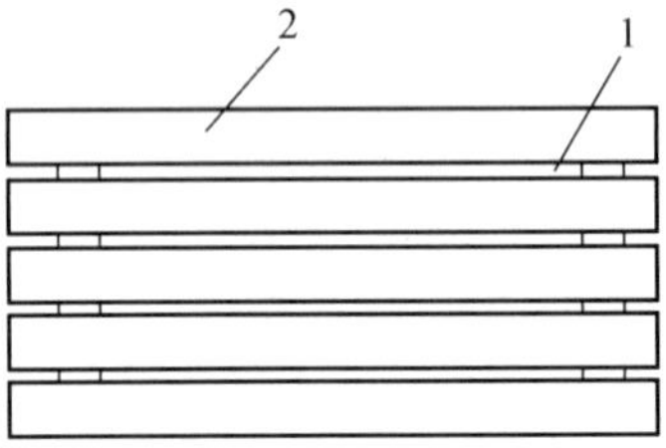

图 3-14 板条式微缝地板与条形微缝地板

1. 地板缝隙 2. 地板板条

资料来源：施正香，李保明，等．健康养猪工程工艺模式-舍饲散养工艺技术与装备．中国农业大学出版社，2012：107.

3.3.3.4 清粪工具

1. 手动清粪工具

地板上的清粪工具清粪耙(图 3-15、图 3-16)有两个功能，第一是清除地板上的猪粪，第二是疏通地板缝隙。

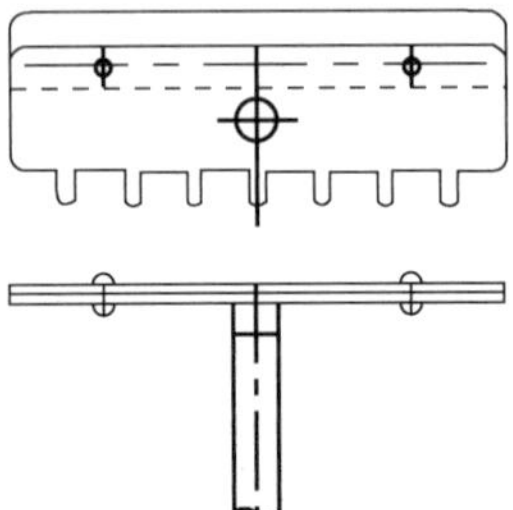

图 3-15 清粪耙结构示意图

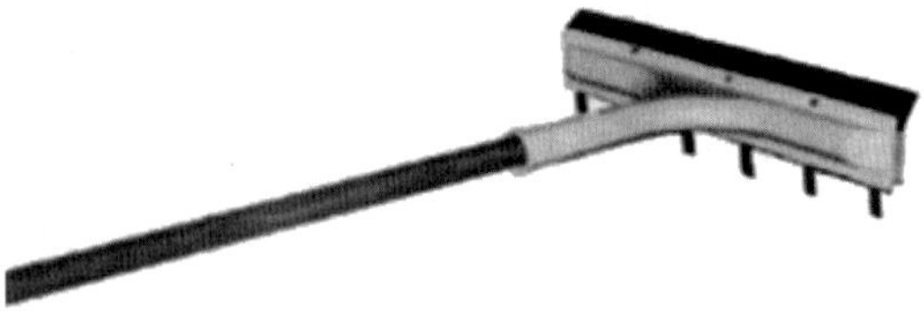

图 3-16 清粪耙

资料来源：施正香，李保明，等．健康养猪工程工艺模式-舍饲散养工艺技术与装备．中国农业大学出版社，2012：108.

2. 自动清粪设施

自动清粪设施由动力机构、传动杆、刮粪板组成(图 3-17)。

3. 配合人工清粪的承粪台

饲养员清粪时一般先将粪铲或刮到一堆，然后用铁锹铲到手推清粪车上。在靠近清粪通道的栏杆外设置一个承粪台(图 3-18)。从圈栏的栅栏缝隙处将清粪耙、清缝耙伸进去，将粪刮到承粪台上集中清理(图 3-19)。

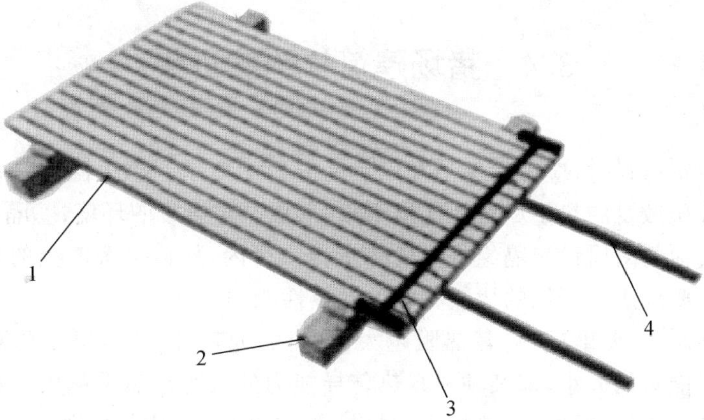

图 3-17　安装在微缝地板上的自动清粪机构示意图

1. 微缝地板板条　2. 地板支架梁　3. 刮粪板　4. 传动杆

资料来源：施正香，李保明，等．健康养猪工程工艺模式-舍饲散养工艺技术与装备．中国农业大学出版社，2012：109.

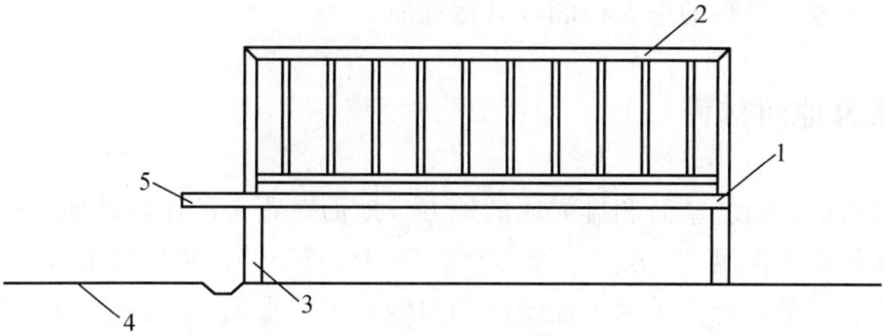

图 3-18　微缝地板和承粪台

1. 微缝地板　2. 栅栏　3. 支架　4. 清粪通道　5. 承粪台

资料来源：施正香，李保明，等．健康养猪工程工艺模式-舍饲散养工艺技术与装备．中国农业大学出版社，2012：109.

图 3-19　使用承粪台现场照片

资料来源：施正香，李保明，等．健康养猪工程工艺模式-舍饲散养工艺技术与装备．2012：110.

承粪台还可单独悬置在栅栏外，或是地板的一部分，伸出栅栏外。其宽度 20 cm 可满足承粪要求。承粪台可以离地一定高度，悬置在通道边。使用时将清粪车车斗伸进承粪台下，直接将台上的粪刮到车斗里，以避免大量重复弯腰装粪操作。承粪台可以集中圈栏内清出的粪，配合猪厕所和清粪工具，避免饲养员进圈操作。

3.4 猪场建筑材料的进步

在选择猪舍建筑材料时，应考虑保温和隔热两方面的要求。①保温就是在寒冷的冬季将猪舍内的各种热源所散发的热量尽量地保留下来，形成一个温暖的环境；②隔热就是在炎热的夏季通过猪舍及其他的附属设施隔绝外界的热量传入舍内，保持猪舍凉爽的环境。猪舍保温隔热能力的大小主要取决于所用的建筑材料的导热性能和厚度。

材料的导热性越小，厚度越厚，其热阻越大；材料的导热性越大，厚度越薄，其热阻越小。热阻就是保温隔热能力的大小，即某种材料热传导能力的大小。热阻越大的材料，传热越慢、相应的保温隔热性能越好；反之，热阻越小的材料，传热越快，相应的保温隔热性能越差。

各种建筑材料的热阻是不同的，厚度相同时，密度大的材料热阻小，疏松多孔的轻质材料热阻大，这主要是因为轻质材料空隙多，有大量的不流通的空气。因此，具有良好的保温性能。但是，多孔材料虽然有良好的保温性能，却也同时具有很强的吸水能力，这就要求选择猪舍的建筑材料时应综合考虑材料的保温性能和其他性能。

3.4.1 猪舍地面材料

地面是猪只活动、采食、躺卧和排粪尿的地方。地面对猪舍的保温性能及猪只的生产有很大影响。猪舍地面要求保温、坚实、不透水、平整、不滑、便于清扫和清洗消毒。地面材料有：水泥、砖、漏缝板等。目前猪舍多采用水泥地面和漏缝地板。水泥、立砖地面虽然造价便宜，但保温性能差。为克服水泥地面传热快的缺点，可在地表下层用孔隙较大的材料，比如，炉灰渣、膨胀珍珠岩、空心砖等，增强地面的保温性。有的地面还要求做地暖，地暖管材埋管深度最好不要超过 6 cm，地暖管下还必须做隔热层。

1. 水泥、立砖地面

水泥地面坚实耐用、平整，易于清洗消毒，建造水泥地面的首要的条件是把基础处理好。立砖地面要挑选平面整齐、抗压性强的砖，立直挤严。水泥地面和立砖地面相比较，立砖地面有较好的弹性和保温性，但不易彻底消毒。

2. 漏缝地板

漏缝地板种类较多，有块状、条状和网格状等。使用的材料有水泥、金属、塑料等。

(1)水泥漏缝地板　水泥漏缝地板的规格很多，但要根据猪栏的规格来定。一般厚度为 8 cm，宽度为 60 cm，长度可根据猪栏要求设计为 200～240 cm 不等。其缝隙大小可根据猪的大小而不同，分娩母猪舍漏缝地板缝隙一般为 1 cm，保育舍漏缝地板缝隙一般为 1.5 cm，小猪舍漏缝地板缝隙一般为 2 cm，肥育舍、怀孕母猪舍漏缝地板缝隙一般为 2.5～2.8 cm。漏缝地板缝隙一定要为梯形，上面小，下面大，才能顺利漏粪。水泥漏缝地板在猪场应用越来越多，适用于怀孕母猪、生长育肥舍、公猪舍、后备舍，其制造工艺简单、造价较低，而且多以自制为主。

(2)金属漏缝地板　由球墨铸铁浇铸成形，表面略粗糙可以防滑倒，中间有肋以增加强度，两边有咬口以方便固定于专门的地梁上。球墨铸铁地板强度高，较耐腐蚀，但热传导较塑料地板快，仔猪慎用。铸铁地板主要用于分娩母猪舍的母猪位置。

(3)塑料漏缝地板　塑料漏缝地板，是以工程塑料模压而成，条宽 2.5 cm，缝宽 1～2 cm。它可小块拼装组合，使用方便。该地板因其保温性能好，导热系数低而被广泛应用于哺乳仔猪休息区和断奶仔猪保育栏。

3.4.2　猪舍屋面材料

猪舍屋面的形式有单坡、双坡、拱形、钟楼形等多种。屋面结构要求简单、轻便、防水、耐火，能承重，严密不透气，保温隔热性能好，坚固耐用，排水便利。我国多采用草、瓦、预制板、泥灰、石棉瓦、彩钢瓦等材料修建屋顶。草料的屋顶造价低，且具有良好的保温性能，但不耐久，且防火性能差。瓦、预制板、石棉瓦、彩钢瓦等修造的屋顶坚固耐用，但造价较高，且保温性能不及草料的屋顶。过去彩钢瓦猪舍，因为猪舍过于潮湿，内层铁板易腐蚀生锈，而很少被猪场采用。

由于猪舍内通风技术的提升，猪舍内温暖干燥，内层铁板的寿命大为提高，彩钢瓦猪舍又被养猪者所采用。彩钢瓦是一种以彩钢板为面层，以保温隔热材料为芯材，采用专门黏结剂和专门工艺技术复合而制成的板材。按板型可分为 2 种，一种是波瓦复合板(图 3-20a)，板的一面为凸起的波形，另一面为凹陷的较浅的"V"形沟槽，主要用作屋顶构件。另一种是平板复合板(图 3-20b)，板的两面都有较浅的凹形沟槽，主要用作墙体材料。

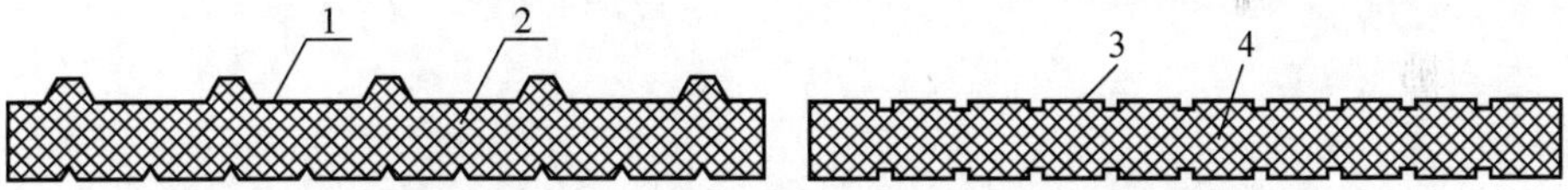

a. 波瓦复合板　　b. 平板复合板

图 3-20　彩钢板夹芯复合板

1、3. 彩钢板　2、4. 保温隔热材料

资料来源：王林云．现代中国养猪．金盾出版社，2007：620.

3.4.3　猪舍墙体材料

猪舍墙体要求结构简单、保温隔热、坚固、防火、防潮、耐水、抗冻。内墙面要求平整、光滑。墙体材料可以是黏土砖、混凝土小型空心砌块、加气混凝土砌块和彩钢板等。黏土砖以黏土(包括页岩、煤矸石等粉料)为主要原料，经泥料处理、成型、干燥和焙烧而成。黏土砖按孔洞率分：实心砖(无孔洞或孔洞率＜25％的砖)、多孔砖(孔洞率≥25％)、空心砖(孔洞率≥40％)，实心砖和多孔砖多用于承重结构墙体，空心砖多用于非承重结构墙体。

黏土砖就地取材，价格便宜，经久耐用，还有防火、隔热、隔声、吸潮等优点，在土木建筑工程中使用广泛。为改进普通黏土砖块小、自重大、耗土多的缺点，正向轻质、高强度、空心、大块的方向发展。灰砂砖以适当比例的石灰和石英砂、砂或细砂岩，经磨细、加水拌和、半干法压制成型并经蒸压养护而成。粉煤灰砖以粉煤灰为主要原料，掺入煤矸石粉或黏土等胶结材料，经配料、成型、干燥和焙烧而成，可充分利用工业废渣，节约燃料。

另外，还有混凝土小型空心砌块和加气混凝土砌块。混凝土小型空心砌块是以水泥为胶接材料，以砂、碎石、卵石、工业废渣（煤矸石、炉渣、粉煤灰、增钙渣等），或人造轻骨料，比如，粉煤灰陶粒、黏土陶粒、页岩陶粒、膨胀珍珠岩等为骨料，加水搅拌，经振动、振动加压或冲压成型的小型并具有一定孔洞率的墙体材料。加气混凝土砌块是以钙质材料（水泥或石灰）和硅质材料（砂或粉煤灰）为基本原料，以铝粉为发气剂，经过蒸压养护等工艺制成的一种多孔轻质的新型墙体材料。近年来随着“限粘禁实”，采用彩钢板的猪场逐渐增多。

第 4 章
猪场配套设备设施

本章内容提要

本章以猪场设备设施为中心，将其分为猪场常规设备设施、清洁消毒设备设施和特种设备设施分别进行了系统介绍。其内容涉及猪栏、漏缝地板，饲料供给及饲喂设备、供水及饮水设备、保温及通风设备、粪便处理设备、物理消毒设备、化学消毒设备、生物消毒设施、消毒防护设备、人工授精设备、繁育设备、自动化养猪设备和母猪智能化饲喂管理系统等，重点是猪场常规设备设施和清洁消毒设备设施。

原始的养猪模式几乎不需要机械设备设施，随着现代化规模化猪场的兴起，越来越多的猪场机械设备设施不断投入生产应用并逐渐发展完善起来。从初始最简单的围栏、饲槽和运输工具等发展到目前机械化、自动化、智能化和福利化设备设施的广泛应用，系统化成套设备设施的广泛应用，极大地提高了猪场生产效率，对我国生猪产业和现代畜牧业的转型发展和创新发展起到了积极的示范带动作用。

4.1 猪场常规设备设施

猪场常规设备设施主要包括各种猪栏、地板、饲喂设备、饮水设备、清粪设备、环境控制设备以及运输设备等。在选择设备时，应遵循经济实用、坚固耐用、方便管理、设计合理、符合卫生防疫卫生要求等原则。随着工厂化养猪业工程技术的不断进步，我国已初步形成了多个系列的工厂化养猪配套设备，为推进我国养猪业的工业化进程，提高养猪生产水平奠定了基础。

先进的设备是提高生产水平和经济效益的重要保证。猪场设备有猪栏、漏缝地板、饲料供给及饲喂设备、供水及饮水设备、供热保温设备、通风降温设备、清洁消毒设备、粪便处理设备、监测仪器及运输设备等(杨公社,2002)。

4.1.1 猪栏

使用猪栏可以减少猪舍占地面积,便于饲养管理和改善环境。不同地猪舍应配备不同的猪栏。按结构有实体猪栏、栅栏式猪栏、母猪限位栏、高床产仔栏、高床育仔栏等;按用途有公猪栏、配种栏、妊娠栏、分娩栏、保育栏、生长育肥栏等。

4.1.1.1 实体猪栏

猪舍内圈与圈间以高 0.8～1.2 m 的实体墙相隔,优点在于可就地取材、造价低,相邻圈舍隔离,有利于防疫,缺点是不便通风和饲养管理,而且占地大。它适于小规模猪场。

4.1.1.2 栅栏式猪栏

即猪舍内圈与圈间以高 0.8～1.2 m 的栅栏相隔,占地小,通风好,便于管理。缺点是耗钢材,成本高,且不利于防疫。现代化猪场多用。

4.1.1.3 综合式猪栏

即猪舍内圈与圈间以高 0.8～1.2 m 的实体墙相隔,沿通道正面用栅栏。集中了二者的优点,适于大小猪场。

4.1.1.4 母猪单体限位栏

单体限位栏(图 4-1)系钢管焊接而成,由两侧栏架和前、后门组成,前门处安装食槽和饮水器,尺寸为:2.1 m×0.6 m×0.96 m(长×宽×高)。用于空怀母猪和妊娠母猪,与群养母猪相比,便于观察发情,便于配种,便于饲养管理,但限制了母猪活动,母猪易发生肢蹄病。适于工厂化集约化养猪。

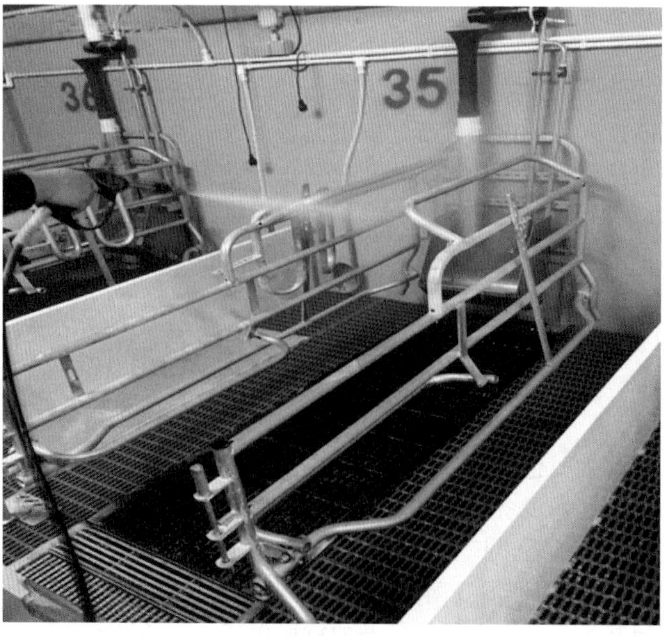

图 4-1 母猪单体限位栏

4.1.1.5　高床产仔栏

高床产仔栏(图 4-2)用于母猪产仔和哺育仔猪，由底网、围栏、母猪限位架、仔猪保温箱、食槽组成。底网采用由直径 5 mm 的冷拔圆钢编成的网，或塑料漏缝地板为 2.2 m×1.7 m(长×宽)，下面附于角铁和扁铁，靠腿撑起，离地 20 cm 左右；围栏为 2.2 m×1.7 m×0.6 m(长×宽×高)即四面地侧壁，为钢筋和钢管焊接而成，钢筋间缝隙 5 cm；母猪限位架为 2.2 m×0.6 m×(0.9～1 m)(长×宽×高)，位于底网中央，架前安装母猪食槽和饮水器，仔猪饮水器安装在前部或后部；仔猪保温箱 1 m×0.6 m×0.6 m(长×宽×高)，优点是占地少，便于管理，防止仔猪被压死和减少疾病，但投资高。

图 4-2　高床产仔栏

资料来源：荷德曼供图。

4.1.1.6　高床育仔栏

用于 4～10 周龄的断奶仔猪，结构同高床产仔栏的底网和围栏，高度 0.7 m，离地 20～40 cm，占地小，便于管理，但投资高，规模化猪场多用。

4.1.2　漏缝地板

采用漏缝地板易于清除猪的粪尿，减少人工清扫，便于保持栏内的清洁卫生，保持干燥有利猪的生长。要求耐腐蚀、不变形、表明平整、坚固耐用，不卡猪蹄、漏粪效果好。漏缝地板距粪尿沟约 80 cm，沟中经常保持 3～5 cm 的水深。

4.1.2.1　水泥漏缝地板

表面应紧密光滑，否则表面会有积污而影响栏内清洁卫生，水泥漏缝地板内应有钢筋网，以防受破坏（图 4-3）。

图 4-3　水泥漏缝地板

资料来源：荷德曼供图。

4.1.2.2　金属漏缝地板

由金属条排列焊接或用金属编织而成，适用于分娩栏和小猪保育栏。其缺点是成本较高，优点是不打滑、栏内清洁、干净（图 4-4）。

图 4-4　金属漏缝地板

4.1.2.3　金属冲网漏缝地板

适用于小猪保育栏。

4.1.2.4　生铁漏缝地板

经处理后表面光滑、均匀无边，铺设平稳，不会伤猪（图 4-5）。

4.1.2.5　塑料漏缝地板

由工程塑料模压而成，有利于保暖（图 4-6）。

4.1.2.6　陶质漏缝地板

具有一定的吸水性，冲洗后不会在表面形成小水滴，还具有防水功能，适用于小猪保育栏。

4.1.2.7　橡胶或塑料漏缝地板

多用于配种栏和公猪栏，不会打滑。

图 4-5　生铁漏缝地板

图 4-6　塑料漏缝地板

资料来源：荷德曼供图。

4.1.3　饲料供给及饲喂设备

饲料贮存，输送及饲喂，不仅花费劳动力多，而且对饲料利用率及清洁卫生都有很大影响。饲料贮存，输送及饲喂设备主要有贮料塔、输送机、加料车、料槽和自动食箱等。

4.1.3.1　贮料塔

贮料塔（图 4-7）多用 2.5～3 mm 镀锌波纹钢板压型而成，饲料在自身重力作用下落入贮

图 4-7　贮料塔

资料来源：荷德曼供图。

料塔下锥体底部的出料口，再通过饲料输送机送到猪舍。

4.1.3.2　输送机

用来将饲料从猪舍外的贮料塔输送到猪舍内，然后分送到饲料车、料槽，或自动食箱内。类型有卧式绞龙输送机、链式输送机、弹簧螺旋式输送机和塞管式输送机。

4.1.3.3　加料车

主要用于定量饲养的配种栏、妊娠栏和分娩栏。将饲料从饲料塔出口送至料槽有2种形式：手推机动式和手推人力式加料。

4.1.3.4　料槽

它分自由采食(图4-8)和限量料槽2种。材料可用水泥、金属等。①水泥料槽：主要用于配种栏、分娩栏及生长育肥栏，优点是坚固耐用，造价低，同时还可作饮水槽，缺点是卫生条件差。②金属料槽：主要用于妊娠栏和分娩栏，便于同时加料，又便于清洁，使用方便。

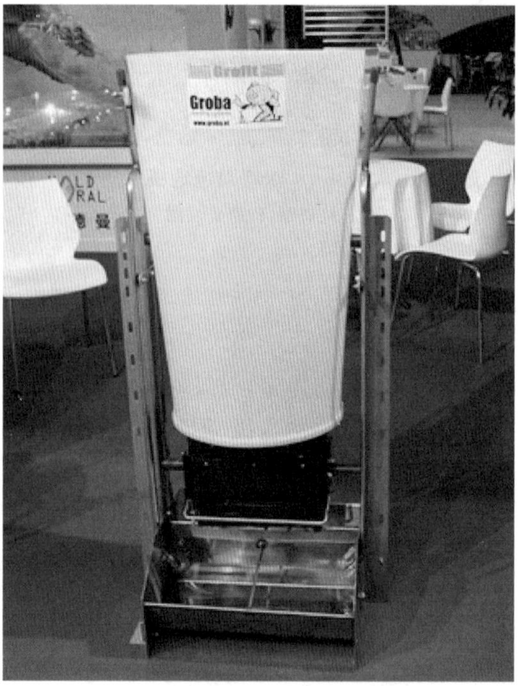

图4-8　自由采食干湿二用料槽

资料来源：荷德曼供图。

1. 仔猪补料槽

仔猪补料槽一般由料斗、把手、支架、螺栓、固定铁、槽底、漏料缝、槽芯、采料槽、凹形槽底构成。料斗安装在支架上，支架用螺栓装在固定铁上，支架与槽体边相连接，固定铁固定在槽底上，槽底上设有槽芯，在槽芯的一周设有凹形采料槽供猪采食用，料斗和槽芯之间设有漏料缝，槽底的底部设有凹形槽底，料斗上装有把手。该类料槽一般结构设计简单、质量轻、强度高、耐酸碱、防腐蚀，便于搬运，使用寿命较长，采食后清洗消毒方便，能满足小猪吃食的需要，可做多种采食用(图4-9)。

2. 间息添料料槽

条件较差的一般猪场采用。可为固定或移动料槽。一般为水泥浇注固定料槽。设在隔墙或隔栏的下面，由走廊添料，滑向内侧，便于猪采食。一般为长形，每头猪所占料槽的长度依猪的种类、年龄而定。集约化、工厂化猪场，限位饲养的妊娠母猪或泌乳母猪，其固定料槽为金属制品，固定在限位栏上（图 4-10）。

图 4-9　仔猪补料槽

资料来源：荷德曼供图

图 4-10　间息添料料槽

3. 方形自动落料料槽

常见于集约化、工厂化的猪场。方形落料料槽有单开式和双开式两种。单开式的一面固定在与走廊的隔栏或隔墙上；双开式则安放在两栏的隔栏或隔墙上，自动落料料槽一般为镀锌铁皮制成，并以钢筋加固。

4. 圆形自动落料料槽

圆形自动落料料槽用不锈钢制成，较为坚固耐用，底盘也可用铸铁或水泥浇注，适用于高密度、大群体生长育肥猪舍（图 4-11）。

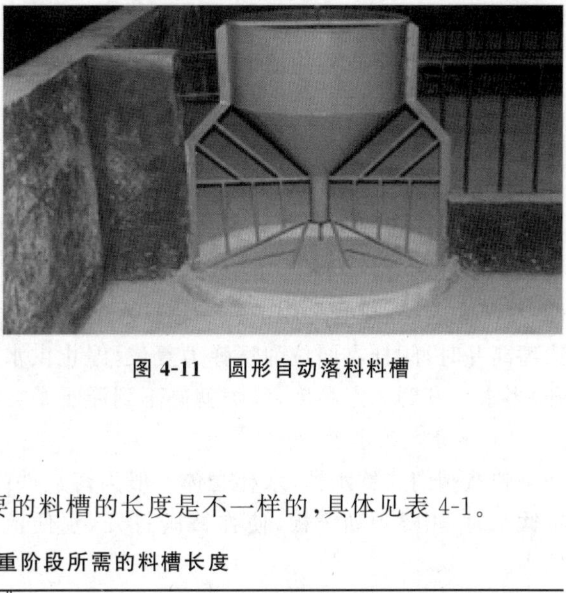

图 4-11　圆形自动落料料槽

总体而言，猪只在不同的体重阶段所需要的料槽的长度是不一样的，具体见表 4-1。

表 4-1　猪不同体重阶段所需的料槽长度

猪的体重/kg	每头猪的料槽长度/mm		猪的体重/kg	每头猪的料槽长度/mm	
	限饲	自由采食		限饲	自由采食
5	100	33	60	240	60
10	130	35	90	280	70
20	175	38	120	300	75
40	200	50			

4.1.4 供水及饮水设备

猪自动饮水器的种类很多，有鸭嘴式、乳头式、杯式等。

4.1.4.1 鸭嘴式自动饮水器

目前，国内外现在的猪场使用最多的是鸭嘴式猪用饮水器。主要由阀体、阀芯、密封圈、回位弹簧、塞盖、滤网等组成。其中阀体、阀芯选用黄铜和不锈钢材料，弹簧、滤网为不锈钢材料，塞盖用工程塑料制造，整体结构简单，耐腐蚀，工作可靠，不漏水，寿命长。猪饮水时，嘴含饮水器，咬压下阀杆，水从阀芯和密封圈的间隙流出，进入猪的口腔，当猪嘴松开后，靠回位弹簧张力，阀杆复位，出水间隙被封闭。水停止流出。鸭嘴式饮水器密封性好，水流出时压力降低，流速较低，符合猪只饮水要求。安装这种饮水器的角度有水平和45°角2种，离地高度随猪体重变化而不同，原则上是若饮水器与水管呈90°角，饮水器高度与猪前肩平齐；若饮水器与地面呈45°角，饮水器高度比猪高5 cm。

4.1.4.2 乳头式猪用自动饮水器

乳头式猪用自动饮水器的最大特点是结构简单，由壳体、顶杆和钢球3大件构成，猪饮水时顶起顶杆，水从钢球、顶杆与壳体的间隙流出至猪的口腔中；猪松嘴后，靠水压及钢球、顶杆的重力，钢球、顶杆落下与壳体密接，水停止流出。这种饮水器对泥沙等杂质有较强的通过能力，但密封性差，并要减压使用，否则，流水过急，不仅猪喝水困难，而且流水飞溅，浪费用水并弄湿圈舍地面。

4.1.4.3 杯式猪用自动饮水器

杯式饮水器是一种以盛水容器(水杯)的单体式自动饮水器，常见的有浮子式、弹簧式和水压阀杆式等型式。

1. 浮子式饮水器

浮子式饮水器多为双杯式，浮子室和控制机构放在2个水杯中间。通常一个双杯浮式饮水器固定安装在两猪栏间的栅栏间壁处，供两栏猪共用。浮子式饮水器由壳体、浮子阀门机构、浮子室盖、连接管等组成。当猪饮水时，推动浮子使阀芯偏斜，水即流入杯中供猪饮用，当猪嘴离开时，阀杆靠回位弹簧弹力复位，停止供水，浮子有限制水位的作用，它随水位上升而上升，当水上升到一定高度，猪嘴就碰不到浮子了，阀门复位后停止供水，避免水过多流出。

2. 弹簧式饮水器

弹簧阀门式饮水器，水杯壳体一般为铸造件或由钢板冲压而成杯式，杯上连有水杯盖。当猪饮水时，用嘴顶动压板，使弹簧阀打开，水便流入饮水杯内，当嘴离开压板，阀杆复位停止供水。

3. 水压阀杆式饮水器

水压阀杆式饮水器，是靠水阀自重和水压作用控制出水的杯式饮水器，当猪只饮水时用嘴顶压压板，使阀杆偏斜，水即沿阀杆与阀座之间隙流进饮水杯内，饮水完毕，阀板自然下垂，阀杆恢复正常状态。

猪饮水时对饮水器的水压也有一定的要求，合适的水压能够保证猪喝到充足的水，猪的大小不同对水压的要求也不同，一般仔猪为0.3 kg/cm^2，生长育肥猪为1 kg/cm^2，母猪为1.4 kg/cm^2。猪各个生长阶段要求的水流速度也不一样，一般随着猪的体重的增加，水流速度也增加，详细情况见表 4-2。决定猪一天的饮水量的因素也很多，主要有猪的体重大小、猪舍的环境温度、日粮中蛋白质和盐分含量多少、饲料的干湿度以及猪的健康状况等因素。猪每采食 1 kg 干饲料，大约需要水 2.5 kg，表 4-2 给出了不同阶段猪对水的大致需要量及所要求的饮水器的高度。

表 4-2　不同阶段猪的饮水器高度和日消耗水量

不同阶段	日消耗水量/L		饮水器高度/cm	水流速度/(L/min)
	冬天	夏天		
哺乳仔猪(4～8 kg)	1～2	2～3	10	0.5
保育猪(8～28 kg)	2～4	4～8	25	0.5～0.8
生长猪(28～70 kg)	5～7	10～14	50	0.8～1.2
育肥猪(70～100 kg)	8～10	14～18	70	1.2～1.5
后备母猪、后备公猪	10～12	18～22	80	1.5～2
断奶母猪、妊娠母猪及公猪	12～15	22～26	90	2.0～2.5
哺乳母猪	15～20	30～40	90	2.5～3

4.1.5　保温通风设备设施

4.1.5.1　保温设备

我国大部分地区冬季舍内温度都达不到猪只的适宜温度，需要提供采暖设备。另外供热保温设备主要用于分娩栏和保育栏。采暖分集中采暖和局部采暖。

1. 红外线灯

设备简单，安装方便，最常用，通过灯的高度来控制温度，但耗电，寿命短。常见红外线灯的功率有 100 W、150 W、200 W 和 250 W。

2. 吊挂式红外线加热器

其使用方法与红外线相同，但费用高。

3. 电热保温板

优点是在湿水情况下不影响安全，外型尺寸多为：1 000 mm×450 mm×30 mm，功率为 100 W，板面温度为 260～320℃，分为调温型和非调温型(图 4-12)。

4. 电热风器

它吊挂在猪栏上热风出口对着要加温的区域。

5. 保温箱

仔猪用的保温箱，仔猪出生之日起至满月出栏情况下起到保温作用。保温箱上盖预留灯泡及观望窗口，尺寸大小根据当地情况而定，常见的规格为：1 m×0.6 m×0.6 m(长×宽×高)。在保温箱的箱体上有仔猪进出门。现在仔猪保温箱常常配套仔猪电热板来使用，即科学合理又有很好的节能效果(图 4-13)。

6. 挡风帘幕

南方应用较多，且主要用于全敞式猪舍。

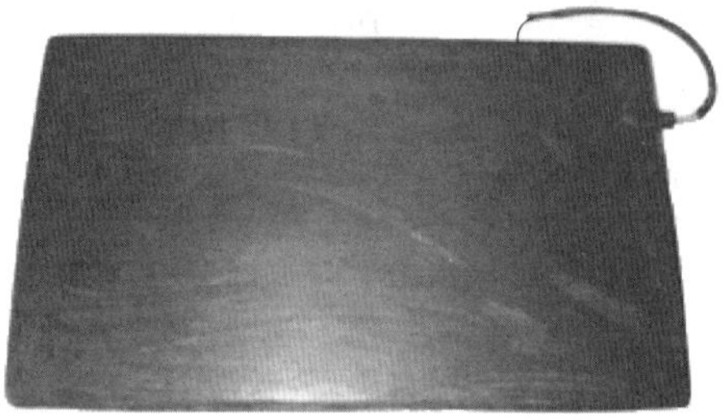

图 4-12 电热保温板

图 4-13 保温箱与保温板

7. 太阳能采暖系统

经济，无污染，但受气候条件制约，应有其他的辅助采暖设施。

4.1.5.2 通风降温设备

为了节约能源，尽量采用自然通风的方式，但在炎热地区和炎热天气，就应该考虑使用降温设备。通风除降温作用外，还可以排出有害气体和多余水汽。

1. 通风机

大直径、低速、小功率的通风机比较适用于猪场应用。这种风机通风量大，噪声小，耗能少，可靠耐用，适于长期工作(图 4-14)。

图 4-14 轴流式风机

2. 水蒸发式冷风机

它是利用水蒸发吸热的原理以达到降低空气温度的目的。在干燥的气候条件下使用时，降温效果特别显著；湿度较高时，降温效果稍微差些；如果环境相对湿度在 85%以上时，空气中水蒸汽接近饱和，水分很难蒸发，降温效果差些。

3. 湿帘—负压风机降温

湿帘—负压风机降温系统是由纸质多孔湿帘、水循环系统、风扇组成。未饱和的空气流经多孔、湿润的湿帘表面时，大量水分蒸发，空气中由温度体现的显热转化为蒸发潜热，从而降低空气自身的温度。风扇抽风时，将经过湿帘降温的冷空气源源不断的引入室内，从而达到降温效果(图 4-15)。

4. 喷雾降温系统

其冷却水由加压水泵加压，通过过滤器进入喷水管道系统进而从喷雾器喷出成水雾，降低

图 4-15　猪舍湿帘降温

猪舍内空气温度。其工作原理与水蒸发式冷风机相同,而设备更简单易行。如果猪场自来水系统水压足够,可以不用水泵加压,但过滤器还是必要的,因为喷雾器很小,容易堵塞而不能正常喷雾。旋转式的喷雾可使喷出的水雾均匀(图 4-16)。

图 4-16　喷雾降温系统

5. 滴水降温

在分娩栏,母猪需要用水降温,而小猪要求温度稍高,而且喷水不能把分娩栏内地面弄潮湿,否则影响小猪生长,因而采用滴水降温法。即冷水对准母猪颈部和背部下滴,水滴在母猪背部体表散开,蒸发,吸热降温,未等水滴流到地面上已全部蒸发掉,不会使地面潮湿。这样既照顾了小猪需要干燥,又使母猪和栏内局部环境温度降低。

自动化很高的猪场,供热保温,通风降温都可以实现自动调节。如果温度过高,则帘幕自动打开,冷气机或通风机工作;如果温度太低,则帘幕自动关闭,保温设备自动工作(闫益波,2014)。

4.1.6　粪便处理设备

每头猪平均年产猪粪 2 500 kg,及时合理地处理猪粪,既可获得优质的肥料,又可减少对周围环境的污染。

粪便处理设备(图 4-17)包括带粉碎机的离心泵、低速分离筒、螺旋压力机、带式输送装置等部分。将粪液用离心泵从贮粪池中抽出,经粉碎后送入筛孔式分离滚筒将粪液分离成固态和液态两部分。固态部分进行脱水处理,使其含水率低于 70% 后,再经带式输送器送往运输车,运到贮粪场进行自然堆放状态下生物处理。液态部分经收集器流入贮液池,可利用双层洒车喷洒到田间,以提高土壤肥力。

图 4-17　粪便处理设备

4.1.6.1　复合肥生产设备

可把猪粪生产为有机复合肥,设备包括原料干燥、粉碎、混合、成粒、成品干燥、分级、计量包装等部分。在颗粒成形上根据肥料含有纤维质的比例,选用不同的制粒机。纤维质比例较大时采用挤压式制粒机,占比例小时采用圆盘造粒机,干燥燃料以煤为主,也可用其他燃料代替。

4.1.6.2　BB 肥(掺混肥)生产设备

利用猪粪生产出高含量全价营养复合肥,本设备可根据不同的作物及土质,加入所需的中,微量元素和杀虫剂。自动计量封包,精度准确,每包定量可以自由设定在 20～50 kg。

4.1.7　称重和运输设备

称重设备主要是指地磅等设备。目的是对原料、产品及猪体进行称重。

运输设备主要有仔猪转运车、饲料运输车和粪便运输车。仔猪转运车可用钢管、钢筋焊接,用于仔猪转群。饲料运输车采用罐装料车或两轮、三轮和四轮加料车。粪便运输车多用单轮或双轮手推车。

4.1.8　其他

除上述设备外,猪场还应配备断尾钳、牙剪、耳号钳、耳号牌、捉猪器、赶猪鞭等。

4.2　清洁与消毒设备设施

根据消毒方法、消毒性质不同,消毒设备也有所不同。消毒工作中,由于消毒方法的种类很多,要根据具体消毒对象的特点和消毒要求选择适当的消毒剂外,还有了解消毒时采用的设备是否适当,以及操作中的注意事项等。同时,还需注意无论采取哪种消毒方式,都要做好消毒人员的自身防护。常用消毒设备可分为物理消毒设备、化学消毒设备和生物消毒设备。

4.2.1　物理消毒常用设备

物理消毒灭菌技术在动物养殖和生产中具有独特的特点和优势。物理消毒灭菌一般不改变被消毒物品的形状与原有组分，并能保持饲料和食物固有的营养价值；不产生有毒有害物质残留，不会造成被消毒灭菌物品的二次污染；不影响被消毒物品的形状；对周围环境的影响较小。但是，大多数物理消毒灭菌技术往往操作比较复杂，需要大量的机械设备，而且成本较高。

养猪场物理消毒主要有紫外线照射、机械清扫、洗刷、通风换气、干燥、煮沸、蒸汽、火焰焚烧等。依照消毒的对象、环节等，需要配备相应的消毒设备。

4.2.1.1　机械清扫、冲洗设备

机械清扫、冲洗设备主要是高压清洗机，是通过动力装置使高压柱塞泵产生高压水来冲洗物体表面的机器。它能将污垢剥离，冲走，达到清洗物体表面的目的。因为使用高压水柱清理污垢，所以高压清洗也是世界公认最科学、经济、环保的清洁方式之一。主要用途是冲洗养殖场场地、畜禽圈舍建筑、养殖场设施设备、车辆和喷洒药剂等。

高压清洗机可分为冷水高压清洗机、热水高压清洗机、电机驱动高压清洗机、汽油机驱动高压清洗机等。两者最大的区别在于，热水清洗机加了一个加热装置，利用燃烧缸把水加热。虽然热水清洗机价格偏高，且运行成本高(用柴油)，但是很多专业客户仍然会选择热水清洗机的。

1. 分类

按驱动引擎来分，电机驱动高压清洗机、汽油机驱动高压清洗机和柴油驱动清洗机3大类。顾名思义，这3种清洗机都配有高压泵，不同的是它们分别采用与电机、汽油机或柴油机相连，由此驱动高压泵运作。汽油机驱动高压清洗机和柴油驱动清洗机的优势在于他们不需要电源就可以在野外作业。

按用途来分，家用、商用和工业用3大类。第一，家用高压清洗机，一般压力、流量和寿命比较低一些(一般100 h以内)，追求携带轻便、移动灵活、操作简单。第二，商用高压清洗机，对参数的要求更高，且使用次数频繁，使用时间长，所以，一般寿命比较长。第三，工业用高压清洗机，除了一般的要求外，往往还会有一些特殊要求，水切割就是一个很好的例子。

2. 产品原理

水的冲击力大于污垢与物体表面附着力，高压水就会将污垢剥离，冲走，达到清洗物体表面的一种清洗设备。因为是使用高压水柱清理污垢，除非是很顽固的油渍才需要加入一点清洁剂，不然强力水压所产生的泡沫就足以将一般污垢带走。

4.2.1.2　紫外线灯

紫外线是一种低能量电磁波，具有较好的杀菌作用。几种化学消毒剂灭活微生物需要较长的时间，而紫外线消毒仅需几秒钟即可达到同样的灭活效果，而且运行操作简便，其基建投资及运行费用也低于其他几种化学消毒方法，因此，被广泛应用于畜禽养殖场消毒。

1. 紫外线的消毒原理

利用紫外线照射，使菌体蛋白发生光解、变性，菌体的氨基酸、核酸、酶遭到破坏死亡。同时紫外线通过空气时，使空气中的氧电离产生臭氧，加强了杀菌作用。

2. 紫外线的消毒方法

紫外线多用于空气及物体表面的消毒，波长 2 573 Å(1 Å=10^{-10} m)。用于空气消毒，有效距离不超过 2 m，照射时间 30～60 min，用于物品消毒，有效距离在 25～60 cm，照射时间 20～30 min，从灯亮 5～7 min 开始计时(灯亮需要预热一定时间，才能使空气中的氧电离产生臭氧)。

4.2.1.3 干热灭菌设备

干热灭菌法是热力消毒和灭菌常用的方法之一，它包括焚烧、烧灼和热空气法。

焚烧是用于传染病畜禽尸体、病畜垫草、病料以及污染的杂草、地面等的灭菌，可直接点燃或在炉内焚烧；烧灼是直接用火焰进行灭菌，适用于微生物实验室的接种针、接种环、试管口、玻璃片等耐热器材的灭菌；热空气法是利用干热空气进行灭菌，主要用于各种耐热玻璃器皿，比如，试管、吸管、烧瓶及培养皿等实验器材的灭菌。这种灭菌法是在一种特制的电热干燥器内进行的。由于干热的穿透力低，因此，箱内温度上升到 160℃后，保持 2 h 才可保证杀死所有的细菌及其芽孢。

1. 干热灭菌器

(1)构造　干热灭菌器也就是烤箱，是由双层铁板制成的方形金属箱，外壁内层装有隔热的石棉板。箱底下放置大型火炉，或在箱壁中装置电热线圈。内壁上有数个孔，供流通空气用。箱前有铁门及玻璃门，箱内有金属箱板架数层。电热烤箱的前下方装有温度调节器，可以保持所需的温度。

(2)干热灭菌器的使用方法　将培养皿、吸管、试管等玻璃器材包装后放入箱内，闭门加热。当温度上升至 160～170℃时，保持温度 2 h，到达时间后，停止加热，待温度自然下降至 40℃以下，方可开门取物，否则冷空气突然进入，易引起玻璃炸裂；且热空气外溢，往往会灼伤取物者的皮肤。一般吸管、试管、培养皿、凡士林、液体石蜡等均可用本法灭菌。

2. 火焰灭菌设备

火焰灭菌法是指用火焰直接烧灼的灭菌方法。该方法灭菌迅速、可靠、简便，适合于耐火焰材料，比如，金属、玻璃及瓷器等物品与用具的灭菌，不适合药品的灭菌。

所用的设备包括火焰专用型和喷雾火焰兼用型两种。专用型特点是使用轻便，适用于大型机种无法操作的地方；便于携带，适用于室内外和小、中型面积处，方便快捷；操作容易，打气、按电门，即可发动，按气门钮，即可停止；全部采用不锈钢材料，机件坚固耐用。兼用型除上述特点外，还具有以下特点：一是节省药剂，可根据被使用的场所和目的不同，用旋转式药剂开关来调节药量；二是节省人工费，用 1 台烟雾消毒器能达到 10 台手压式喷雾器的作业效率；三是消毒彻底，消毒器喷出的直径 5～30 μm 的小粒子形成雾状浸透在每个角落，可达到最大的消毒效果。

4.2.1.4 湿热灭菌设备

湿热灭菌法是热力消毒和灭菌的一种常用方法。包括煮沸消毒法、流通蒸汽消毒法和高压蒸汽灭菌法。

1. 消毒锅

消毒锅用于煮沸消毒，适用于一般器械，比如，刀剪、注射器等金属和玻璃制品及棉织品等的消毒。这种方法简单、实用、杀菌能力比较强，效果可靠，是最古老的消毒方法之一。消毒锅一般使用金属容器，煮沸消毒时要求水沸腾后 5～15 min，一般水温能达到 100℃，细菌繁殖体、真菌、病毒等可立即死亡。而细菌芽孢需要的时间比较长，要 15～30 min，有的要几个小时才能杀灭。煮沸消毒时，要注意以下几个问题。

(1)煮沸消毒前，应将物品洗净　易损坏的物品用纱布包好再放入水中，以免沸腾时互相碰撞。不透水物品应垂直放置，以利于水的对流。水面应高于物品。消毒器应加盖。

(2)消毒时，应自水沸腾后开始计算时间　一般需 15～20 min(各种器械煮沸消毒时间，见表 4-3)。对注射器或手术器械灭菌时，应煮沸 30～40 min。加入 2%碳酸钠，可防锈，并可提高沸点(水中加入 1%碳酸钠，沸点可达 105℃)，加速微生物死亡。

表 4-3　各种器械煮沸消毒参考时间

消毒对象	消毒参考时间/min	消毒对象	消毒参考时间/min
玻璃类器材	20～30	金属类及搪瓷类器材	5～15
橡胶类及电木类器材	5～10	接触过传染病料的器材	>30

(3)对棉织品煮沸消毒时，一次放置的物品不宜过多　煮沸时应略加搅拌，以助水的对流。物品加入较多时，煮沸时间应延长到 30 min 以上。

(4)消毒时，物品间勿贮留气泡；勿放入能增加黏稠度的物质　消毒过程中，水应保持连续煮沸，中途不得加入新的污染物品，否则消毒时间应从水再次沸腾后重新计算。

(5)消毒时，物品因无外包装，事后取出和放置时慎防再污染　对已灭菌的无包装医疗器材，取用和保存时应严格按无菌操作要求进行。

2. 高压蒸汽灭菌器

(1)高压蒸汽灭菌器的结构　高压蒸汽灭菌器是一个双层的金属圆筒，两层之间盛水，外层坚固厚实，其上方有金属厚盖，盖旁附有螺旋，借以紧闭盖门，使蒸汽不能外溢，因而，蒸汽压力升高，随着其温度亦相应地增高。

高压蒸汽灭菌器上装有排气阀门、安全活塞，以调节蒸汽压力。有温度计及压力表，以表示内部的温度和压力。灭菌器内装有带孔的金属搁板，用以放置要灭菌物体。

(2)高压蒸汽灭菌器的使用方法　加水至外筒内，被灭菌物品放入内筒。盖上灭菌器盖，拧紧螺旋使之密闭。灭菌器下用煤气或电炉等加热，同时打开排气阀门，排净其中冷空气，否则压力表上所示压力并非全部是蒸汽压力，灭菌将不完全。

待冷空气全部排出后(即水蒸气从排气阀中连续排出时)，关闭排气阀。继续加热，待压力表渐渐升至所需压力时(一般是 101.53 kPa，温度为 121.3℃)，调解炉火，保持压力和温度(注意压力不要过大，以免发生意外)，维持 15～30 min。灭菌时间到达后，停止加热，待压力降至零时，慢慢打开排气阀，排除余气，开盖取物。切不可在压力尚未降低为零时突然打开排气阀门，以免灭菌器中液体喷出。

高压蒸汽灭菌法为湿热灭菌法，其优点有 3 个：一是湿热灭菌时菌体蛋白容易变性。二是湿热穿透力强。三是蒸汽变成水时可放出大量热增强杀菌效果。因此，它是效果最好的灭菌方法。凡耐高温和潮湿的物品，比如，培养基、生理盐水、衣服、纱布、棉花、敷料、玻璃器材、传染性污物等都可应用本法灭菌。

目前出现的便携式全自动电热高压蒸汽灭菌器，操作简单，使用安全。

3. 流通蒸汽灭菌器

流通蒸汽消毒设备的种类很多，比较理想的是流通蒸汽灭菌器。

流通蒸汽灭菌器由蒸汽发生器、蒸汽回流、消毒室和支架等构成。蒸汽由底部进入消毒室，经回流罩再返回到蒸汽发生器内，这种蒸汽消耗少，只需维持较小火力即可。

流通蒸汽消毒时，消毒时间应从水沸腾后有蒸汽冒出时算起，消毒时间同煮沸法，消毒物品包装不宜过大、过紧，吸水物品不要浸湿后放入；因在常压下，蒸汽温度只能达到 100℃，维持 30 min 只能杀死细菌的繁殖体，但不能杀死细菌芽孢和霉菌孢子，所以有时必须使用间歇灭菌法，即用蒸汽灭菌器或用蒸笼加热至约 100℃维持 30 min，每天进行 1 次，连续 3 d。每天消毒完后都必须将被灭菌的物品取出放在室温或 37℃温箱中过夜，提供芽孢发芽所需的条件。对不具备芽孢发芽条件的物品不能用此法灭菌。

4.2.1.5 除菌滤器

除菌滤器简称滤菌器。种类很多，孔径非常小，能阻挡细菌通过。它们可用陶瓷、硅藻土、石棉或玻璃屑等制成。下面介绍几种常用的滤菌器。

1. 滤菌器构造

(1)赛氏滤菌器　由 3 部分组成：上部的金属圆筒，用以盛装将要滤过的液体；下部的金属托盘及漏斗，用以接受滤出的液体；上、下 2 部分中间放石棉滤板。滤板按孔径大小可分为 3 种：K 滤孔最大，供澄清液体之用；EK 滤孔较小，供滤过除菌；EK-S 滤孔更小，可阻止一部分较大的病毒通过。滤板依靠侧面附带的紧固螺旋拧紧固定。

(2)玻璃滤菌器　由玻璃制成。滤板采用细玻璃砂在一定高温下加压制成。孔径有 0.15～250 μm 不等，分为 G1、G2、G3、G4、G5、G6 6 种规格，后两种规格均能阻挡细菌通过。

(3)薄膜滤菌器　由塑料制成。滤菌器薄膜采用优质纤维滤纸，用一定工艺加压制成。孔径：200 μm，能阻挡细菌通过。

2. 滤菌器用法

将清洁的滤菌器(赛氏滤菌器和薄膜滤菌器须先将石棉板或滤菌薄膜放好，拧牢螺旋)和滤瓶分别用纸或布包装好，用高压蒸汽灭菌器灭菌。再以无菌操作把滤菌器与滤瓶装好，并使滤瓶的侧管与缓冲瓶相连，再使缓冲瓶与抽气机相连。将待滤液体倒入滤菌器内，开动抽气机使滤瓶中压力减低，滤液则徐徐流入滤瓶中。滤毕，迅速按无菌操作将滤瓶中的滤液放到无菌容器内保存。滤器经高压灭菌后，洗净备用。

3. 滤菌器用途

用于除去混杂在不耐热液体，比如，血清、腹水、糖溶液、某些药物等中的细菌。

4.2.1.6 电子消毒器

1. 电离辐射

电离辐射是利用了射线、伦琴射线或电子辐射能穿透物品，杀死其中的微生物的低温灭菌方法，统称为电离辐射。电离辐射是低温灭菌，不发生热的交换、压力差别和扩散层干扰。所以，适用于怕热的灭菌物品，具有优于化学消毒、热力消毒等其他消毒灭菌方法的许多优点，也是在养殖业应用广泛的消毒灭菌方法。因此，早在 20 世纪 50 年代国外就开始应用，我国起步较晚，但随着国民经济的发展和科学技术的进步，电离辐射灭菌技术在我国制药、食品、医疗器械及海关检验等各领域广泛应用，并将越来越受到各行各业的重视，特别是在养殖业的饲料消毒灭菌和肉蛋成品的消毒灭菌应用日益广泛。

2. 等离子体消毒灭菌技术与设备

等离子消毒灭菌技术是新一代的高科技灭菌技术，它能克服现有灭菌方法的一些局限性和不足之处，提高消毒灭菌效果。

在实际工作中，由于没有天然的等离子存在，需要人为发生，所以必须要有等离子体发生装置，即等离子发生器，它可以通过气体放电法、射线辐照法、光电离法、激光辐射法、热电离法、激波法等，使中性气体分子在强电磁场的作用下，引起碰撞解离，进而热能离子和分子相互作用，部分电子进一步获得能量，使大量原子电离，从而形成等离子体。

等离子体有很强的杀灭微生物的能力，可以杀灭各种细菌繁殖体和芽孢、病毒，也可有效的破坏致热物质，如果将某些消毒剂气化后加入等离子体腔内，可以大大增强等离子体的杀菌效果；等离子体灭菌的温度低，在室温状态下即可对处理的物品进行灭菌。因此，可以对不适于高温、高压消毒的材料和物品进行灭菌处理，比如，塑胶、光纤、人工晶体及光学玻璃材料、不适合用微波法处理的金属物品以及不易达到消毒效果的缝隙角落等地方，采用等离子消毒灭菌技术，能在低温下很好地达到消菌灭菌处理而不会对被处理物品造成损坏；等离子消毒灭菌技术灭菌过程短且无毒性，通常在几十分钟内即可完成灭菌消毒过程，克服了蒸汽、化学或核辐射等方法使用中的不足，切断电源后产生的各种活性粒子能够在几十毫秒内消失。所以，无需通风，不会对操作人员造成伤害，安全可靠；此外，等离子体灭菌还有操作简单安全、经济实用、灭菌效果好、无环境污染等优点。

等离子体消毒灭菌作为一种新发展起来的消毒方法，在应用中也存在一些需要注意的地方。比如，等离子体中的某些成分对人体是有害的。比如，β射线、γ射线、强紫外光子等都可以引起生物体的损伤。因此，在进行等离子体消毒时，要采用一定的防护措施并严格执行操作规程。此外，在进行等离子体消毒时，大部分气体都不会形成有毒物质，比如，氧气、氮气、氩气等都没有任何毒性物质残留，但氯气、溴、碘的蒸汽会产生对人体有害的气体残留，使用时要注意防范。

等离字体灭菌优点很多，但等离子体穿透力差，对体积大、需要内部消毒的物品消毒效果较差；设备制造难度大，成本费用高；而且许多技术还是不够完善，有待进一步研究。

4.2.2　化学消毒常用设备

4.2.2.1　喷雾器

喷洒消毒、喷雾免疫时常用的是喷雾器。喷雾器有背负式喷雾器和机动喷雾器。背负式喷雾器又有压杆式喷雾器和充电式喷雾器，使用于小面积环境消毒和带猪消毒。机动喷雾器按其所使用的动力来划分，主要有电动（交流电或直流电）和气动两种，每种又有不同的型号，适用于猪舍外环境和空舍消毒，在实际应用时要根据具体情况选择合适的喷雾器。

4.2.2.2　气雾免疫机

气雾免疫机是一种多功能设备，可用于疫苗免疫，也可用于微雾消毒、气雾施药、降温等。

1. 适用范围

可用于畜禽养殖业的疫苗免疫，微雾消毒、施药和降温；养殖场所环境卫生消毒。

2. 类型

气雾免疫机的种类有很多，有手提式，有推车式，也有固定式。

3. 特点

①直流电源动力，使用方便。

②免疫速度快，20 min 可完成万只猪的免疫。

③多重功能，即免疫、消毒、降温、施药等功能于一身。

④压缩空气喷雾，雾粒均匀，直径在 20～100 μm，且可调，适用于不同猪龄免疫。

⑤低噪声。

⑥机械免疫、施药，省时、省力、省人工。

⑦免疫应激小，安全系数高。

4.2.2.3 消毒液机和次氯酸钠发生器

1. 用途

消毒液机可以现用现制快速生产复合消毒液。适用于畜禽养殖场、屠宰场、运输车船、人员防护消毒，以及发生疫情的病原污染区的大面积消毒。消毒液机使用的原料只是食盐、水、电，操作简单，具有短时间内就可以生产出大量消毒液的能力。另外，用消毒液机电解生产的含氯消毒剂是一种无毒低刺激的高效消毒剂，不仅适用于环境消毒、带畜禽消毒，还可用于食品消毒、饮用水消毒，以及洗手消毒等防疫人员进行的自身消毒防护，对环境造成的污染很小。消毒液机的这些特点对需要进行完全彻底的防疫消毒，对人畜共患病疫区的综合性消毒防控，对减少运输、仓储、供应等环节的意外防疫漏洞具有特殊的使用优势。

2. 分类

因其科技含量不同，可分为消毒液机和次氯酸钠发生器两类。它们都是以电解食盐水来生产消毒药的设备。两类产品的显著区别在于次氯酸钠发生器是采用直流电解技术来生产次氯酸钠消毒药，消毒液机在次氯酸钠发生器的基础上采用了更为先进的电解模式 BIVT 技术，生产次氯酸钠、二氧化氯复合消毒剂。其中二氧化氯高效、广谱、安全，且持续时间长，世界卫生组织 1948 年就将其列为 AI 级安全消毒剂。次氯酸钠、二氧化氯形成了协同杀菌作用，从而具有更高的杀菌效果。

4.2.2.4 臭氧空气消毒机

臭氧是一种强氧化杀菌剂，消毒时呈弥漫扩散方式，消毒彻底，无死角，消毒效果好。臭氧稳定性极差，常温下 30 min 后可自行分解。因此，消毒后无残留毒性，公认的洁净消毒剂。

1. 产品用途

主要用于养殖场的兽医室、大门口消毒室的环境空气的消毒和生产车间的空气消毒。比如，屠宰行业的生产车间、畜禽产品的加工车间及其他洁净区的消毒。

2. 工作原理

臭氧空气消毒机是采用脉冲高压放电技术，将空气中一定量的氧电离分解后形成臭氧，并配合先进的控制系统组成的新型消毒器械。其主要结构包括臭氧发生器、专用配套电源、风机和控制器等部分，一般规格为 3 g/h、5 g/h、10 g/h、20 g/h、30 g/h 和 50 g/h。它以空气为气源，利用风机使空气通过发生器，并在发生器内的间隙放电过程中产生臭氧。

3. 优点

①臭氧发生器采用了板式稳电极系统，使之不受带电粒子的轰击、腐蚀。

②介电体采用的是含有特殊成分的陶瓷，它的抗腐蚀性强，可以在比较潮湿和不太洁净的环境条件下工作，对室内空气中的自然菌灭杀率达到 90%以上。

臭氧消毒为气相消毒，与直线照射的紫外线消毒相比，不存在死角。由于臭氧极不稳定，其发生量及时间，要看所消毒的空间内各类器械物品所占空间的比例及当时的环境温度和相对湿度而定。根据需要消毒的空气容积，选择适当的型号和消毒时间。

4.2.3　生物消毒设施

4.2.3.1　具有消毒功能的生物

具有消毒的生物种类很多，如植物和细菌等微生物及其代谢产物以及噬菌体、质粒、小型动物和生物酶等。

1. 抗菌生物

植物为了保护自身免受外界的侵袭，特别是微生物的侵袭，可以产生抗菌物质，并且随着植物的进化，这些抗菌物质就愈来愈局限在植物的个别器官或器官的个别部位。能抵制或杀灭微生物的植物叫抗菌植物药。目前，实验已证实具有抗菌作用的植物有 130 多种，抗真菌的有 50 多种，抗病毒的有 20 多种。有的既有抗菌作用，又有抗真菌和抗病毒作用。中草药消毒剂大多是采用多种中草药提取物，主要用于空气消毒、皮肤黏膜消毒等。

2. 细菌

当前用于消毒的细菌主要是噬菌蛭弧菌。它可裂解多种细菌，如霍乱弧菌、大肠杆菌、沙门氏菌等，用于水的消毒处理。此外，梭状芽孢菌、类杆菌属中某些细菌，可用于污水、污泥的净化处理。

3. 噬菌体和质粒

一些广谱噬菌体，可裂解多种细菌，但一种噬菌体只能感染一个种属的细菌，对大多数细菌不具有专业性吸附能力，这使噬菌体在消毒方面的应用受到很大限制。细菌质粒中有一类能产生细菌素，细菌素是一类具有杀菌作用的蛋白质，大多为单纯蛋白，有些含有蛋白质和碳水化合物，对微生物有杀灭作用。

4. 微生物代谢等产物

一些真菌和细菌的代谢产物如毒素，具有抗菌或抗病毒作用，亦可用作消毒或防腐。

5. 生物酶

生物酶来源于动植物组织提取物或其分泌物、微生物体自溶物及其代谢产物中的酶活性物质。生物酶在消毒中的应用研究源于 20 世纪 70 年代，我国在这方面的研究走在世界前列。20 世纪 80 年代起，我国就研制出用溶葡萄菌酶来消毒杀菌技术。近年来，对酶的杀菌应用取得了突破，可用于杀菌的酶主要有：细菌胞壁溶解酶、酵母胞壁溶解酶、霉菌胞壁溶解酶、溶葡萄菌酶等，可用来消毒污染物品。此外，出现了溶菌酶、化学修饰溶菌酶及人工合成肽抗菌剂等。

总体而言，绿色环保的生物消毒技术在水处理领域的应用前景广阔，研究表明生物消毒技术可以在很多领域发挥作用，比如，用于饮用水消毒、污水消毒、海水消毒和用于控制微生物污染的工业循环水及中水回用等领域。生物消毒技术虽然目前还没有广泛应用，但是作为一种符合人类社会可持续发展理念的绿色环保型的水处理消毒技术，它具有成本相对低廉、理论相对成熟、研究方法相对简单的优势，故应用前景广阔。

4.2.3.2　生物消毒的应用

由于生物消毒的过程缓慢，消毒可靠性比较差，对细菌芽孢也没有杀灭作用，因此，生物消毒技术不能达到彻底无害化。有关生物消毒的应用，有些在动物排泄物与污染物的消毒处理、自然水处理、污水污泥净化中广泛应用;有些在农牧业防控疾病等方面进行了实验性应用。

1. 生物热发酵堆肥

堆肥法是在人为控制堆肥因素的条件下,根据各种堆肥原料的营养成分和堆肥工程中微生物对混合堆肥中碳氧化、碳磷比、颗粒大小、水分含量和pH等的要求,将计划中的各种堆肥材料按一定比例混合堆积,在合适的水分、通气条件下,使微生物繁殖并降解有机质,从而产生高温,杀死其中的病原菌及杂草种子,使有机物达到稳定,最终形成良好的有机复合肥。

目前常用的堆肥技术有很多种,分类也很复杂。按照有无发酵装置可分为无发酵仓堆肥系统和发酵仓堆肥系统。

(1)无发酵仓堆肥系统　主要有条垛式堆肥和通气静态垛系统。

①条垛式堆肥是将原料简单堆积成窄长垛型,在好氧条件下进行分解,垛的断面常常是梯形、不规则四边形或三角形。条垛式堆肥的特点是通过定期翻堆来实现堆体中的有氧状态,使用机械或人工进行翻堆的方式进行通风。条垛式堆肥的优点是所需设备简单,投资成本较低,堆肥容易干燥,条垛式堆肥产品腐熟度高,稳定性好。缺点是占地面积大,腐熟周期长,需要大量的翻堆机械和人力。

②通气静态垛系统是通过风机和埋在地下的通风管道进行强制通风供氧的系统。它能更有效的确保达到高温,杀死病原微生物和寄生虫(卵)。该系统的优点是设备投资低,能更好的控制温度和通气情况,堆肥时间较短,一般2～3周。缺点是由于在露天进行,容易受气候条件的影响。

(2)发酵仓系统　是使物料在部分或全部封闭的容器内,控制通风和水分条件,使物料进行生物降解和转化。该系统的优点是堆肥系统不受气候条件的影响;能够对废气进行统一的收集处理,防止环境二次污染,而且占地面积小,空间限制少;能得到高质量的堆肥产品。缺点是由于堆肥时间短,产品会有潜在的不稳定性。而且还需高额的投资,包括堆肥设备的投资、运行费用及维护费用。

2. 沼气发是生物质能转化最重要的技术之一

它不仅能有效处理有机废物,降低生物耗氧量,还具有杀灭致病菌、减少蚊蝇滋生的功能。此外,沼气发酵作为废物处理的手段,不仅能节省能耗,而且还能生产优质的沼气和高效有机肥。

4.2.4　消毒防护

无论采取哪种消毒方式,都要注意消毒人员的自身防护。消毒防护,首先,要严格遵守操作规程和注意事项,其次,要注意消毒人员以及消毒区域内其他人员的防护。防护措施要根据消毒方法的原理和操作规程有针对性。比如,进行喷雾消毒和熏蒸消毒就应穿上防护服,戴上眼镜和口罩;进行紫外线直接的照射消毒,室内人员都应该离开,避免直接照射;对进出养殖场人员通过消毒室进行紫外线照射消毒时,眼睛不能看紫外线灯,避免眼睛受到灼伤。常用的个人防护用品可以参照国家标准进行选购,防护服应该配帽子、口罩和鞋套(闫益波,2017)。

4.3 猪场特种设备设施

根据猪场实际可选择下列仪器:饲料成分分析仪器、兽医化验仪器、人工授精相关仪器、妊娠诊断仪器、活体超声波测膘仪、计算机及相关软件。

4.3.1 人工授精设备设施

人工授精是采集公猪的精液,再将精液经稀释处理后,输入特定的生殖生理时期的母猪生殖道,达到使母猪怀孕的技术。随着养殖业的专业化、规模化,母猪的人工授精技术已越来越被广泛应用。其优点是提高了优秀种公猪的利用率,减少公猪的饲养头数,节省饲料成本,1头优秀的公猪每年配种母猪可达 2 500 头左右,杜绝了疾病的传播,克服了公母体格差异和母猪患蹄肢病而造成的配种困难,方便了散养户和偏僻山区的养殖户,这些养殖户不需要驱赶公猪,只需携带几瓶精液和输精管进行人工授精即可。

4.3.1.1 采精室的条件

1. 采精室的温度控制

采精室的温度应控制在 10～28℃。采精室最好是一个安装有空调的房间,以使公猪的性欲表现和精液不受影响。周围环境要安静,没有什么大的噪声以及干净卫生。

2. 物品传递应方便

采精室最好与处理精液的实验室只有一墙之隔,隔墙上安装一个两侧都能开启的壁厨,以便从实验室将采精用品传递到采精室和采集的精液能尽快传递到实验室进行处理。

3. 应有安全区

公猪是非常危险的动物,在采精时,工作人员不能掉以轻心,采精室设计应考虑到采精员的安全。在距采精区门口 80～100 cm 处,设一道安全栏,用直径 12 cm 的钢管埋入地下,使高出地面 70～75 cm,净间距 28 cm,并安装一个栅栏门。这样就形成里边的采精区和外边的安全区,栅栏门打开时,使采精室与外门形成一个通道,让公猪直接进入采精区,而不会进入安全区。当公猪进入采精区后,将栅栏门关闭,可防止公猪逃跑。一旦公猪进攻采精员,采精员可以迅速进入安全区。另外,采精室最好有一个赶猪板,防止公猪攻击人时,采精员可用赶猪板将猪与人隔开,避免受到攻击。

4. 地面

采精室地面要略有坡度,以便进行冲刷,水泥地面不要提浆打光,以保持地面粗糙防公猪摔倒。最好在假母台的前面铺上一张厚约 2 cm 的皮垫子,防止公猪滑倒并且可以对公猪的后肢起到保护作用。

4.3.1.2 采精时需要的设备

开展人工授精技术前应先考虑需要购买设备的数量和类型。各个猪场的情况不同,需要的设备也就不同。如果计划生产中全面使用人工授精技术,那么其需要的设备投资将远大于只计划偶尔使用人工授精技术的农场。但无论何种情况,进行人工授精工作的最低的设备要求有如下几种。

1. 采精容器

很多种容光焕发器可作为采精容器，然而只应该使用那些能够保温并且容易消毒和清洗的容器，使用可罩有消毒过滤纱布的广口保温瓶或泡沫杯作业采精容器。

2. 牛奶过滤纸或手术消毒纱布

3. 一次性乳胶手套或尼龙手套

有些种类的手套对精子有毒害作用。要测试这些手套，可从手套的手指上剪下一小块儿，把它放入 10 mL 的原精中，停留 15 min 后用显微镜检查精液，有毒的手套将会杀死精子。

4. 消毒、干燥以及贮存设备

精子对于渗透压，污染以及温度的很小变化都非常敏感，因此用来处理精液的工具和设备都需清洗干净后，干燥处理保存并且在使用前加热。精液处理的目的，就是以一种高效、低成本的方法来最大数量地获取高质量精液头份数。

5. 精液处理所需的设备和仪器

虽然具体的人工授精实验室在功能，规模和复杂程度等方面都是不尽相同的，但不管是建立农场中或是独立于农场外的人工授精实验室，都必须根据高标准的生物安全和卫生标准来进行装备和运作。在大多数情况下，尽可能使用一次性的用品(用来进行精液采集和稀释的用品，输精管等)这将会消除由于使用没有完全清洗干净的用口而造成的潜在问题的存在。如果不使用一次性的用品，那就必须建立一个有效的程序来清洁和消毒这些用品和设备。

4.3.1.3 人工授精实验室所需的基本设备

1. 显微镜

尽管可供选择使用的显微镜有多种，但必须应包括 100 倍、400 倍和 1 000 倍物镜(油镜)，接目镜，恒温载物台(可保证精液样本处在一个基本恒温的状态中)。

2. 盖玻片、载玻片和毛细吸管

3. 电子秤

精液的体积是通过称其重量来间接测量的，这是当前测量精液体积最常用的方法。

4. 温度计

2 根 750 px 长约 30 cm 的温度计。

5. 若干广口容器

体积从 1～5 L 的玻璃或塑料广口容器，用来配制稀释液和稀精精液。

6. 精液包装设备

可手工、全自动或半自动化操作的精液分装仪器和设备。

7. 光密度仪

用来检测样本中精子的数量(精液密度或浓度)，由此可以更加精确的进行精液稀释，交稀释出尽能多的精液头份数。但是光密度仪十分昂贵，且必须在使用前进行校准，因此其通常仅用于大规模以及商业化精液生产中。

8. 水浴锅

用来控制稀释液的温度。

9. 精液分装袋或输精瓶及瓶盖

10. 精液贮存设备

短期贮存和运送精液所用的泡沫箱、恒温箱或者培养器。

11. 消毒设备

用来消毒输精管和其他用具的设备，如消毒托盘、电热电动导管消毒器、高压消毒锅。

12. 输精管

橡胶输精管或一次性输精管。

13. 净水制造系统

制造蒸馏水或反渗透水的设备仪器，确保使用高质量的是非常重要的，质量不好的水可降低贮精的活力。

14. 烘干设备

用来干燥和贮存所有采集和检测则精液用的设备。

15. 假畜台

有时又称为假台畜，钢筋骨架裹以海绵帆布制成，倾斜角度与高度可调。

16. 精液贮存设备

贮存和运送精液所用的泡沫箱、恒温箱或者培养器。因为要维持 17℃ 温度，市面上多数恒温箱一般由冰箱加温控电热器改造而来，高于 17℃ 时冰箱工作，低于这个温度，电热器工作。

4.3.1.4　其他可选择使用的仪器设备

1. 硬水软化器

这种设备适用于水质较硬的地区。尽管软化后并不能用于稀释精液，但是可以用来清洗人工授精器械。

2. 加热板

预热载玻片、盖玻片和相关设备。

3. 伊红苯胺黑染色剂或其他染色剂

进行精子染色以检查其形态。

4. 磁力搅拌器(加热)

用于较复杂稀释液的配制。

4.3.2　繁育设备设施

4.3.2.1　猪用生产性能自动测定设备

种猪性能测定是提高种猪质量，为遗传评估和育种提供科学数据的一项重要技术手段，它是育种的基础。没有种猪性能测定就没有准确的遗传评估，也没有猪的真实遗传进展。猪用生产性能自动测定设备分为种猪生产性能和饲料转化率测定自动设备系统(选种选料机)2 种，测试原理相同，其基本测定指标为体增重、饲料消耗。可以讲，饲料转化率测定设备是从种猪生产性能测定设备发展起来的，其配置使设备测定更加精准，更加符合饲料饲养试验要求。

猪用生产性能测定设备从外型上分为开放式和封闭式 2 种，区别在有无动物出入的门禁管理。开放式设备没有门禁系统，是早期电子牧业产品，测定栏后部不可避免受到其他动物的干扰，动物体重和采食计量比较粗放。使用单位要配备电子秤，称量准确的始末体重，得出生长速度和饲料转化率。因此，无法反映过程日增重的准确数值。由于没有门禁管理，饲料计量用重量称重和容积推算两种方式计算，饲料计量不够准确。但设备造价也比封闭式要低 25%

以上。从情况调查看，目前开放式设备使用1年后，有40%的闲置率，除称量不准外，系统故障也多，操作难度偏大，需要专人使用、维护、修理。封闭式测定设备是现代电子牧业产品，对测定过程进行了全新的设计，动物自由进出，但对体重数据采集、饲料添加、计量排除了其他动物的干扰，料秤和加料系统也得到保护，使用寿命也长。但有的封闭式设备采食高峰噪声偏大，对电力保障要求也偏高。

4.3.2.2 妊娠诊断仪

目前，养猪业不断朝集约化方向发展，母猪采取妊娠诊断在母猪繁殖率提高和养猪场经济效益增加方面具有越来越重要的作用。及时而准确地判断母猪是否成功妊娠，能够防止发生空怀，同时能够及时对空怀母猪采取补配，从而避免因发生无效饲养而引起的饲料成本增加。目前主要利用超声波技术进行早期妊娠诊断。

超声波诊断法是通过高频声波探查动物的子宫，并将其回波进行放大，再采取不同的形式将其转化成不同的信号间显示，目前常用诊断仪主要有3种，即A超（A型超声诊断仪）、B超（B型超声诊断仪）和多普勒超声。这种诊断方法的优点安全、无损伤、准确等，缺点是价格昂贵，且机器损坏后很难进行修理，必须通过专业人员操作，现在通常应用于规模化猪场。①A超是通过超声波对充满积液的子宫进行检查，声波由妊娠的子宫反射回来，会被转换成示波器屏幕上的图像或者声音信号，或者通过二极管形成亮线。这种仪器适合基层猪场使用，且操作简便，体积较小，只需几秒钟就能够得到结果。但当母猪发生膀胱积液、子宫内膜水肿和子宫积脓时，容易导致假阳性诊断结果。另外，这种诊断仪还要注意根据使用对象选择型号，如果对猪使用大家畜专用的诊断仪，可能会导致全部被测对象都呈阳性结果。②B超能够通过探查胎体、胎水、胎盘以及胎心搏动等来对妊娠阶段、胎儿状态、胎儿性别以及胎儿数量等进行判断。优点是准确率高、速度快、时间早等，但体积较大，且价格昂贵，目前只在大型猪场中适用于定期检查。③多普勒超声诊断仪，通过对母体和胎儿血流量、胎动等进行测定，从而在早期做出诊断。

4.3.2.3 活体测膘设备

常用的活体背膘测量方法有超声波法和探针法，探针法对活体猪破坏性较大。超声波法是超声仪发射的超声波在活体猪体内传播时，遇到不同组织的密度、声阻值以及所处位置的深浅不同，产生不同的回声，然后根据回声的强弱、分布可以推断不同组织在体内的位置和大小。超声波法能在无任何损伤和刺激的情况下准确、有效地测量活体猪的背膘厚。因此，得到广泛的应用。目前，国内常用的活体测膘方法有A型和B型超声波法。A型超声波以波幅变化反映回声情况，为幅度调节型；B型超声波为灰阶实时超声，采用灰度调制的二维声像图显示，每个光点的亮度与回声的振幅成正比。

测膘常用A超主要有piglog105、RENCO等型号；测膘常用B超主要有：阿洛卡SSC-210、218，CHISON500J、齐越越LX-80 000阿洛卡SSD500 V、亚卫9 000 V，Aquila Vet、SUN-2200等型号。

4.3.2.4 基因检测设备

对于氟烷基因等检测，需要特定的设备。其主要设备包括：温度控制系统，比如，冰箱、恒温水浴锅、干燥箱、恒温据床等。水净化装置，比如，纯水仪。另外还需要分光光度度计、离心机、电泳装置、PCR（Polymerase Chain Reaction）仪、凝胶成像系统等。

4.3.3 自动化养猪设备

现在养猪大都朝着规模化发展了，因此用到养猪自动化设备是势在必行。比如，全自动饲喂系统，技术员根据每头母猪的需要，设定好它们每天的采食量，自动送料系统根据每头猪的需要量将饲料准确输送到它们各自料管中，到达喂料时间同时放料。在保育阶段和育成阶段，猪群则是自由采食，料塔将饲料输送到每个料箱中，每个料箱都设定饲料位置，当饲料减少低于这个位置时，料管就自动放料进来。一个料塔可供应两栋猪舍。这些饲料通过计算机控制系统分发给猪只，饲料分发设备每天只需工作2次即可将数吨饲料分发到所有猪舍，节约了劳动力。

目前，猪场常见自动化设备有，自动化温控系统，母猪电子饲喂系统，猪场自动化供料系统，猪用自动化干湿料槽，母猪产房哺乳器(母猪格式塔)全自动喷雾消毒降温系统等。

4.3.3.1 猪场自动化供料系统

自动料线系统减少了猪生产过程中50%以上的劳动时间，也大大降低了劳动强度。就动力系统而言，固态料线相对复杂，但管理要求较低，因此，比液态料线的普及要广泛得多，下面主要以固态料线所包含的设备来叙述。

1. 料塔

料塔分3部分：上椎、下椎、料塔波形板，板厚为不低于1.2 mm。立柱板厚一般为2.5 mm。上、下椎连接板厚为1.5 mm。设有爬梯，塔盖可由下部连动装置开启，料塔底部通过带电机搅拌系统的饲料分配器与塞链供料系统链接，减少了料塔内饲料流动对塞链的作用力，有效降低塞链系统的负荷。料塔材料为镀锌板或者用玻璃钢(因环保欧标禁用)，玻璃钢料塔可以有半透明观察窗。

2. 输料系统

输料系统负责将料输送到各饲喂点，由于智能化猪场各栏舍往往那个采用单元布局，如果用一根料线输送，转折很多，故障率增加，而且一旦一个位置出问题，会造成整个料线系统瘫痪。因此，一般会将料线输送系统分成2部分：一部分成为输料总线或室外料线，负责将料输送到各饲养单元，一般为直线输送，可以用绞龙，也可以用链盘；另一部分成为单元内部料线或室内料线，负责将料输送到各饲喂点，一般为转折循环输送，只能用链盘。

输料系统由下料器、输料管、链盘，或绞龙、转角轮、驱动器、料位感应器等构成。总线与单元料线之间还设有缓冲转接斗。

(1)下料器　分单线和双线器，又称饲料分配器，是整个料线的核心部分，能够均匀的分配饲料，对于维护设备稳定，保证料线的正常运行，使用寿命方面起了至关重要的作用。

(2)输料管　镀锌或PVC管，外径一般为60 mm。

(3)链盘或绞龙　输料管内带动饲料用，前者用于室内输送，后者一般用于室外直线输送。

(4)转角轮　料线转折时用，300 m料线12个转角，每加一个转角减10 mm料线，每个驱动器最多带24个转角。

(5)驱动器　为绞龙和链盘在系统中拉动提供动力。

(6)料位感应器　为驱动器自动运转提供控制信号，通常安装在最后一个出料口后面的料管上。

3. 下料装置和喂料器

(1)下料装置　下料装置包括下料配量器、下料三通、下料管等。它负责将料落到食槽中，一般为塑料制品，限位栏下料管下部一般用镀锌管；下料配量器用于母猪的定时定量饲喂，容量一般为 8 L，通过拉索(球式)或拉杆(翻板式)控制放料。

(2)干湿喂料器　喂料器形式多样，有的喂料器与饮水器组合做成干湿喂料器，猪只在吃料时可以将料与水进行适当混合，能够避免粉尘提高采食量，主要用于保育和育肥猪。

(3)干式喂料器　除干湿喂料器外还有多种形式的其他料槽，有的用不锈钢制作，也有用复合的混凝土制作，简单、实用、抗腐蚀。

(4)教料槽　主要用于仔猪的诱食，以铸铁、不锈钢或塑料制成，一般通过弹簧挂扣在产床地板上，或者利用自身重量，让仔猪不容易咬翻，如铸铁槽可直接放置在地板上。

(5)液态料料槽　液态料饲喂方式与自由采食不同，一般要求一次放料需吃净，必须保证每头猪有采食位，因此，液态料料槽采食部位的容量较大。

(6)终端混合液态料饲喂器　与干湿料槽相似，但采用了机械研磨，有更好的均匀度，并引入了智能控制。比如，料位控制、放料时间控制、浆料温度控制等。这个不要液态料线支持，可与固态料线结合，也可手工加料，特别适合饲喂转入保育舍的断奶仔猪。每台饲喂规模不超过 40 头。

4.3.3.2　智能化母猪电子饲喂站(ESF)

该设备的关键作用是可以针对每头猪按设定的饲喂曲线下料量，实现精准饲喂，避免了人为饲养的随意性，能够很好地控制母猪的膘情，增加母猪的运动量。

1. 设备构成

电子饲喂站系统由：服务器及电脑；电子饲喂站(基站)；电路及通信系统；气路系统(对于气动门结构而言)；水路系统几部分构成。核心部件为饲喂站和配套的软件系统，后者才是它的灵魂，一般安装在电脑系统中，前者只是一个执行的机电设备。

2. 工作过程

(1)耳标配备　需要给每头母猪打上 RFID 电子耳标，耳标内存有唯一标识号码，与母猪一一对应，相当于母猪的“身份证”。

(2)母猪进站　饲喂开始入口门自动开启，母猪进入饲喂站，安装在走道侧壁上的光电传感器感应到母猪后，关闭入口门，直到饲喂完成才能开启，其他的猪只能等待。

(3)耳标识别　食槽处配置有感应器，系统对进入站内的佩戴了 RFID 射频耳标的猪只进行自动识别，如母猪耳标脱落则会进行记录，并通知管理者进行处理，但会拒绝给该母猪放料，即母猪如果没有耳标，相当于没有“身份证”，会处于挨饿状。

(4)精确下料　取母猪的身份信息并进行处理信息后，开始投料(50～100 g/次)，间断性地分多次投完 1 d 的料，1 d 内母猪可以多次进入，但饲喂总量不变。

(5)称重及数据记录　对进入的母猪进行称重，并对进食时刻、进食用时、进食量进行记录，主机管理系统能够根据这些反馈的数据修正饲喂量。

(6)母猪出站　母猪进食完成，通过双重退出门退出，饲喂过程结束，入口门自动开启，允许其他猪只进入。

(7)异常处理　针对出现异常的母猪，比如，临产、发情、生病、需要注射疫苗的母猪，可进行喷墨或者分离处理(需要装配分离门)。

3. 注意事项

①一台饲喂站饲喂母猪的数量最好不超过 60 头。

②饲喂站的饲喂方式可分为静态饲喂和动态饲喂，前者是将栏舍分成小间，一个小间只放一台饲喂站，每个小间关一批猪，因群体小便于查找母猪，但必须严格按周生产全进全出，适合于群体较大（＞600 头）的规模场；后者一个大舍不分小间配多台饲喂站，各阶段母猪同栏饲养，每头可进入任何一台饲喂站进食，不要求全进全出，可以减少劳动量，但查找母猪不方便（需多配置分离门），需要更高的管理水平。前者美式猪场多用，后者欧式多用，使用时根据实际情况选择，目前，国内以静态饲喂居多。

③饲喂站分机械门和气动门，有的可以根据客户喜好选用，各有优缺点，气动门需要配备空压机和压缩空气输送管，稍显复杂。

④容易受到雷击一直是饲喂站面临的棘手问题，安装时必须做好避雷设计，室外信号线最好埋地尽量不架空走线，尽量使用屏蔽线。电源总控加装绝缘变压器也能有效防止雷电冲击。

⑤要考虑好故障应急处理方案，保证易损部件的备用件。

⑥厂家对异常的快速处置能力也是采购设备时重点考虑的因素，厂家必须提供详尽的人员培训方案和售后服务承诺。

⑦母猪训练至关重要。许多猪场缺乏后备母猪的训练经验和方法，导致智能饲喂站无法达到预期效果。后备母猪在第一次人工授精前就应接受训练，至少应在简单训练站内接受 2～4 周的训练，然后再转入正常的智能饲喂站内继续接受 2～4 周的训练，在完成所有训练后再进行配种，转入大群内饲养。为了训练母猪的方便，一般都需要配备简单版的训练站。

4.3.3.3　液态料自动饲喂系统

要创建和谐猪场，为猪缔造舒适住居生活，首先要观察猪的吃喝拉撒睡等行为习惯。吃是动物的头等大事，猪天生爱吃液态料，传统养猪一贯采用液态料饲喂。由于此前液态料技术的发展没跟上规模养猪的步伐，因此很多现代化规模猪场大多采用自动干料饲喂系统。随着智能养猪和自动液态料饲喂技术的研发和应用，回归猪只采食本性的液态料饲喂将成为智能高效养猪的新潮流。

其工艺原理主要是通过自动液态料程序系统计算一次饲喂所需要消耗的饲料总量，根据系统设定的饲料配方，自动控制输送机，将配方中各种原料按照一定的比例定量输送到搅拌罐中，同时搅拌罐中也通过水罐输送相应比例的水，在搅拌罐中进行充分混合均匀搅拌成液态料后，通过泵、阀门、管路定量的将液态料输送到单元的各个饲槽中，供猪进行采食，当完成输送后搅拌罐就进行清洗及酸雾、臭氧消毒，自动液态料饲喂过程就完成，即可准备下一单元的饲喂。

应用液态料自动饲喂系统可以提高猪的采食量和饲料转化率，可以实现分阶段精准饲喂和水资源的高效利用，有利于饲料原料的选择、运输和储存，客户能够灵活把控猪场饲料成本，最大限度的节约生产成本，提高猪场利润率，同时减少有害气体排放、改善猪舍环境、提高猪群健康水平。另外，由于高度智能化，也可增加单位人力的饲养头数，降低劳动成本，提高人工利用率。

第 5 章
猪场粪污处理设施设计技术进步

本章内容提要

本章首先阐述了猪粪污的污染现状、排放对环境的影响、污染防制政策以及综合处理措施和资源化利用技术进步；重点从工艺设计、工艺原理、技术要点等多方面对猪粪污的沼气工艺、堆肥工艺和自然处理工艺 3 个常用的猪粪污利用技术进行了全面的阐述。

5.1 猪场粪污污染及处理措施

5.1.1 猪场粪污污染现状

随着人口增长及社会进步，为满足人民对生活水平和膳食结构需求的不断提高，我国畜禽产品的市场需求不断增加，生产规模不断扩大，养殖生产也由传统的农村散养转变为专业化、规模化和集约化。农业部数据显示，2015 年我国规模化养猪场（年出栏 500 头以上）生猪出栏占比达 45%左右，前十大养猪企业出栏量达 2 615 万头。2016 年 4 月份，农业部印发《全国生猪生产发展规划（2016—2020 年）》，未来的发展方向要稳步提高规模比重，规模场户成为生猪养殖主体，至 2020 年全国目标出栏 500 头以上的比重达到 52%。

与传统的农村散养模式相比，规模化、集约化养殖模式能够大大提高生产效率和饲料转换率，利于提高饲养技术、防疫能力和管理水平，降低生产成本，从而提高企业的养殖效益。但饲养模式的改变也直接导致了猪粪污排放密度增加，给粪污处理、运输和施用带来极大的不便，加剧了猪粪直接还田的难度，并给生态环境保护带来的压力。

原国家环境保护总局对全国规模化畜禽养殖业污染情况调查，1999 年，我国畜禽粪便排放估算总量为 19 亿 t，仅养猪业粪便排放总量便超过了全国工业固体废物的总量，畜禽养殖业水污染物化学需氧量（COD）排放总量为 797.31 万 t，分别超过了当年全国工业废水需氧量（COD）的排放总量和生活污水需氧量（COD）排放总量；规模化畜禽养殖场种养分离严重，畜禽污染防治水平低下，通过环境影响评价的规模化养殖场仅占 10%，投资开展粪污治理的养殖场仅占 20%，对畜禽粪便采取干湿分离的养殖场仅占 40%，仅有少量的养殖场配套有足够的土地用于消纳畜禽粪便，环境污染形势十分严峻（国家环境保护总局自然生态司，2002）。

根据第一次全国污染源普查动态更新数据显示，2010 年我国畜禽养殖业主要水污染物排放量中需氧量（COD）、氨氮排放量分别为当年工业源排放量的 3.23 倍、2.3 倍，分别占全国污染物排放总量的 45%、25%（生态环境部，农业部，2013）。畜牧业特别是规模化养猪业已成为我国环境污染的重要来源，如果不采取有效措施，生态破坏和环境污染问题将成为制约农村和农业可持续发展的最为重要的因素。不同规模养殖场的污染负荷如表 5-1 所示（张克强，2003）。

表 5-1　规模化畜禽养殖污染物排放的临界估计

项目	养猪场		养鸡场		养牛场	
	200 头	500 头	2 000 只	1 万只	40 头	100 头
污水中 COD 浓度/(kg/L)	10.5	10.5	11	11	4.2	4.2
每天固体废弃物量/t	0.36	0.9	0.125	0.6	0.4	1
每天污水负荷量/t	3	7.5	1.2	6	6.8	17
每天污水 COD 负荷/kg	31.5	78.8	13.2	66	28.6	71.4

资料来源：张克强，高怀友．畜禽养殖业污染物处理与处置[M]．北京：化学工业出版社．

5.1.2　猪场粪污排放对环境的影响

规模化猪场对环境的危害主要来源于猪粪尿排泄物，其成分非常复杂，除了含有多种营养元素外，还含有很多病原菌、寄生虫卵、重金属等，并且容易产生温室气体和有害气体。对水体、大气及土壤造成影响，从而影响到人体健康及生态系统。猪粪污污染主要表现在以下几个方面。

5.1.2.1　对水体的影响

猪场未经处理的污水中含有大量的污染物质，随径流或化粪池等渗透到地表水和地下水，导致水体中氮、磷、有机物等含量升高，改变了水体的物理、化学和生物群落组成，使水质变坏。

猪粪污中有机物的生物降解和水生生物的繁衍大量消耗水体溶解氧，使对有机物污染敏感的水生生物逐渐死亡，严重的将导致鱼塘及河流丧失使用功能，即发生水体的“富营养化”。当有毒、有害成分进入地下水中，会使地下水溶解氧含量减少，严重时水体发黑、变臭、失去使用价值，造成较永久、不可逆的危害。此外，粪污中还含有大量的病原微生物，通过水体或水生动植物进行扩散传播，危害人畜健康。

5.1.2.2 土壤的影响

畜禽粪尿中氮、磷丰富，湿猪粪氮、磷含量为1.09%、1.76%，施入土壤中会增加土壤中微生物的生命活动，增加土壤肥力(李纪周，2011)。但如果污染物排放量超过了土壤本身自净能力，便会出现降解不完全和厌氧腐解，产生恶臭物质和亚硝酸盐等有害物质，引起土壤的组成和性质发生改变，破坏其原有的基本功能。

猪场产生的大量废弃物如果未经处理直接排放到土壤中，产生的最显著影响就是土壤养分富集。在养殖过程中，动物饲料中磷、铜、锌、砷等微量元素含量超标，在不能被动物吸收利用的情况下，大量的微量元素以粪便的形式进入土壤，并不断积累、富集，从而产生对农作物的毒性作用。同时微量元素的直接排放还使得土壤中盐分浓度上升，影响作物对水的吸收，最终影响植物的生长。但是，如果能够合理利用猪场的粪便，充分利用其中含有的有机质并降低其有害物质的含量，是可以培肥土壤，提高土壤肥力，还能改善土壤抵抗风蚀和水蚀的能力，增加土壤有机质和有益微生物的生长，实现土壤生态系统的良性循环(蔡文炳，2015)。

5.1.2.3 对大气的影响

猪粪污产生的有毒有害气体、粉尘、病原微生物气溶胶等溶入大气后，随大气扩散，污染半径可达415～510 km。当其排放量超过大气环境的自净能力时，就会造成大气污染(李纪周，2011)。

猪粪尿中所含有机物大体可分成碳水化合物和含氮化合物，它们在有氧或无氧条件下通过微生物的作用被分解产生氨气、硫化氢、甲基硫醇、二甲二硫醚、甲硫醚、二甲胺等多种恶臭气体等，造成周边大气中含氧量相对下降，污浊度升高，轻则降低空气质量、产生异味，影响周边人居环境质量，重则引起呼吸道系统的疾病，造成人畜死亡(蔡文炳，2015)。

养猪生产过程产生的粉尘可以吸附于猪只皮肤表面，造成皮肤发痒或发炎。可吸入颗粒物还会进入动物和人的呼吸系统，引起急慢性支气管炎、慢性肺泡功能障碍、有机粉尘中毒综合症等。此外，猪舍内排出的微生物与水、尘埃颗粒物相结合，悬浮在空气中形成微生物气溶胶，是猪呼吸道传染病的重要传染源。口蹄疫、伪狂犬病、猪支原体肺炎等疫病可通过气溶胶长距离传播，危害人和动物健康。

5.1.3 猪场粪污环境污染防治政策

畜牧业特别是规模化养猪业造成的环境污染问题受到党中央、国务院的高度重视。十九大报告指出，加快生态文明体制改革，建设美丽中国。应推进绿色发展，着力解决突出环境问题，加大生态系统保护力度，改革生态环境监管体制。2014年1月1日，国务院颁布实施了《畜禽规模养殖污染防治条例》(国务院令第643号)，该条例遵循“源头控制、分类管理、综合利用、激励引导”原则，对畜禽规模养殖污染预防、综合利用与治理、激励扶持、法律责任等作了全面规定。

2015—2016年，国家部委先后发布了《水污染防治行动计划通知》《关于促进南方水网地区生猪养殖布局调整优化的指导意见》《全国生猪生产发展规划》等文件，对生猪产能重新进行调整，规划综合考虑了环境承载能力、资源禀赋、消费偏好和屠宰加工等因素，将全国养殖区域分为重点发展区、约束发展区、潜力增长区、适度发展区。我国生猪产业将进入结构性调整阶段，不符合环保要求的养殖场将被关停。

2017 年 6 月 31 日发布《国务院办公厅关于加快推进畜禽养殖废弃物资源化利用的意见》，文件指出构建种养循环发展机制，鼓励沼液和经无害化处理的畜禽养殖废水作为肥料科学还田利用(图 5-1)。

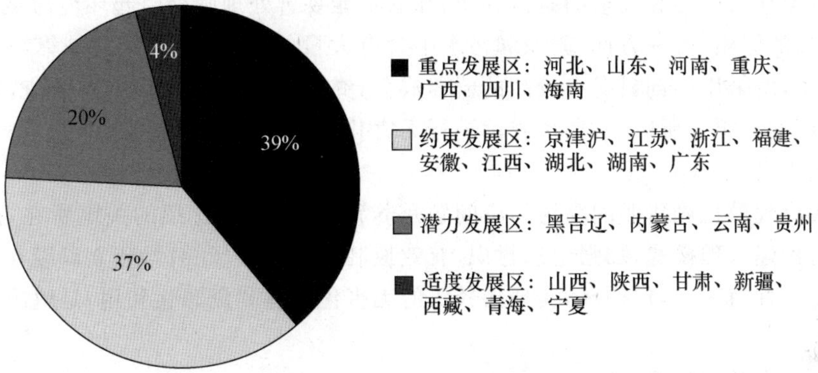

图 5-1　2016—2020 年生猪产业发展区域布局

资料来源：农业部．全国生猪生产发展规划：2016—2020.

5.1.4　目前我国猪粪污处理存在的主要问题

随着我国循环农业研究的拓展和深入，作为循环农业的一个重要环节，猪粪便的无害化处理和资源化利用得到了充分的重视，并取得了一定的进展，一些技术已在生产上实际中得以应用，并获得了良好的经济和生态效益，但还远未达到令人满意的程度，并且部分地区由于生猪养殖业规模化发展趋势，粪污污染呈现加剧的趋势。主要存在以下问题：

5.1.4.1　种养分离、链节断裂

生猪养殖业集约化的程度越来越高，专业化特征越来越明显，导致养殖业与种植业的日益分离，循环农业的链节中断。从事养殖的不种地，粪便不能当作肥料；种地的不再从事养殖，农田靠施化肥，猪粪便用作农田肥料的比重大幅度下降，猪粪便被乱堆乱排的现象越来越普遍。

5.1.4.2　处理措施滞后于规模发展

生猪养殖业从农村散养方式向规模化、集约化方式的转变，造成了粪污集中化程度大大提高，而相应的粪便处理措施跟不上，导致粪便无害化处理率、资源化利用率及商品化率都相对较低。

5.1.4.3　经营方式造成的污染形式的改变

生猪养殖业经营方式日益趋向多样化，“公司加农户”的新型经营模式正在被越来越多的地方采纳，猪粪便污染在许多地区以“面源”的形式出现，污染呈现了“面上开花”的现象。

5.1.4.4　成熟的高回报处理技术缺乏

缺乏实用、成熟而且高回报的处理技术，是生猪粪污无害化处理及资源化利用的关键屏障之一，虽然部分养殖场也在利用各种技术进行不同程度的处理，但由于内部管理粗放，处理设备(的)投入不足，导致粪便的再利用率仍然比较低。

5.1.5 猪场粪污综合处理及资源化利用技术进步

一方面，猪粪污中含有大量的有机物质，如果不能妥善处理则会引起环境污染，造成公害，危害人和畜禽的健康；另一方面，粪尿和污水中含有大量的营养物质，尤其是集约化程度较高的现代化猪场，所采用的饲料含有较高的营养成分，粪便中常混有一些饲料残渣，在一定程度上是一种有用的资源。所以，对猪场粪污进行无害化处理，充分利用粪尿中的营养素，就能化害为利，变废为宝。

目前，解决规模化养猪业的粪污污染问题是养猪业健康、可持续的关键所在，而运用循环经济的理念，构建合理模式，加强生态意识，有效控制和减少猪场粪污，建立以废弃物资源化为基础的“养殖—种植”一体化循环，实现猪粪污的无害化处理和资源化利用，是解决污染的有效途径。

5.1.5.1 资源化利用

猪粪尿一直是农作物生产的重要肥料来源，富含农作物生长所需要的氮、磷等养分，可改善土壤结构，增加土壤养分，提高土壤肥力水平，如果利用得当，它也是很好的农业资源。据测算，我国主要畜禽资源总量为47.6亿t，折算氮磷钾纯养分为4 311.4万t。其中，猪、牛、羊、家禽粪便资源占主导地位，分别占57.5%、28.3%、7.8%、4.7%(表5-2)，其中猪粪便资源占畜禽粪便资源总量的50%以上(马常宝，2006)。总的来看，有机养分资源量约占到我国化肥用量71.9%。国家规划到2020年畜禽粪便还田率达到60%，提高10个百分点，以此计算，可以减少7%左右的化肥用量。

表5-2 我国主要畜禽粪便资源量和养分含量

畜禽种类	总数量/万头	单位排泄量/kg	粪便资源量/万t	氮养分/万t	磷养分/万t	钾养分/万t	总养分/万t
猪	120 039.1	2 280	273 812.3	852.7	276.2	576.5	1 705.3
牛	15 507.2	8 703	134 959.2	589.3	82.2	738.1	1 409.6
羊	59 056.5	632	37 323.7	335.4	62	213.8	611.2
家禽	1 732 071.5	13	22 516.9	225.2	93.5	161.1	479.8
兔	73 953.7	29	2 144.7	18.7	6.4	14	39.1
马	604.3	5 237	3 164.7	22.6	3.5	15.3	41.4
驴	582.6	3 092	1 801.4	10.2	2.3	8.1	20.6
骡	224.6	3 092	694.5	2.8	0.4	1.2	4.5
合计	—	—	476 417.3	2 056.9	526.5	1 728	4 311.4

资料来源：马常宝，史梦雅．我国主要畜禽粪便资源利用现状与分析研究[J]．中国农技推广，2006，32(11)：7-11.

猪粪污经过适当的处理后，固体部分可通过堆肥好氧发酵生产有机肥、液体部分可作为液体肥料，不仅能改良土壤和为农作物生长提供养分，而且能大大降低粪污的处理成本，缓解环保压力。因此，优先选择对养殖废弃资源进行循环利用，发展有机农业，通过种植业和养殖业的有机结合，实现农村生态效益、社会效益、经济效益的协调发展。

猪粪污提倡就近利用，要求养殖场周围具有足够的农田面积，不仅如此，由于农业生产中的肥料使用具有季节性，应有足够的设施对非施肥季节的液体肥料进行贮存。对液体肥料的农业利用，要制订合理的规划并选择适当的施用技术和方法，既要避免施用不足导致农作物减产，也要避免施用过量而给地表水、地下水和土壤环境带来污染，实现养殖粪污资源化与环保效益双赢。

5.1.5.2　无害化处理

实现猪排泄物综合有效利用的前提是粪污无害化处理，即其处理手段、过程、最终质量标准，达到“无害化”的要求。因为猪粪污中含有大量的病原体，会给人、畜带来潜在的危害。所以在利用或排放之前要进行粪便和污水的无害化处理，使猪粪尿在利用时不会对牲畜的健康生长产生不良影响，不会对作物产生不利的因素，排放的污水和粪便不会对地下水和地表水产生污染等。猪污水必须根据《畜禽养殖业污染物排放标准》的规定选择适宜的处理工艺和技术达标排放（表 5-3）。而应用于还田的猪粪便需要进行干燥和堆肥处理，达到无害化标准，以防止生物性污染。

表 5-3　集约化畜禽养殖业水污染最高允许日均排放浓度

控制项目	五日生化需氧量/(mg/L)	化学需氧量/(mg/L)	悬浮物/(mg/L)	氨氮/(mg/L)	总磷(以 P 计)/(mg/L)	粪大肠杆菌数/(个/100 mL)	蛔虫卵/(个/L)
标准值	150	400	200	80	8	1 000	2

实现猪粪污污染治理无害化的目标，必须全面推广猪粪污污染治理的最新技术，严格控制生猪养殖业污染源，并注意以防治水环境污染为主，兼顾空气污染和土壤污染防治。达此标准，需强调达标排放，严格执法，充分运用行政、经济、法律、科技和教育的手段，确保治污效果，以促进生猪产业的高效、健康和可持续发展。

5.1.5.3　猪场粪污处理工艺及模式

随着技术快速发展、处理工艺不断完善，以及生猪产业规模化、集约化发展趋势变化，猪粪污综合处理措施及资源化利用方式也发生了很大的转变。

当前畜禽粪便资源利用发展的主要方式，从采用工艺技术来看，有人工厌氧处理、好氧处理、厌氧好氧组合处理以及氧化塘、人工湿地等自然处理；从发展模式来看，包括粪污专业化能源利用模式，以建设大型厌氧沼气工程为核心，该模式投资较大、运行成本较高，但对粪污可以进行彻底处理，实现合理利用资源和保护环境；粪污还田利用模式，以沼气为纽带，将养殖和种植有机结合的“四位一体”典型生态农业模式；固体粪便堆肥利用模式，采取固液分离，好氧发酵，制造有机肥料，该模式下粪便无害化处理比较彻底，发酵周期短；工业化污水处理模式，污水经过厌氧发酵，好氧处理，实现达标排放，不需要建设大型污水贮存池，可减少粪污贮存设施的用地面积；成本低廉的粪污简单处理还田的农牧结合模式；粪污的综合利用及其他模式等。

实际生产过程中，区域环境、饲养规模、政策法规等因素都会影响猪粪污处理技术的适用程度，不同养殖农户、企业也会根据自己的利益或者偏好，采用某种技术或多种技术方法的组合来处理猪废弃物，但由于技术和经济等原因，只有综合利用、农牧一体的方法才能从根本上解决我国生猪产业粪污污染问题。

5.2 沼气工艺设计利用技术

5.2.1 我国沼气工程的发展概况

5.2.1.1 沼气工程

沼气工程是一项以规模化畜禽养殖场粪便污水的厌氧发酵为主要技术环节，集污水处理、沼气生产、资源化利用为一体的系统工程。是我国规模化养猪场多采用的粪污处理方式之一。

5.2.1.2 我国沼气工程的发展概况

我国的沼气工程主要经历了以下5个阶段。

1. 国瑞瓦斯阶段

20世纪20年代后期，罗国瑞在广东潮梅地区建成了我国第一个有实际使用价值的混凝土水压式沼气池，于1929年在上海蓬莱国货市场成立了“中国国瑞总行”，专门建造沼气池和生产沼气灯具等，推广沼气（当时“瓦斯”）实用技术。虽然，在1942年秋“国瑞”总行被日军烧毁后我国沼气发展基本停顿，但为我国沼气事业今后的发展奠定了基础和提供了经验。

2. 大跃进阶段

1957年，原武汉汉中南材料科研所姜子纲工程师在武汉市建造沼气池并投入使用，毛主席在安徽和武汉视察时分别指出“又能点灯、又能烧饭、又能做肥料”“这要好好推广”，随即全国掀起了“一场大办沼气的群众运动”，但由于技术不成熟、缺乏正确的技术管理、建池质量得不到保障，大多数沼气池在建成后不久漏水漏气不能使用，出现边建设边报废的情况，应用效果不佳，20世纪到60年代初期，沼气推广基本停止。

3. 农业学大寨时期

20世纪70年代，四川省中江县农民为解决能源短缺问题办沼气，引起了国务院有关部门的重视。1978年10月20日李先念副总理批示“要努力提高沼气的技术，给予必要的支持，以适应农村建设的需要”。这一阶段沼气建设的特点是结合农业学大寨的政治运动，沼气发展迅速，不到10年全国即发展700多万个沼气池。但由于是土法上马，对科技重视不够，缺乏管理经验及资金、建筑材料不足等，沼气池平均寿命只有1～3年，大量的沼气池在20世纪70年代末期由于各种原因报废。

4. 科学总结和示范阶段

1978年十一届三中全会以后国家进入以经济建设为中心的建设时期，为解决规模化养殖带来的畜禽粪便污染日趋严重问题，国务院于1979年成立了全国沼气建设领导小组，1988年又成立了中国沼气协会，组织千余名沼气技术工作者，认真总结沼气工作中曾经的经验教训，针对大中型沼气工程存在的问题，在发酵工艺、建池技术、配套设备等方面开展大量的基础应用技术研究，并引进消化国外厌氧研究新成果，到1990年我国逐步形成了规范标准的水压式沼气池及相配套的科学建池技术、发酵技术及配套设备，使沼气建设进入健康、稳步发展阶段。

5. 生态家园建设时期

1991年进入“八五”开始，我国的沼气事业进入了科学正确的发展轨道。这个时期我国畜禽养殖业的持续发展和规模化的不断增加。为了促进畜禽粪污的无害化处理,减少环境污染,国家将大中型沼气工程项目列入畜禽养殖污染治理和畜禽规模养殖标准化建设的重要内容,加大沼气工程建设和工艺研究的财政扶持力度,大中型沼气工程的建设规模有了较大幅度的增加,我国沼气工程建设从池型设计、建设施工到使用管理逐步成熟,研究开发了多种新型高效发酵工艺,使厌氧消化器的处理能力提高2～10倍、产气率提高1～3倍,需氧量(COD)去除率提高10～20个百分点。

目前,我国沼气工程发酵工艺的综合利用技术居国际领先水平,成为我国畜禽养殖粪污无害化处理、资源化利用的重要方式之一。

5.2.2 沼气技术及工艺

5.2.2.1 沼气池

1. 沼气池结构

如果把沼气称为一个系统工程,那么沼气池则是整个系统的核心,一个功能齐全的沼气池应包括5个部分:进料装置、发酵装置(包括搅拌装置和增温装置)、储气装置、出料装置。在小型沼气池中,则简化为进料间、发酵间、储气间、排气管和出料间。

2. 沼气池及运行特点

我国沼气发展从早期的原始池型到后期的逐步完善,沼气池从主池形体、贮气方式等分类经历诸多变化(表5-4)。

表5-4 沼气池的分类形式

特征	分类
主池形体	球形、削球形、矩形、卵形、纺锤形、壶形等
贮气方式	水压式、浮罩式、气袋式
承受气压	高压式、低压式、恒压式
发酵温度	高温、中温、低温发酵
主池埋深	地下、半地下、地上
与其他建筑设施联系	单一式、二结合、三结合、多结合
发酵层次	一级、二级、三级、四级和多级发酵池
料液流向	上流式、下流式、回流式
搅拌方法	机拌、气拌、水拌
进料管部位	垂直管式、直轴式、斜插式
水压间	上返水、半上返水、侧返水
施工方法	整体现浇、块体组合、贴壁、凿坑、回填土
出料方式	机动、人力、自流
原料来源	人畜粪便、秸秆、工业和农产品加工有机物
产品材料	混凝土、LIPU罐、拼装罐、玻璃钢、塑料
发酵工艺	湿发酵、干发酵、常温、中温、高温
工程模式	环保型、生态型、供热、发电
生产制造	各类产品及其装备
应用领域	民用、工业、交通

资料来源:王义超.沼气在中国的历史回顾和思考[D].北京:中国科学院大学,2013.

3. 沼气池的发展历程

沼气池作为沼气发酵关键构筑物，是一个典型的厌氧反应器，反应器的发展大致经历了3个阶段：第一代，主要为普通的水压式沼气池，由于无法将污泥停留时间和水力停留时间分离，无法给甲烷菌提供良好的生长条件，只能依靠增大反应器的容积来提高污泥的停留时间，因此只适应生产规模较小的养殖场。第二代，主要为升流式厌氧污泥床反应器（UASB），主要由进水分配系统、反应区、三相分离器、出水系统、排泥系统组成，是以固体物稀少的废水为原料，基本排除了液化水解阶段，直接产酸产甲烷，获得较高的产气率，实现了污泥停留时间和水力停留时间的分离，使污泥停留时间可以长达700 d而水力停留时间可以缩短至几小时，因此大大提高反应器负荷。第三代，主要为沼气池，使废水和反应器内的污泥更加充分的接触，进一步缩短了水力停留时间，使反应器的占地面积更小，处理负荷更高，应用较为广泛的第三代沼气池主要是厌氧内循环反应器反应器（IC）。

5.2.2.2 沼气发酵技术

沼气发酵又称厌氧消化、厌氧发酵。是粪污在一定水分、温度、酸碱度、碳氮比和厌氧条件下，被种类繁多、数量巨大且功能不同的各厌氧菌、兼氧菌分解代谢，最终形成沼气的过程。

1. 沼气产生的基本原理

厌氧发酵的生物化学过程大致可分为3个阶段（图5-2）：第一阶段为水解阶段或固体物的液化阶段，兼性厌氧菌和发酵性细菌将原料中较大分子的成分，比如，纤维素等水解成可溶于水的有机酸和醇类等；第二阶段为酸化阶段，产氢、产乙酸菌将第一阶段生成的有机酸和醇继续分解成简单的有机酸，同时生成氢气和二氧化碳；第三阶段为甲烷化阶段，这一阶段产甲烷菌将第二阶段生成的小分子物质转化为甲烷和二氧化碳气体，即发酵的最终产物沼气。其中液化阶段和产酸阶段是一个连续过程，统称不产甲烷阶段，不产甲烷阶段不产甲烷的细菌种类繁多，数量巨大，主要作用是为产甲烷菌提供营养并创造适宜的厌氧条件，消除部分毒素。

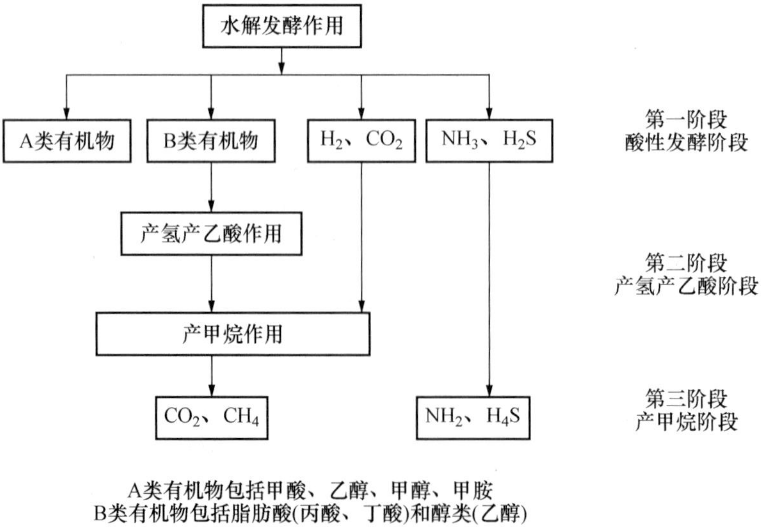

图5-2　三阶段厌氧发酵理论示意图

2. 沼气发酵工艺的发展

我国早期农村使用的各类型沼气池发酵工艺大部分是“单相发酵工艺”(图 5-3)即液化、产酸和产甲烷 3 个阶段在同一发酵池中自行调节完成，即“一锅煮”的形式，这种工艺对充分发挥各类微生物特点不利，产气率低，而且日常管理等方面有不少问题，但其装置结构比较简单，操作方便，修建和日常管理费用比较低廉，目前仍是我国农村最常见的沼气发酵装置。

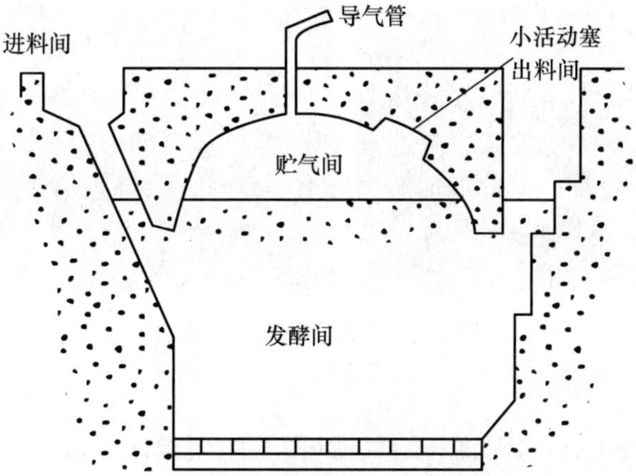

图 5-3　单相厌氧消化工艺流程

20 世纪 70 年代初，S. Ghosh 和 F. G. Pholand 提出了两相厌氧消化的概念，将产酸菌和产甲烷菌分别置于两个反应器内并提供各自所需的最佳条件，使这两类细菌都能发挥最大的活性，提高效率。“两相发酵工艺”(图 5-4)也称两步发酵，或两步厌氧消化，是将原来“一步发酵”的一个池变成的两个池，在两个不同的消化器中进行，通过人工调节进入产甲烷部分的挥发酸量及分离产酸部分产生的挥发酸液，水解、产酸池通常采用不密封的全混合式或塞流式发酵装置，产甲烷池则采用高效厌氧消化装置，比如，污泥床、厌氧过滤等。“二步发酵”工艺能使整个沼气发酵过程最优化，显著提高了反应的速率(刘占广，2010)。

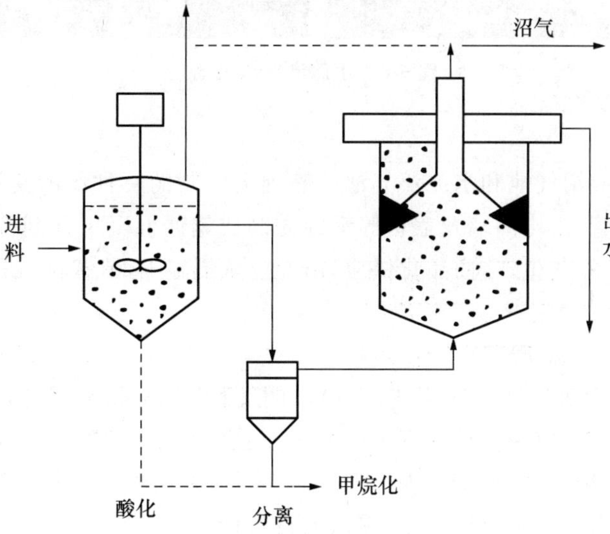

图 5-4　两阶段厌氧消化工艺流程

5.2.2.3 沼气建池材料的发展

1. 砖混

1950年，姜子钢发起的沼气池建设，主要利用砖块、混凝土(图5-5)，试行一段时间后发现砖砌沼气池占地面积大，容易开裂漏气，难以修补，并且修建沼气池时间过长，发酵技术也不过关，最终没能普及推广。

图5-5 砖混沼气池施工现场

2. 水泥浇铸

针对砖混沼气池的缺点，水泥浇铸沼气池(图5-6)便走向了市场。水泥浇铸沼气池大大的改变了砖砌沼气池的开裂、渗漏等问题，随着沼气池的发展及国家政策的重视，曾在全国普及一时，但由于建设速度慢，周期长，工艺复杂，不能工厂化生产而难满足市场需求放慢了普及的脚步。

图5-6 水泥浇铸沼气池

3. 组合大板

组合大板是在砖混沼气池和水泥沼气池的基础上研制的一种新的建池技术，主要特点是把池墙、池拱、进出料管、水压间墙及盖板等都预先制成钢筋混凝土预制件，运到建池现场，再进行组装，各部件可工厂化生产，商品化供应，由专业队伍施工，节省材料和用工，建池速度快，周期短，成本下降。

4. 玻璃钢罐(GFRP或FRP)

2003年诞生的手工玻璃钢沼气池(图5-7)，由上、下2部分组装成型，并分别设有出气孔、进料口、出料口和水压间，但由于玻璃钢工序复杂而且质量难于保证，造价过高，合格率低，原材料不容易购买，售后维修难，没能普及。2005年8月，采用机械化模压生产玻璃钢沼气池，因能工厂生产从而大大缓解了市场需求，它以原材料低廉，生产周期短，安装方便等优点深受市场欢迎。

图 5-7　玻璃罐沼气池

5. 一体化拼装罐沼气池

利用金属、塑料等材料，采用模具、手工等方式，拼装成为一体成型的沼气容器(图 5-8)。现场拼接，可任意拆卸，具有安装快速，防腐性能好、耐高低温、耐磨、抗冲击等优点。

图 5-8　一体拼装罐沼气池

6. 软体发酵池

软体可折叠沼气池(图 5-9)，是一种新型沼气设备如黑膜沼气池、红膜沼气池、红泥软体沼气池等。它主要包括软体可折叠沼气发酵袋、沼气储气袋、沼气升压泵、脱硫器、分水器、沼气输送管及相关管件。设备的主软体沼气池体是可折叠沼气发酵袋，是用特种聚氯乙烯树脂软片制作而成的，有出气孔，进、出料口。这种发酵池能吸收利用太阳能，提高发酵温度，产气量高，密封性好，压力低耐磨耐腐蚀、抗老化、抗冻、建设周期短，造价低等优点。

图 5-9　软体发酵池

5.2.2.4　沼气规模工程分类

沼气使用的分类根据用户规模可以分为 2 大类型：一类是农村户用沼气，另一类是规模化养殖场大中型的沼气工程。

1. 农村户用沼气池

农村户用沼气池是以处理畜禽粪污、秸秆和各种农业废弃物为主的沼气发酵模式，最初是为了解决农村秸秆焚烧和燃料供应不足的问题。20世纪80年代我国提出了生态农业的概念，其核心是将种植、养殖、沼气发酵等有机结合，实现物质良性循环和能量梯级利用。进入21世纪，我国沼气池建设和综合利用技术已基本成熟，各地研究、探索出了南方的“三位一体”、北方的“四位一体”、西北“五配套”的沼气发酵生态农业模式，并大面积示范推广。水压式沼气池是我国农村普遍采用的一种人工制取沼气的池型。我国户用沼气池分类和农户用沼气利用模式，如表5-5所示。

表5-5　户用沼气工程分类

方式	工程分类
储气方式	水压式沼气池、浮罩式沼气池、气袋式沼气池
池形	圆筒形、球形、椭球形等
发酵机制	常规型、污泥滞留型和附着模型
埋设位置	地下式、半埋式和地上式
建池材料	有砖结构池、石结构池、混凝土结构池、钢筋混凝土结构池、玻璃钢池、塑料池和钢丝网水泥池等
使用用途	有用气型、用肥型、气肥两用型、沼气净化型
按池内部布水、隔墙构造划分	底出料水压式沼气池、顶返水压式沼气池、强回流沼气池、曲流布料水压式沼气池、过滤床式水压沼气池等

2. 规模化养殖场大中型沼气工程技术

规模化养殖场大中型沼气工程技术是以规模化畜禽场畜禽粪污治理为主要目的，以畜禽粪便的厌氧消化为主要技术，集污水处理、沼气生产、资源化利用为一体的系统工程技术。沼气工程按日产沼气量、厌氧消化装置的容积及配套系统等进行划分，又可分为特大型、大型、中型和小型四种，具体分类指标如表5-6、表5-7所示(NYT 667—2011)，其中日产沼气量与厌氧消化装置总体容积为必要指标，厌氧消化装置单体容积和配套系统为选用指标。

表5-6　沼气工程规模分类指标和配套系统

工程规模	日产沼气量 Q/(m^3/d)	厌氧消化装置单体容积 V_1/m^3	厌氧消化装置总体容积 V_2/m^3	配套系统
特大型	$Q \geqslant 5\ 000$	$V_1 \geqslant 2\ 500$	$V_2 \geqslant 5\ 000$	发酵原料完整的预处理系统；进出料系统；温保温、搅拌系统；沼气净化、贮存、输配和利用系统；计量设备；安全保护系统；监控系统；沼渣沼液综合利用和后处理系统
大型	$5\ 000 > Q > 500$	$2\ 500 > V > 1\ 500$	$5\ 000 > V_2 \geqslant 500$	发酵原料完整的预处理系统；进出料系统；增温保温、搅拌系统；沼气净化、贮存、输配和利用系统；计量设备；安全保护系统，沼渣沼液综合利用和后处理系统

续表 5-6

工程规模	日产沼气量 Q/(m^3/d)	厌氧消化装置单体容积 V_1/m^3	厌氧消化装置总体容积 V_2/m^3	配套系统
中型	$500>Q\geqslant150$	$500>V_1\geqslant300$	$1\ 000>V_2\geqslant300$	发酵原料完整的预处理系统；进出料系统；增温保温、回流、搅拌系统；沼气净化、贮存、输配和利用系统；计量设备；安全保护系统；沼渣沼液综合利用和后处理系统
小型	$150>Q\geqslant5$	$300>V_1\geqslant20$	$600>V_2\geqslant20$	发酵原料完整的预处理系统；进出料系统；增温保温、沼气净化、贮存、输配和利用系统；计量设备；安全保护系统；沼渣沼液综合利用和后处理系统

资料来源：NYT 667—2011 沼气工程规模分类。

表 5-7　日产沼气量、厌氧消化装置总体容积和日原料处理对应关系

沼气工程规模	日产沼气量 Q/(m^3/d)	厌氧消化装置总体容积 V_2/m^3	原料种类及数量	
			畜禽存栏数 H/猪当量	秸秆重量 W/t
特大型	$Q\geqslant5\ 000$	$V_2\geqslant5\ 000$	$H\geqslant50\ 000$	$W\geqslant15$
大型	$5\ 000>Q\geqslant500$	$5\ 000\geqslant V_2\geqslant500$	$50\ 000>H\geqslant5\ 000$	$15>W\geqslant1.5$
中型	$500>Q\geqslant150$	$1\ 000>V_2\geqslant300$	$5\ 000>H\geqslant1\ 500$	$1.5>W\geqslant0.5$
小型	$150>Q\geqslant5$	$600>V_2\geqslant20$	$1\ 500>H\geqslant50$	$0.50>W\geqslant0.015$

注：①1 头猪的粪便产气量约为 0.1 m^3/头，称为 1 个猪当量，所有畜禽存栏数换算成猪当量数。

②采用其他种类畜禽粪便作发酵原料的养殖场沼气工程，其规模可换算成猪的粪便产气当量，换算比例为：1 头奶牛折算成 10 头猪，1 头肉牛折算成 5 头猪，10 羽蛋鸡折算成 1 头猪，20 羽肉鸡折算成 1 头猪。

③秸秆为风干，含水率≤15%，原料产气率约为 330 m^3/t。

④池容产气率：特大型和大型沼气工程采用高浓度中温发酵工艺，池容产气率不小于 1 $m^3/(m^2\cdot d)$；中型沼气工程采用近中温或常温发酵工艺，池容产气率都小于 1 $m^3/(m^3\cdot d)$；小型沼气工程采用常温发酵工艺，池容产气率不小于 0.25 $m^3/(m^3\cdot d)$。

资料来源：NYT 667—2011 沼气工程规模分类。

5.2.3　规模化猪场粪污沼气处理工艺

大、中型沼气工程工艺流程一般包括即预处理、中间处理和后处理 3 个阶段，完整的大、中型沼气发酵工程，无论规模大小，都包括原料的收集、预处理、消化期（沼气池）、出料的后处理和沼气的净化与贮存等过程，规模化猪场在选择和设计沼气工艺流程时，首先要明确工程建设目的和环境条件，才能确定工艺类型。

5.2.3.1　沼气处理模式

目前，规模化猪场粪污厌氧发酵处理方法主要有无动力自然处理模式和机械化处理模式（武深树，2014）。

1. 自然处理模式

自然处理模式（图 5-10），主要是采用厌氧发酵技术对养猪场废水中含量较高的有机物进行消化降解，再结合氧化塘、氧化沟、土壤处理、人工湿地等方法进行好氧处理，使排放达到规定标准，同时回收能源综合利用，具有处理过程基本不耗能、设备相对简单、运行费用低等优点。

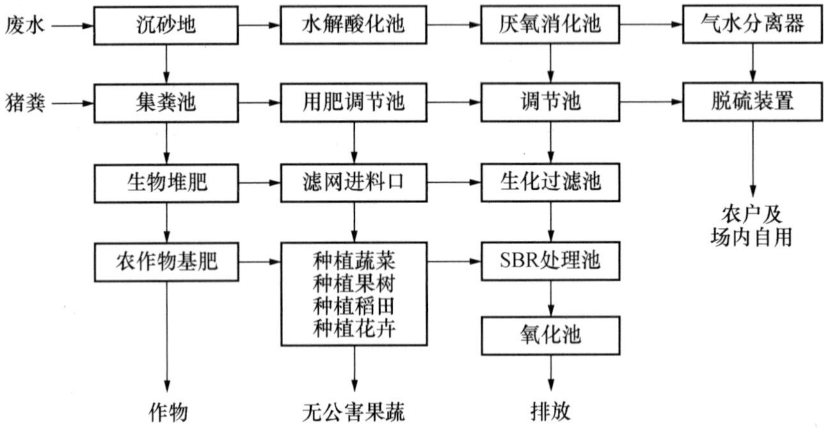

图 5-10 无动力自然处理模式

资料来源：武深树．畜禽粪便污染防治技术[M]．长沙：湖南科技出版社，2014.

2. 机械化处理模式

机械化处理模式(图 5-11)，是由预处理、物理处理、厌氧发酵、好氧处理、后处理等系统组成，养殖场的粪尿污水首先经过初步分离，再经过沉淀、过滤或机械式固液分离等，厌氧处理过程采用高效厌氧发生器，比如，UASB，或 UBF，产生的沼气可做养殖场生活能源和部分生产能源。这种方式具有适应性好，产气率高、占地少、处理效果较好等优点，但投资比较大。

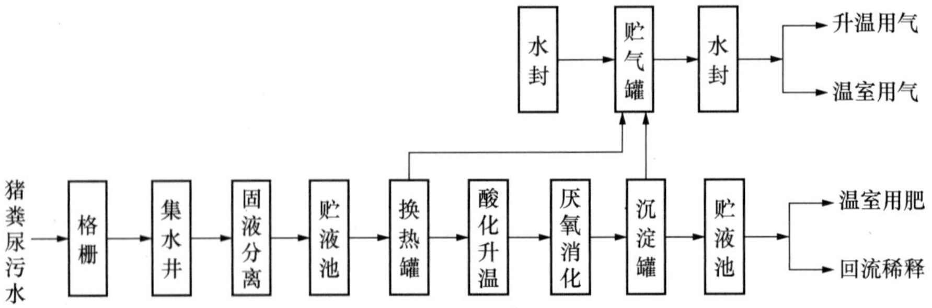

图 5-11 机械化处理模式

资料来源：武深树．畜禽粪便污染防治技术[M]．湖南科技出版社，2014.

5.2.3.2 工艺流程设计

沼气发酵的基本工艺流程如图 5-12 所示。大、中型猪场微生物厌氧发酵工程的设计要根据建设单位的资金投入情况，管理人员对沼气技术掌握的水平，猪场粪污的排放情况等对工艺流程进行反复比较，确定适宜猪场的最佳和实用的工艺流程，下面介绍几种典型的规模化养殖场大中型沼气工程工艺。

1. 高温发酵处理工艺

高温发酵处理工艺指发酵料液温度维持 50～60℃的范围之间，实际控制温度多在(53±2)℃的沼气发酵工艺。该工艺的特点是微生物生长活跃，有机物分解速度快，产气率高，滞留

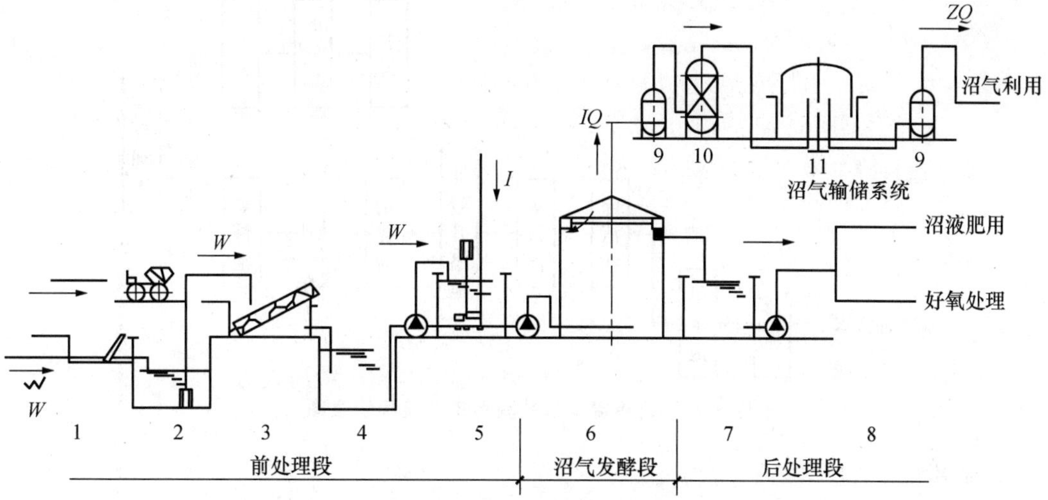

图 5-12　沼气发酵的基本工艺流程

1. 粗细格栅　2. 集水沉淀池　3. 除渣池　4. 储料池　5. 酸化升温池　6. 沼气发酵罐　7. 储液池　8. 沼肥利用或好氧处理　9. 水封罐　10. 脱硫塔　11. 储气柜

资料来源：https://wenku.baidu.com/view/e2f6b9b3a32d7375a5178059.html.

时间短。采用高温发酵可以有效地杀灭各种致病菌和寄生虫卵，具有较好的卫生效果，从除害灭病和发酵剩余物肥料利用的角度看，选用高温发酵是较为实用的。但要维持消化器的高温运行，能量消耗较大。

2. 中温发酵处理工艺

中温发酵处理工艺(图 5-13)指发酵料液温度维持在(35±2)℃范围的沼气发酵工艺。与高温发酵相比，这种工艺消化速度稍慢一些，产气率要低一些，但维持中温发酵的能耗较少，沼气发酵能总体维持在一个较高的水平，产气速度比较快，料液基本不结壳，可保证常年稳定运行。大多数规模化养猪场比较青睐这种工艺，工艺多选择 ABR 消化器。

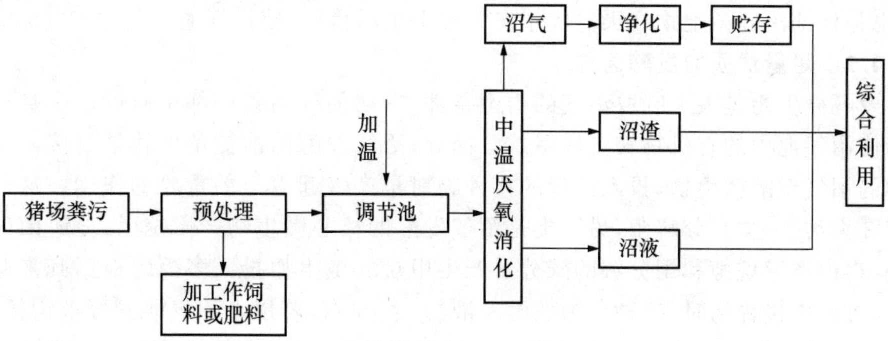

图 5-13　中温发酵处理猪粪污工艺

3. 近中温发酵处理工艺

近中温发酵处理工艺(图 5-14)是专门针对规模化养猪场猪粪污处理提出的。该工艺的发酵温度为 25～30℃，随着发酵温度提高厌氧发酵细菌的活力也显著提高，使有机物分解更加彻底，从而有效地提高产气率，工艺的需氧量(COD)去除率达到 90%以上。工艺多选择 ABR 消化器。

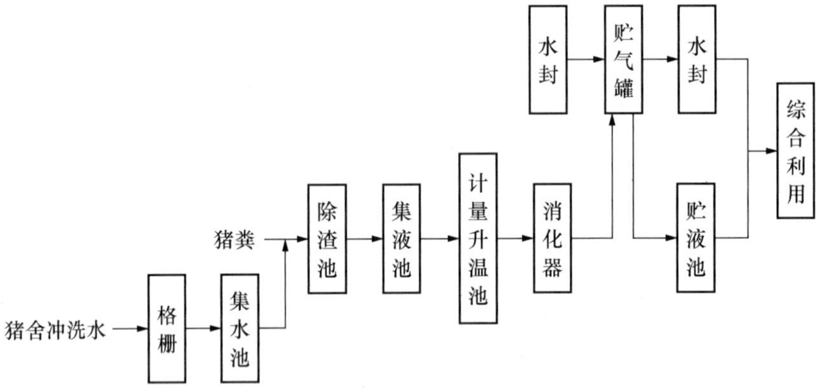

图 5-14　近中温发酵猪粪污工艺流程示意图

4. 常温发酵处理工艺

常温发酵处理工艺指在自然温度下进行沼气发酵。其特点是发酵料液的温度随气温、地温的变化而变化，一般料液温度最高时为 25℃，低于 10℃以后，产气效果很差。优点是不需要对发酵料液温度进行控制，节省保温和加热投资，沼气池本身不消耗热量；缺点是同样投料条件下，一年四季产气率相差较大。该工艺是南方地区规模化猪场常用的一种厌氧发酵技术，工艺多选择固液分离 UASB-SBR 组合工艺，即与 UASB 配套增置 SBR 序批式反应器。

5.2.4　沼气发酵的主要条件

猪粪发酵处理受多种因素的影响，主要包括以下几方面。

5.2.4.1　严格的厌氧环境

沼气微生物的核心菌群-产甲烷菌是一种厌氧性细菌，对氧特别敏感，它们在生长、发育、繁殖、代谢等生命活动中都不需要空气，空气中的氧气会使其生命活动受到抑制，甚至死亡。因此，在修建沼气池时，要严格密闭，不漏水，不漏气，这不仅是收集沼气和贮存沼气发酵原料的需要，也是保证沼气微生物在厌氧的生态条件下生活得好、使沼气池能正常产气的需要。

5.2.4.2　足量优质的发酵菌种

沼气发酵微生物是人工制取沼气的内因条件，一切的外因条件都是通过这个基本的内因条件才能使沼气池内的有机物转变成甲烷。因此，沼气发酵的前提条件就是要接入大量含有丰富菌种的沼气发酵微生物，投入足量的接种物对早产气起着至关重要的作用。这种微生物基本上有 2 大类，一类是分解菌，另一类是沼气发酵的核心微生物产甲烷菌，分解菌先将猪粪尿分解后，再由产甲烷菌利用分解的碳分子产生甲烷。微生物投入多少应根据其来源进行确定，采用粪坑液作接种物时，接种量为发酵料液的 4%左右，若以老沼气池发酵液为接种物，其接种量应占发酵料液的 3%左右，若以沼气池底层沉渣为接种物，其数量应占发酵料液的 15%为宜。

5.2.4.3　适宜的发酵温度

沼气发酵时温度的高低直接影响发酵原料的消化速度和产气率，在适宜的温度范围内温度越高，沼气微生物的生长繁殖就越快，产气也就越多。通常把不同的发酵温度区分 3 个范围，即把 46～60℃称为高温发酵，28～38℃称为中温发酵，10～26℃称为常温发酵。在 10～

60℃的范围内，沼气均能正常发酵产气，低于10℃或高于60℃都严重抑制微生物生存、繁殖，影响产气。微生物对温度变化十分敏感，温度突升或突降，都会影响微生物的生命活动，使产气状况恶化。大中型养殖场一般采用高温发酵和近中温发酵模式，小型养殖场和农户用沼气发酵一般采用常温发酵。

5.2.4.4　适宜的酸碱度

厌氧微生物要求中性的环境，或者微偏碱性，过酸、过碱都会影产气。酸碱度在pH在6～8，均可产气，以pH为6.5～7.5产气量最高，pH低于6或高于9时均不产气。在正常的发酵过程中，沼气池内的酸碱度变化是先由高到低，然后又升高，最后达到恒定的自然平衡的pH。

正常情况下，池内酸碱度可以自行调解不需要人为调节，但在配料和管理不当、发酵过程受到破坏时，会出现有机酸大量积累，发酵料液过于偏酸的现象，此时，可取出部分料液，加入等量的接种物，将积累的有机酸转化为甲烷，或者添加适量的草木灰或石灰澄清液，中和有机酸，使酸碱度恢复到正常。

5.2.4.5　有规律的持续搅拌

对发酵液进行搅拌有利于厌氧微生物与有机物充分接触，并可打碎发酵过程中产生的浮渣层，使产生的沼气更容易逸出，平均产气量可提高30%以上。

沼气池的搅拌通常分为机械搅拌、气体搅拌和液体搅拌3种方式：机械搅拌是通过机械装置运转达到搅拌目的；气体搅拌是将沼气从池底部冲进去，产生较强的气体回流，达到搅拌的目的；液体搅拌是从沼气池的出料间将发酵液抽出，然后从进料管冲入沼气池内，产生较强的液体回流，达到搅拌的目的。

5.2.5　沼气发酵产物的综合利用

沼气发酵产物包括沼液、沼渣和沼气3部分，也有将发酵产物除沼气以外残余的沼渣和沼液统称为沼气发酵残留物(俗称沼肥)。

5.2.5.1　沼气的综合利用

沼气是沼气发酵处理过程中产生的甲烷气体，它可以利用在以下几方面。

①沼气可用于日常生活中做饭、照明和取暖灯。

②可与柴油混合用作为柴油机动力燃料。

③可用于发动机组装发电装置发电，发一度电需0.4～0.6 m^3 的沼气。

④可利用沼气灯光诱虫养鱼、养鸡、养鸭并捕杀害虫，沼气孵化箱、孵化炉灶可以用来孵化小鸡，用沼气取暖炉可以为幼龄畜禽取暖。

⑤沼气中的二氧化碳是植物进行光合作用的重要原料，可用于温室大棚，不仅可通过灶具、灯具燃烧为大棚增温、补光，同时产生大量的二氧化碳气肥，使植物增产。

⑥用于水果保鲜，利用沼气中甲烷和二氧化碳含量高、含氧量极少，甲烷无毒的性质和特点来调节贮藏环境中的气体成分，控制水果的呼吸强度，减少蒸腾作用，并防治虫、霉、病、菌的危害，延长贮藏时间。

5.2.5.2　沼渣的综合利用

沼渣是厌氧发酵后残留在发酵罐底部的半固体物质以及沼液脱水后形成的固形物质。含有的丰富的有机质和腐殖酸、多种氨基酸、酶类、有益微生物等能起到很好的改良土壤的作用，沼渣中还含有氮、磷、钾等元素，能满足作物的生长需要。目前，沼渣的应用主要集中在养殖业和土壤改良两方面。

5.2.5.3 沼液的综合利用

沼液不仅含有丰富的氮、磷、钾等大量营养元素和锌等微量元素，而且含有17种氨基酸、活性酶，这些营养元素基本上是以速效养分的形式存在的，因此，沼液的速效营养能力强，养分可利用率高，它是多元的速效复合肥料，能迅速被动物和农作物吸收利用，堪称"肥中之王"，是目前世界上作物营养最全、最均衡、生产无公害绿色、高档有机食品最佳肥料。生产中常用于浸种、叶面施肥，达到防病灭虫的效果。

5.2.6 沼气工程运行过程中存在的问题及注意事项

5.2.6.1 存在的问题

①沼气池容积与养殖规模及其他元素不配套，容易造成二次污染。

②大、中型沼气池投资大，万头猪场沼气工程初始投入一般为150万～200万元，再加上其他费用，投资回报期较长。

③治理成本和沼气产品成本高(排污费低于治理费)。粪水7.5元/ m^3，发电>0.7元/(kW・h)。

④技术人员缺乏，尤其是后续管理和服务体系薄弱，会带来使用过程中的安全隐患。

⑤大、中型沼气池的前期处理仍造成一定的污染。

5.2.6.2 注意事项

①沼气池容积与养殖规模及其他元素要配套，否则可能造成二次污染。

②尽量避免病猪尤其是患肠道传染病的病猪粪便进入沼气池。

③饲喂加入抗生素饲料及治疗期间的畜禽粪便不能入池，以免影响发酵菌的正常活动。

④每次加料不能过多，以免影响发酵效率。

⑤刚消毒过的圈舍畜禽粪便不能冲入消毒池，否则会影响发酵微生物的正常活动。

5.3 堆肥工艺设计利用技术

猪粪经过堆肥处理，不仅可以杀死粪便中的虫卵、病原微生物，而且可以将粪便中的复杂有机物分解成易被植物吸收的简单化合物，是猪粪无害化处理和资源化利用的重要方式之一。

我国传统的堆肥方式以自然堆肥为主，随着社会经济的发展，高效快速的堆肥技术得到开发和应用。国内中、小型养殖场目前多用条垛式主动供氧堆肥和转筒式堆肥系统进行堆肥处理，大、中型养殖场多用机械翻堆堆肥、堆肥发酵塔等进行堆肥处理；而国外堆肥技术目前更趋向于机械化、自动化，密闭的发酵仓处理更是很好地控制了堆肥处理对环境的二次污染。

5.3.1 堆肥的技术原理

猪粪堆肥处理是通过人为控制温度、湿度、碳氮比和通风，依靠自然界和猪粪本身存在的细菌、真菌等微生物的作用，完成高温发酵使其降解为腐殖质的生物学过程。微生物在分解有机物的过程中，不仅生成大量的可被植物利用的有效态氮、磷、钾化合物，而且合成新的高分子有机物（腐殖质），成为构成土壤肥力的重要活性物质。

发酵过程中，堆肥中的水溶性有机物透过微生物的细胞壁和细胞膜为微生物吸收，固体和胶体有机物先附着在微生物体外，由微生物所分泌的胞外酶分解为溶解性物质后再渗入细胞，微生物通过氧化、还原和合成过程，把一部分有机物氧化成简单的无机物，释放出生命活动所需的能量，其余有机物转化为生物体所必需的营养物质以合成新的细胞物质，微生物逐渐生长繁殖产生更多的生物体，同时，有机废物也发生各种物理、化学和生物化学变化，逐渐趋于稳定化和腐殖化，最终形成良好的有机肥。

根据堆肥过程中氧气的供应情况可分为好氧堆肥和厌氧堆肥。好氧堆肥又称高温堆肥，是在氧气充足的条件下，通过好氧微生物对猪粪进行分解；好氧堆肥过程中，好氧微生物在对畜禽粪便分解的过程中产生大量的热量，粪便温度一般可达 55～60℃，最高可达 80～90℃，粪便分解彻底，堆置周期短、异味少、可以大规模采用机械处理。厌氧堆肥是在氧气不足的条件下，借助厌氧微生物发酵堆肥，堆制温度低，工艺较简单，成品堆肥中氮素保留较多，但堆置周期过长，需 3～12 个月，异味浓烈，分解不够充分，主要生产沼气，现代化的堆肥处理工艺中，大都采用好氧堆肥（图 5-15）（杨仁全，2009）。

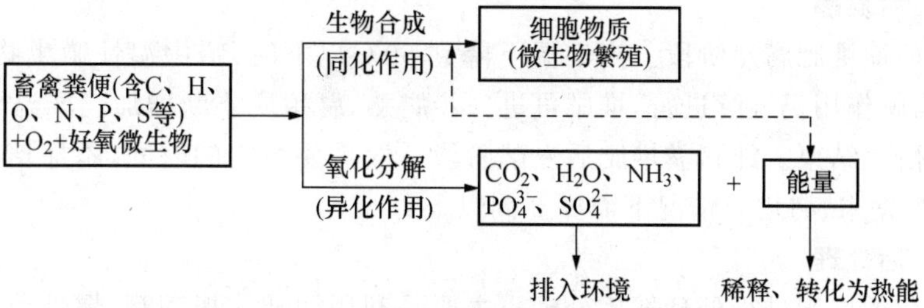

图 5-15　畜禽粪便好氧堆肥分解过程示意图

资料来源：杨仁全，卢朝义，张一帆．工业化农业生产[M]．中国农业出版社，2009.

5.3.2　堆肥处理的工艺流程

现代化的堆肥处理（图 5-16），通常由预（前）处理、主发酵（也称一次发酵、一级发酵或初级发酵）、后发酵（也称二次发酵、二级发酵或次级发酵）、后处理、脱臭和贮存等工序组成。

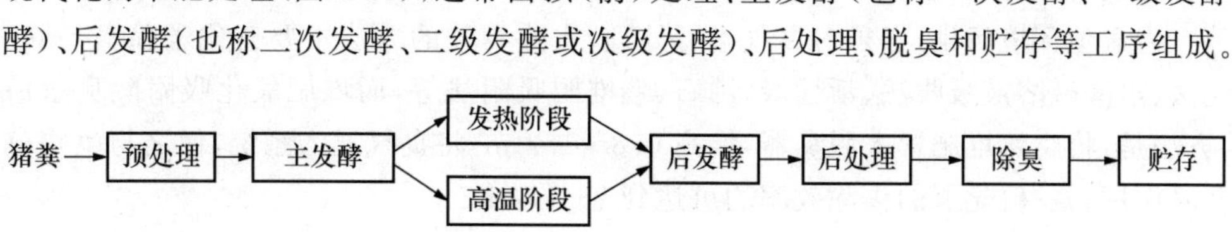

图 5-16　猪粪堆肥处理工艺流程

资料来源：杨仁全，卢朝义，张一帆．工业化农业生产[M]．中国农业出版社，2009.

5.3.2.1　预处理

对堆肥原料进行发酵前的处理为预处理。预处理是将切碎的干树叶、作物秸秆或锯末等碳氮比较高的干燥原料和猪粪进行混合，使其变成水分含量合适、碳氮比适宜的物料，从而解决了因通气不良而出现堆肥温度上升慢、臭气产生量大，且搅拌搬运不方便等问题。

5.3.2.2 主发酵

堆肥物料从温度初始到开始降低为主发酵阶段。堆肥原料投入发酵装置后很快进入发酵阶段，再通过翻堆或强制通风向堆内供应氧气，有机物在好氧微生物的作用下进行分解的同时产生热量使堆温升高。主发酵分为发热和高温两个阶段，猪粪一般为1～2周。

1. 发热阶段

堆温从初始升至45℃左右时，为发热阶段。该阶段以中温、需氧型微生物为主，期间嗜温性微生物利用堆肥中的可溶性有机物进行旺盛繁殖，迅速分解堆肥物料中的蛋白质、淀粉类、糖类等，释放二氧化碳、氨和大量的热量，堆温逐渐上升。一般需要1～3 d。

2. 高温阶段

堆温高于50℃即进入高温阶段。堆内的嗜温性微生物随着温度的升高而逐渐被生活在45～65℃嗜热微生物取代，各种病原菌、寄生虫卵和杂草等均可被杀灭；堆温升高到70℃以上时，大多数嗜热性微生物开始死亡或休眠，此时除可溶性有机物继续被分解转化外，主要分解纤维素和半纤维素等复杂的有机物，同时开始了腐殖化过程，出现腐殖质；当堆温降到70℃以下时，休眠的嗜热微生物又开始活动继续分解纤维素，使高温持续一段时间；此后，有机物分解强度减弱，产热量减少，堆温逐渐下降。

5.3.2.3 后发酵

后发酵阶段即堆肥腐熟阶段。当堆温下降到50℃以下时，嗜中温性微生物又占优势，此时，有机质的腐解作用仍继续进行，堆肥可进一步腐熟，腐殖质不断增加。堆温降至40℃以下时表明后发酵阶段结束。纯猪粪堆肥后发酵阶段一般需要2周的时间，添加秸秆类材料时需3～4周，而添加锯末、树皮等情况下需要6周以上。

5.3.2.4 后处理

对发酵熟化的堆肥进行处理即后处理。主要是利用回转式振动筛、惯性分离机、磁选机、硬度差分离机、风选机等预处理设备进行杂物（玻璃、塑料、金属、小石块和陶瓷等）的再去除，经处理后得到精制堆肥的碳氮比为(15～20)∶1，含水率30%左右；再进行干燥处理，使精制堆肥含水率降至13%以下，以便于贮存；最后根据堆肥应用的要求，进行后续的其他处理，比如，制成颗粒料或添加一些化肥制成营养全面的有机复合肥。

5.3.2.5 除臭与贮存

堆肥过程中（尤其在主发酵阶段）会产生大量的臭味气体，比如，氨气、硫化氢、甲基硫醇、胺类等。为避免环境污染，必须对臭气进行处理，去除臭气的方法主要有化学除臭剂除臭、臭氧氧化法、水酸碱溶液吸收法、活性炭、沸石、熟堆肥吸附法等，而堆肥氧化吸附除臭法最经济实用，方法是：将腐熟堆肥置入脱臭器，堆高0.8～1.2 m，将臭气通入系统，使之与生物分解和吸附及时作用，氨、硫化氢的去除效率均可达到98%以上。

5.3.3 影响堆肥处理的因素

影响堆肥处理的因素主要包括温度、碳氮比、含水率、通风供氧和pH等。

5.3.3.1 温度

堆肥过程中的温度控制十分重要，它制约着堆肥过程中微生物的活性及有机质的分解速度，从而直接影响堆肥的腐熟程度和堆肥时间。堆肥的适宜温度为 50～60℃，温度过高或过低都将对堆肥产生不良影响。温度过高（>70℃）会对堆肥微生物产生有害影响，使发酵微生物死亡或处于休眠状态，不利于堆肥过程进行；温度过低不仅会大大延长堆肥达到腐熟的时间，而且也不能达到热灭活和无害化要求。

5.3.3.2　碳、氮比

在堆肥过程中，碳素是基本能量来源，也是微生物细胞构成的基本材料，氮是细胞生长必须营养物质的重要成分，适合的碳、氮比是加速堆肥腐熟，避免含碳物质过度消耗和促进腐殖质合成的重要条件之一。堆肥材料适宜的碳、氮比为（25～35）：1，碳、氮比过高（>40：1）和过低（<20：1）均都会对堆肥产生不利影响，甚至会导致堆肥失败。由于畜禽粪便的碳、氮比通常都较低，因而在进行堆肥前一般需添加碳、氮比较高的材料，比如，秸秆、稻壳、木屑等。

5.3.3.3　含水率

水分是影响堆肥效果的重要控制条件之一，堆肥材料的含水率为 50%～60%时，堆肥处理效率最高。微生物在干燥状态下活动较弱，堆肥材料的含水率在 40%以下时，微生物的繁殖就会受到抑制，含水率小于 30%时，将会影响微生物的生命活动；在氧气充足的条件下，材料的含水率越高，越有利于微生物的活动，但如果堆肥材料的含水率过高，其通透性能就会变差，不利于氧气的渗入，好氧微生物因得不到充足的氧气而导致其生命活动受到抑制，不仅会因缺氧出现厌氧发酵而产生大量臭气，而且发酵速度也会减慢。

鲜猪粪的含水率较高，可以利用秸秆、稻糠、锯末和干树叶等干燥的生物性材料和猪粪混合来调节含水率，同时也提高碳氮比，此时猪粪含水率在 62%为宜；也可通过干燥预处理或摊开晾干来调节含水率，此时猪粪含水率在 55%为宜。

5.3.3.4　通风供氧

供氧量与微生物的活动密切相关，供氧量的多少影响推肥速度和质量，堆肥的需氧量依堆肥材料中有机物含量的不同而异，一般在堆肥处理中氧气含量在 5%～15%比较适宜，有机物含量越高需氧量越大。氧气含量过高（>15%），会使堆体冷却，导致病原菌大量存活；过低（<5%），则会对好氧微生物产生抑制作用，容易使堆肥处于厌氧状态而产生恶臭。

在堆肥化过程中，一般要通过调节水分含量、改善通气性、强制通风和定时搅拌等措施来保证氧气供应。猪粪堆肥通风供氧的方式主要有自然通风供氧和强制通风供氧，其中强制通风供氧是可以向堆肥内插入通风管，或利用斗式装载机及各种专用翻推机横翻通风，或高压风机强制通风供氧。最佳的通风方式为强制通风与机械翻堆相结合的方式，它可以加快堆肥温度的升高，促进氨态氮向硝态氮转化，加快堆肥腐熟。

5.3.3.5　pH

堆肥内大多数微生物要求中性至微碱性的适宜环境（pH 6.4～8.1），最适 pH 为 7.5。在堆肥过程中，堆料的 pH 随时间和温度的变化而变化，堆肥的 pH 可以作为评价堆肥腐熟程度的一个指标，最初阶段由于有机酸产生，pH 降低到 4.5～5，随着有机酸被逐渐分解，pH 逐渐上升到 8 左右。一般 pH 为 3～12 都可以进行堆肥，pH 为 7.5～8.5 时堆肥化效率最高，最终的堆肥产品 pH 在 7.5 左右。堆肥时，氮在分解过程中产生的氨能中和有机物分解产生的有机酸，从而保持 pH 稳定，一般不需用调整 pH，pH 降低时，可以通过逐步增强通风的办法来补救。

5.3.4 猪粪腐熟度评价

猪粪腐熟度评价可通过物理和化学指标来评价，凡达到以下指标的都属于发酵完善。

5.3.4.1 物理性指标

腐熟的猪粪，颜色呈棕褐色，基本没有臭味，松散度好，物料温度接近气温。

5.3.4.2 化学性指标

腐熟的猪粪含水率在30%以下，氮磷钾总养分含量达50～60 g/kg，pH为7.5～8，有机质含量>30%，寄生虫卵死亡率95%～100%，大肠埃希菌值$<10^{-1}$。

5.3.5 堆肥的注意事项

5.3.5.1 堆肥时间

堆肥时间的长短与物料种类、物料配方、物料初始水分和通风设备等因素有关。一般情况下，当堆内水分、氧气适宜，推后头几天温度逐渐上升，一个星期左右可达到最高，维持高温阶段，不得少于3 d，10 d以后温度缓慢下降。正常情况下，经20～25 d内进行翻堆一次，并根据需要加适量粪尿水重新堆积，促进腐熟。重新堆积后，再过20～30 d，物料接近黑、烂、臭的程度，表明已基本腐熟，便可压紧盖土保存待用。

5.3.5.2 堆肥温度

堆肥中各类微生物对温度有不同的要求，一般好气性微生物适宜温度为40～50℃，嫌气性微生物适宜温度为25～35℃，中温性微生物最适温度为25～37℃，高温性微生物最适宜的温度为60～65℃，超过65℃微生物活动就会受到抑制，堆肥过程中，堆温一般控制在45～65℃。堆后3～5 d，有机物开始被微生物分解释放出热量，堆温缓慢上升；7～8 d后堆温显著上升，可达60～70℃，而高温易造成水分缺乏，微生物活动减弱，物料分解不完全，因此，堆制期间，要经常检查堆内上、中、下各个部位的水分和温度变化情况。

堆温可根据季节进行调节，夏季堆制时，堆温上升较快，可通过翻堆和加水，降低堆温，以利于保氮，冬季堆制时，可通过接种高温纤维分解菌（加入骡马粪），提高堆温或堆面封泥保温。

5.3.5.3 堆肥湿度

堆肥化过程中，水分含量一般以占堆制材料最大持水量的60%～75%为宜，用手紧握堆肥原料，挤出水滴时最合适。不管哪类堆肥系统，水分均应不小于40%，在堆肥的后熟期阶段，堆体的湿度也应保持在一定的水平，以利于细菌和放线菌的生长，后熟期的湿度不仅可以加快后熟，也可以减少灰尘。

5.3.5.4 气味

一般情况下，由于有机固体废弃物中含有大量不稳定物质，所以堆肥原料均不同程度地产生恶臭气体，但是如果堆肥工艺科学合理，不稳定物质将逐渐被降解或转化为稳定的腐殖质类物质，恶臭气味随着堆肥的进行会逐渐减弱并在堆肥结束后消失，在堆肥过程中，可通过自然扩散、翻堆、强制通风、被动通风以及翻堆和强制通风相结合的方式等减少气味的产生。

5.3.6　堆肥处理方式及设施设备

在养猪场中常用的堆肥设备有自然堆肥、条垛式主动供氧堆肥、转筒式堆肥、机械翻堆堆肥和生物发酵塔等。

5.3.6.1　自然堆肥

自然堆肥是传统的处理方式(图 5-17)，即在自然条件下将粪便拌匀摊晒，降低物料含水率，同时在好氧菌的作用下进行发酵腐熟，一般选择地势高、干燥而平坦、接近水源、运输方便的地方堆积。优点是设施设备简单，运行费用低；缺点是处理规模小、占地面积大、堆肥时间长，效率低，易受天气影响、堆肥时产生臭味、渗滤液易污染环境，无害化不彻底，适合小型猪场户。

图 5-17　自然堆肥

具体方法为：将物料堆成宽 2～4 m、高 1.5～2 m(以材料数量而定)的垛条，让物料自然发酵、分解、腐熟，在干燥地区垛条断面呈梯形；在多雨地区和雨季，垛条顶部为半圆形或在垛条上方建棚以防雨水进入，堆制前先夯实地面，再铺 10～14 cm 的泥炭或细草，用以吸收下渗的肥液，然后铺 17～26 cm 的堆积物，加适量水和石灰，再加上无污染的污泥或粪便等，在垛条底部铺设通风管道给粪堆充气，以加快发酵速度，在堆肥的前 20 天内应经常充气，堆内温度可升至 60℃，此后自然堆放 2～4 个月可完成腐熟。

5.3.6.2　条垛式主动供氧堆肥

条垛式主动供氧堆肥是将混合物料堆积成窄长条垛，通过人工，或利用机械设备进行定期翻堆实现供氧。条垛高度、宽度和形状取决于物料的性质和翻堆设备的类型，断面可以为梯形或三角形。

为加快发酵速度，可在条垛底部设置穿孔通风管，利用正压鼓风机或负压抽气进行强制通风或两者结合进行混合通风。通风系统可为固定式和移动式 2 种：①固定式通风系统的管路放于水泥沟槽中，或平铺在水泥地面上，上铺木屑、刨花等空隙率较大的填充料，以便均匀布气或完全靠水泥沟槽充当通风管路；②移动式通风系统主要由简单的管道直接放在地面上构成，成本低，设计灵活，易于调整。

通风控制是根据温度或时间控制，在堆体内安装温度反馈系统，当堆体内部温度超过 60℃时，鼓风机自动开始工作，排出堆料的热量和水蒸气，使堆体冷却下来，通常每隔 15～20 d 进行通风供氧，生产中具体时间也可根据实际情况确定。其优点是设备简单，投资成本较低，堆腐时间较短(一般为 2～3 周)，能有效杀灭病原菌及控制臭味；缺点是占地面积大，腐熟周期长，易受天气影响，易对大气及地表水造成污染，该技术适用于中、小型养殖场(武深树，2014)。

5.3.6.3 转筒式堆肥

转筒式堆肥是利用特制的堆肥转筒进行堆肥处理。在可控的旋转速度下，发酵物料从转筒上部投加，下部排出，通过物料不断滚动形成好氧环境来完成堆肥(图 5-18)。转筒由长度为 20～40 m，直径为 2.5～4.5 m 的机械旋转的滚筒组成，向滚筒吹入热风，物料从一端进去，另一端出来，发酵周期为 1.5～2 d。该系统的优点是自动化程度较高，生产环境较好、脱水效果好，发酵较快，缺点是前期投入高，一次性投资较大，费用较高，适用于中、小型养殖场(武深树，2014)。

图 5-18 转筒式堆肥机

5.3.6.4 机械翻堆堆肥

机械翻堆堆肥是利用人工翻堆机或搅拌机对肥堆进行通风排湿，使粪污均匀接触空气，粪便利用好氧菌进行发酵，堆肥物料迅速分解，防止臭气产生(图 5-19)(武深树，2014)。该设备操作简单，生产环境较好，但一次性投资较大，费用较高，适用于大、中型养殖场。

图 5-19 自走式翻堆机

5.3.6.5 发酵仓系统

发酵仓系统又称反应器堆肥系统，它是将物料置于部分或全部封闭的容器内，比如，发酵塔、发酵仓等，通过控制通风和水分条件，使物料进行生物降解和转化。其优点是机械化、自动化程度高，占地面积小，保温节能，发酵周期短，不受气候条件影响，可收集堆肥过程产生的废气，减轻对环境的二次污染，可以对热量进行回收再利用等；缺点是设备投资较大，运行费用和维护费用较高，由于堆肥周期较短，因此堆肥产品有潜在的不稳定性，而且由于机械化程度较高，一旦设备出现问题，堆肥过程就会受到影响。目前，在发达国家使用较普遍。发酵仓系统堆肥主要有以下几个类型。

1. 堆肥发酵塔

堆肥发酵塔为立式发酵设备。将堆肥物料由带式输送机送至发酵塔顶部，再经旋转布料机均匀地将物料送入发酵塔中，通过通风装置向塔内的物料层中充气使物料加速发酵，经过 3 d 左右物料即可完全腐熟，腐熟的物料由螺旋搅拌输送机输送到输料皮带上，然后由其排出发酵塔，经干燥、粉碎过筛后装袋，其工作过程可以是间歇的，也可以是连续的，生产效率易受低温的影响，必要时可给塔中送入 70～80℃的热风以提高发酵温度。优点是发酵时间短，生产率高，适合于大、中型养猪场使用（杨仁全，2009）。

2. 包裹仓式系统

包裹仓式反应器的特点是堆料占据了整个发酵仓，混匀的物料从发酵仓顶部进入并充满反应器，占据整个发酵仓，在发酵仓底部通过具有分支管路的通气管道向反应器内的物料通气，废气由反应器上部的废气管道排出，废气的出口略低于混合物的上表面，通过负压抽气的方式把废气收集处理。

3. 旋转仓式系统

旋转仓系统根据物料在反应器内的移动方式又分为推流式和分隔式。推流式发酵仓系统中，物料从仓体的进料口进入，沿仓体移动到反应器末端的出料口，物料通过发酵仓的旋转翻滚而达到混合，是目前使用最普遍的发酵仓系统。分隔式发酵仓系统中，沿物料的移动方向，反应器被分为一个个小室，在堆腐的不同阶段，物料从一个室移入另一个室，在不同的室内，物料可以进行不同时间、不同条件的堆腐，最后进入出料口，在每个小室中，物料通过旋转破碎机械设备而破碎混合（段永兰，2011）。

5.3.7 堆肥的综合利用

5.3.7.1 用作植物肥料

猪粪中含有氮、磷、钾、微量元素等农作物生长所需的营养素以及较高的纤维素、半纤维素和木质素等物质，能改良土壤结构，增加土壤有机质。经堆肥处理的猪粪，可以杀死粪便中的虫卵、病原微生物和草籽等，使粪便中复杂有机物分解成已被作物吸收的简单化合物，提高土壤肥力，是作物生长的优质有机肥料。

5.3.7.2 用作动物饲料

畜粪用作养殖业饲料的研究和生产实践在国内外有许多报道，但其安全性问题存在分歧。近年来，我国提倡畜产品安全、优质、无公害生产，畜粪用作饲料的空间会越来越小。安全性问题主要包括畜粪中可能含有高量的重金属铬、铜、铅、砷等的残留，各种抗生素、抗寄生虫药物的残留以及寄生虫、虫卵和病原微生物等，但一些研究和实践表明，只要对畜粪进行适当处理并控制其用量，一般不会对动物造成危害。

5.3.7.3 水体食物链利用

将猪粪适度地投到水体中，将有利于水中藻类的生长与繁殖，但要控制好水体的富营养化。直接把未腐熟的猪粪施于水体，常常会引起水体耗氧过度，使水产养殖动物缺氧而死亡，为避免使水中的溶解氧枯竭，施入的猪粪应以腐熟后为宜。

5.3.7.4 种植食用菌

由于猪粪中含有大量的纤维素和木质素等结构复杂的高分子碳水化合物，同时富含多种微量元素，所以经腐熟后的猪粪是良好的食用菌培养基。

5.4 猪粪污自然处理工艺设计利用技术

猪粪污自然处理工艺实质上是一个水体自净的过程，这种模式适用于离城市较远，经济欠发达，气温较高，土地宽广，地价较低、有滩涂、荒地、林地或低洼地的地区，人口较少的国家，比如，美洲、澳洲国家多采用这种模式，我国南方部分地区也采用这种模式。此外，自然生物处理工艺要求养猪场规模一般不能太大，一般年出栏在5万头以下为宜，以人工清粪为主，水冲为辅，冲洗水量中等。

目前，常用的粪污自然处理工艺和设施主要有稳定塘、人工湿地等，其综合处理工艺见图5-20。国内和国外的自然处理模式存在一定的差异，国内大多数稳定塘方式处理，采用多级厌氧塘、兼性塘、好氧塘、水生植物塘等；而国外大多利用天然池塘，一般不被直接加工成稳定塘，水占地停留作用时间长。

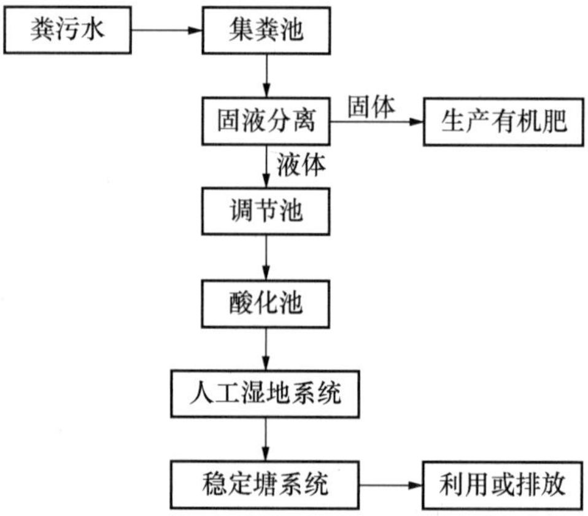

图5-20 猪场粪污水自然处理工艺流程

自然处理模式的主要优点是投资成本低廉；运行管理费用低，不耗能；对污水水量和水质的适应能力强；污泥量少，不需要复杂的污泥处理系统；地下式厌氧处理系统厌氧部分建于地下，基本无臭味；没有复杂的设备，管理方便，对周围环境影响小，无噪声。其主要缺点为土地占用量较大；净化能力受气温的影响很大；负荷低，产气率低，甲烷回收量少；卫生条件差；有污染地下水的可能(邓良伟，2007)。

5.4.1 稳定塘

稳定塘是一种天然池塘的或经过一定人工修整的有机废水处理池塘。利用菌藻共同作用发生的物理、化学及生化反应，自然净化废水中的污染物的生态处理构筑物的总称，又称为氧化塘、生态塘(杨仁全，2009)。稳定塘具有建设及运行费用均低，维护、维修和操作较为简单，去除能力显著、且无需污泥处理等优点，是一项适合推广的生态技术。但稳定塘也存在占地面积相对大、停留时间相对其他技术较久，容易造成二次的污染这些缺点导致稳定塘多用于深度的处理。

5.4.1.1　稳定塘作用机理

猪场污水在塘中的净化过程与自然水体的自净过程类似，首先，受到塘水的稀释，污染物扩散到塘水中从而降低了污水中污染物的浓度，污染物中的部分悬浮物逐渐沉淀至塘底成为污泥，这也使污水污染物质浓度降低。其次，污水里面溶解的有机物在塘内大量繁殖的微生物、藻类、水生动物、水生植物的作用下逐渐分解，大分子物质能转化为小分子物质，并被吸收进微生物体内。其中一部分被氧化分解，同时释放出相应的能量，另一部分可为微生物所利用，合成新的有机体。

稳定塘净化过程包括好氧、厌氧和兼氧 3 种状态。好氧微生物所需要的氧气主要由塘内藻类的光合作用、大气复氧和水生植物的输氧提供。其处理效果受到光线、温度、季节等因素的影响。

5.4.1.2　稳定塘工艺类型

根据塘内占优势的微生物种群和相应的生化反应的不同，可分为好氧塘、兼性塘、厌氧塘 3 种，此外，还包括通过人工曝气的方式向塘内充氧的曝气塘，在塘内栽种浮水植物的水生植物塘。下面对各种形式的稳定塘分别进行介绍。

1. 好氧塘

好氧塘全塘都是好氧区。为了使阳光能达到塘底，好氧塘的深度较浅。好氧塘的水深通常为 0.15～0.5 m，阳光能够直透塘底，塘内藻类生长繁茂、光合作用旺盛，塘水中溶解氧非常充分，另外在塘表面风力的搅动也进行自然充氧，好氧微生物活跃，对有机物的净化效率高（杨仁全，2009）。好氧塘可分为普通好氧塘和高负荷好氧塘。高负荷好氧塘的 5 天生化需氧量（BOD5）设计负荷较高，因而水分停留时间短。其缺点是出水藻类含量高，只适用于气候温暖且阳光充足的地区。

好氧塘净化反应中的一个主要特征是好氧微生物与植物性浮游生物（藻类）共生。藻类利用透过的太阳光进行光合作用，合成新的藻类，并在水中放出游离氧。好氧微生物即利用这部分氧对有机物降解，而在这一活动中所产生的二氧化碳又被藻类在光合作用中所利用。一般好氧塘午后溶解氧可以高至过饱和，午夜至凌晨可低至 0.5 mg/L 以下。这样在二氧化碳和氧的授受过程中，有机污染物得到降解（李如治，2003）。好氧塘是各类稳定塘的基础，一般各种稳定塘的最终的出水都要经过好氧塘。好氧塘的最大问题是出水中藻类含量高，如对藻类处理不当，会造成二次污染。

2. 厌氧塘

厌氧塘深度在 2.5 m 以上，塘内污水绝大部分处于厌氧状态，主要利用厌氧微生物净化污水。厌氧塘占地面积小，有机负荷率高，但其出水一般达不到排放要求，还需进一步处理。在多级塘处理系统中，厌氧塘一般只能做预处理，常置于多级塘系统的首端。

厌氧塘处理污水的原理与污水的厌氧生物处理相同。有机物的厌氧降解分为水解、产酸和产甲烷 3 个步骤。厌氧塘全塘大都处于厌氧状态。在厌氧状态下，进入厌氧塘的可生物降解的颗粒性有机物先被胞外酶水解成为可溶性的有机物，溶解性有机物再通过产酸菌转化为乙酸，接着在产甲烷菌的作用下，将乙酸转变为甲烷和二氧化碳。厌氧塘还可产生氨气并释放而除氮，并可有效减少畜禽粪便释放的气味。虽然厌氧降解机理是有顺序的，但是在整个系统中，这些过程是同时进行的。厌氧塘除对污水进行厌氧处理以外，还能起到污水初次沉淀、污泥消化和污泥浓缩的作用。

影响厌氧塘处理效率的因素有气温、水温、进水水质、浮渣、营养比、污泥成分等。其中，气温和水温是影响厌氧塘处理效率的主要因素。

3. 兼性塘

兼性塘是最为常见的污水处理塘，水深1～2.5 m，存在3个区域。上层阳光能够透入，藻类通过光合作用向水中释放氧气，故该层溶解氧充足，处于好氧状态，在该层污水中的有机物和营养物质在好氧微生物的分解代谢和藻类的吸收下得以净化；中层的溶解氧浓度很低，处于缺氧状态，主要是由兼氧微生物对污水进行净化；最下层的溶解氧几乎为零，主要是厌氧微生物对污水及污泥进行分解(杨仁全，2009)。

兼性塘的3个区域相互之间存在着密切的联系。厌氧层的微生物在分解、代谢过程中产生的甲烷和二氧化碳等气体通过上两层逸出。其中，二氧化碳被好氧层的藻类所利用；代谢过程中产生的有机酸、醇类等会转移至兼性层和好氧层，有好氧微生物对其进一步分解；好氧层和兼性厌氧层中死亡的藻类和微生物沉落到厌氧层，厌氧微生物会对进行分解。

4. 曝气塘

曝气塘是经过改进并强化的稳定塘，通过机械曝气机向塘内提供氧气，同时对污水进行搅拌，使活性污泥处于悬浮状态。曝气塘一般水深达3～5 m，塘内溶解氧浓度高，好氧微生物活跃，同时在曝气搅拌的作用下，藻类的生长受到抑制，因此，曝气塘的净化效果要优于好氧塘(杨仁全，2009)。

曝气塘深度取决于所采用曝气机的种类。和自然好氧塘一样，设计时要考虑粪污贮存和降雨问题。曝气塘设计有2个方面：一是曝气塘的负荷；二是曝气机。曝气塘负荷以5天生化需氧量(BOD5)或化学需氧量(COD)为依据，结合当地经验数据和推荐使用值进行设计。首先，曝气机是根据其对氧的转移能力而设计的，其次，是根据曝气机对氧混合和扩散的能力进行设计。如果曝气机试图减弱气味扩散，则除非是涉及表面区域充氧问题，否则，可以不考虑完全混合。

曝气塘的设计可以将厌氧塘转变为好氧塘。曝气塘具有表面积小、占地少、无难闻气味等优点。缺点主要是运行机械曝气机的能耗较高，运行管理水平较高。

5. 水生植物塘

水生植物塘。近年来，国内外多方发展水生植物塘，通过对塘内种植具有除污功能的水生植物强化氧化塘的净化功能，同时还有使氧化塘得到利用获取一定经济效益的目的。接纳一级处理水的氧化塘适宜种植水葫芦、水葱以及水浮莲等一类去污能力较强的水生植物；接纳二级处理水的氧化塘，可种植具有较大经济价值或观赏价值的水生植物，比如，芦苇、荷、莲等(李如治，2003)。

在水生植物塘中，氮和磷等营养物质去除的一个重要途径是靠植物体的吸收同化作用。从植物生理学的角度来看，植物体利用根系吸收溶解性的磷酸盐、硝酸盐和铵盐等营养物质来进行植株生长和组织合成。而污水中的有机氮和不溶解性磷，则必须通过微生物降解成小分子，其中溶于水的才能被植物体吸收利用。同时，水中还存在反硝化菌进行反硝化作用。

因此，水生植物塘除氮具有双重作用，一方面，作为生物塘生态主体部分的速生水生植物可直接从水中吸收氨氮和硝酸盐氮，最终随着植物的组织合成、收获而移出水体，从而使氮得到去除；另一方面，由于大量反硝化菌的存在，加之有丰富的氮源和碳源。所以，水中可以进行强烈的反硝化反应，使最终一部分氨氮以氮气的形式得以去除。在水面下植物都具有表面积很大的根茎网络，为微生物的附着、栖息、繁殖提供了场所和条件，从而构成了一个起着多种生化作用的微生物生态系统。

水生植物塘的优点包括其工艺不耗电，只需一定水面的生物处理技术（李长生，1997）；水生植物可吸收有机物，同时，其吸收氨氮能力强；水生植物塘中会生长大量的微型藻类和浮游动物，可根据实际情况适当养殖水禽形成食物链，通过污水中污染物和能量在食物链中的逐级传递和转化，不仅能有效地净化污水，而且能回收有用的资源。

5.4.2　人工湿地

人工湿地是在自然湿地的基础之上，融入了人工的设计和改造，是一个包括了水体、基质、植物、动物和微生物的复杂生态净化系统。人工湿地对水体的净化包括物理、化学及生物的三重协同作用，既有植物的直接吸收，也包括基质的过滤、沉淀及微生物的吸收降解。其中，水温、pH 和溶解氧对人工湿地功能的充分发挥与处理效果有着重要的影响。

人工湿地污水处理技术是 20 世纪 70 年代末发展起来的一种污水处理新技术，具有投入资金少、运行维修费用低、去除率较高、出水稳定、组合多样性，针对性强、改善美化环境等优点。在欧美国家采用人工湿地处理畜禽养殖废水的情况比较普遍，就目前我国养殖业废水处理来说，如果采用强制的物理化学措施强化处理效果，往往成本过高（肖冬生，2002）。人工湿地系统的特点恰好能弥补养殖业经济能力有限、缺乏有一定操作与管理水平的技术人员的局限，尤其适合地处农村地区的养殖场。但人工湿地也存在它自身的缺陷，比如，占地面积较大，易堵塞等。随着湖泊水体富营养化的加剧以及国家对水质处理要求的提高，单独人工湿地处理氮磷的效果不能满足需求。为了提高污染物的处理效率，人们开始尝试组合工艺的研究。以人工湿地为主体工艺，在人工湿地工艺前后增加其他的污水处理工艺，从而提高处理效果，达到高效低耗的目的。

5.4.2.1　人工湿地结构

人工湿地生态技术的基本构成要素包括基质、湿地植物及微生物三方面。

1. 基质

构成湿地主要部分的基质不仅是湿地中植物的主要载体和物质营养的提供体，同样也是微生物生长的主要依附载体，而且对水体在湿地中的渗流提供较好的水利条件。基质设计主要是从基质的种类、粒径及厚度来考虑研究。

近年来，常用于人工湿地的基质主要仍是石块、砾石、砂粒、细沙、沙土和土壤较为常见的物质，但同时也开始考虑其他物质比如矿渣、煤渣和活性炭等并得到应用，取得较理想的效果。基质粒径与磷的吸附呈负相关，但考虑到堵塞问题，不宜选用过小的粒径。一般基质范围在 0～30 mm，其中 8～16 mm 范围内的水力传导性较优，处理的效果也最好。目前运行的人工湿地基质厚度选择范围在 0.5～1 m，其中大多数厚度在 0.6～0.8 m 范围内。但实际中基质的经常堵塞和饱和等很多缩短湿地运行年限的问题仍需要我们解决（朱平，2014）。针对这些问题也有大量学者进行针对性的研究，发现反级配的垂直流系统可以既保证净化效率，同时也可以缓解堵塞问题,从而延长使用寿命,可以进行推广运用。

2. 植物

植物是人工湿地构成要素中不可缺少的一部分,它的存在可以提高处理效率。植物的作用有3个方面:①能够直接摄取水中营养物质、吸收富集污水中的重金属等物质;②能够输送氧气至根区,在根区形成氧化态环境,为微生物的生长提供需求;③植物根系生长还可以加强和维系介质的水力传导能力。

常种植于湿地的植物包括:漂浮、沉水及挺水植物。植物的生长情况一般容易受到多方面的影响,比如,介质、气候等条件;并且植物在不同的生长时期季节对污染物的吸收能力也存在着差异性,进而不同种类、不同时期的植物的净化效果也存在差异。在选择植物时,除了必须适应当地的土壤和气候条件,应尽量考虑增加生物多样性,稳定性越高,污水处理效果也会提高。

常选用的挺水植物包括芦苇、香蒲、菖蒲、灯芯草和苔草等,这些植物对氮、磷的去除效率显著(朱平,2014)。常选用的沉水植物有黑藻、苦草、狐尾藻、马来眼子菜、金鱼藻等,对不同的污染物去除效果存在差异,应结合当地水质和气候条件选择(表5-8)(钱易,1991)。近些年,研究人员发现沉水植物不仅自身吸收净化污染物,同时能有效的抑制藻类的生长,对治理富营养化水体效果显著。

表5-8 典型的人工湿地植物及其污染去除

植物名称	主要污染物去除功能
芦苇	BOD、总氮、磷、VAS,吸收降解氯苯,氯酚、农药类、苯类和病原体
宽叶菖蒲	BOD、氨氮、油类,富集吸收铜、钴、镍、锰及氯化羟,根部能分泌天然抗生物质抑制污水中的细菌繁殖和消除病原体
灯心草	氨氮、总氮、磷、氯化羟、氰化物、酚类和病原体
风车草	BOD、COD、总氮、磷,富集铜、锰、锌、镉、铅
黑三棱	吸附有机物和油类,摄取铅、锌
凤眼莲	BOD、COD、总氮、磷,吸收降解有机酚类、氰类,富集镉、锶、铬、铅、汞、砷、硒、铜、镍等,抑制藻类生长
浮萍	富集镉、铬、硒、铜、铝、铁、锰等,吸收氮、磷,抑制藻类生长
狐尾藻	吸收降解三硝基甲苯,吸收TNT、DNT等结构相近化合物

资料来源:钱易,米祥友.现代污水处理新技术[M].中国科学技术出版社,1991.

3. 微生物

微生物在人工湿地对污水治理中,对有机物的降解及转化起到关键性的作用,是基础机制。湿地中微生物主要包括细菌、真菌和放线菌。他们分别分布在不同的区域,承担着不同的净化职责。

微生物数量、种类、分布受诸多因素的影响,在植物根区最为明显。在根区附近主要是好氧微生物,充足的氧量为该类生物提供适宜的生长条件,而在外侧氧气含量不断减弱,呈现出兼氧及厌氧生物群落。

不同类型湿地中,微生物种类及数量的分布呈现出不一样的规律性。对于垂直流,超过一半的集中在砂质过滤基质上层,真菌多分布在0~10 cm,10~20 cm,细菌数量变化较大,而低于20 cm,细菌的数量趋于稳定(朱平,2014);而在水平潜流中,微生物数量则是随深度及排污口距离的增加而减少。微生物的数目和种类与污水处理效果同样也存在一定的相关性。

5.4.2.2　人工湿地作用机理

人工湿地去除猪场废水的机理和自然湿地类似，但也添加了人为的构造和改建，通过物理、化学和生物的共同作用下，通过基质的吸附沉淀、离子交换，植物及微生物的吸收分解而对污水进行的净化。

5.4.2.3　人工湿地工艺类型

人工湿地可按污水在湿地床中流动的方式不同分为 3 种类型：地表流湿地、潜流湿地和垂直流湿地。

1. 地表流人工湿地

表面流人工湿地是污水简单的从湿地的表层流过，水位相对较浅，多在 0.1～0.6 m（夏运红，2015）。这种系统与天然湿地最为接近，从而与湿地有较大接触面积且停留时间较长。相比其他的湿地，地表流湿地可以种植更多的品种和数量，投资少、操作简单、运行费用低。污水中的有机物去除主要依靠自然沉降和植物茎叶拦截，难以利用填料表面的生物膜和生长丰富的植物根系对污染物的降解作用，因此其处理能力较低，造成大量的污染物未被处理流出。同时，这种湿地水力负荷小，占地面积大；卫生条件较差，易在夏季滋生蚊蝇、产生臭味而影响湿地周围环境；在冬季或北方地区则易发生表面结冰问题，系统的处理效果受温度影响程度大。因而在实际工程中应用较少。

2. 潜流人工湿地

潜流人工湿地水流呈推流的形态，水流从一端水平流过到另外一端，这种流动形式更大面积地接触到填料、植物和依附在基质、植物上的生物膜，充分利用到三者的共同作用，延长污水在湿地的流经时间。填料由 3 层组成：表层土壤、中层砾石和下层小豆石。在表层土壤种植耐水性植物，比如，芦苇、蒲草、大米草和席草等。这些植物生长有非常发达的根系，可以深入到表土以下 0.6～0.7 m 的砾石层中，并交织成网与砾石一起构成一个透水性良好的系统（夏运红，2015）。这些植物根系具有较强的输水能力，可使根系周围的水环境保持较高浓度的溶解氧，供给生长在砾石等填料表面的好氧微生物生长、繁殖即对有机污染物的降解所需。经过净化的水由湿地末端的集水区中铺设的集水管收集后排出处理系统。

因为污水能够充分地接触到植物和基质，水中的悬浮物可以被基质和根系截留，去除效果较优，对有机物和重金属去除效果也比较显著（肖冬生，2002）。因为水流在地表以下流动，故其有保温性较好、处理效果受气候影响小、卫生条件较好，这种工艺有较多应用于处置生活污水、工业废水、暴雨径流、医疗废水、石油开采废水、矿山废水、垃圾场渗滤液等。但潜流式人工湿地长期处于水淹状态，基质呈缺氧环境，氧主要来源于植物根系，但植物传氧能力有限，在植物衰落死亡后，无法继续输氧，从而水中氧含量较低，处于缺氧状态无法有效进行硝化作用，对氮和磷的去除效果就会不如垂直流湿地，且堵塞现象也比较显著。

3. 垂直流人工湿地

系统中水流综合了地表流系统和水平潜流系统的特性，污水从湿地表面垂直流向基质层的底部，经收集后排出处理系统。垂直流湿地基质由粗砂和砾石组成，砾石按其直径大小分为三层：底层为 30～60 mm 的大砾石，中层为 10～30 mm 的中等砾石，上层为 6 mm 左右的碎砾石。穿孔管的作用，其一是集水，其二是在布水间歇时间通过大气的进入为基质充氧。在粗沙层部分的穿孔管外套一个硬塑料管防止沙子堵塞穿孔管。

相比其他湿地而言，垂直流具有较高的输氧能力，能够抗冲击负荷，对有机物及氮污染物的去除效果能力较好，因此，大量运用与处理氨氮高的水体。这主要是因为垂直流的污水是从表面逐步渗透到下部，又多以间歇方式运行，空气可以进入到填料空隙中，从而处理效果更优。但对于磷污染物的去除效果差异较大，而且对介质的要求过高，水体容易发生堵塞。

目前，国内外多是以复合垂直流人工湿地形式运用，该组合处理效果更加稳定，去除率也相对提高，但对总氮的去除效果相对于其他污染物较差。不同人工湿地类型的优缺点如表5-9所示（郭飞，2006）。

表5-9　不同人工湿地类型的优、缺点

项目	表面流人工湿地	水平潜流人工湿地	垂直流人工湿地
处理效果	较差	一般	好
投资	较低	较高	较高
受气候影响程度	大	小	小
处理时间	长	短	短
处理水量	较小	较大	较大
卫生条件	差，易滋生蚊蝇，夏季发臭	好	好

资料来源：郭飞．人工湿地污水处理影响因素研究及优化[D]．上海：同济大学，2006．

第6章
猪舍内环境控制技术进步

本章内容提要

我国从20世纪70年代起先后对规模化猪舍内环境控制技术进行了研究。目前,我国在猪舍内环境控制技术方面已取得了较大进展。但是,与发达国家相比还存在明显的差距。本章猪舍内环境控制技术进步主要包括通风、温度、光照、病原微生物4个方面。

猪舍的通风换气是猪舍环境控制的第一要素。它直接影响猪舍空气质量、温度、湿度,是猪只健康生活的最关键的环境因素,也是影响生产性能最大的因素。猪对温度的变化反应为:大猪怕热,小猪怕冷。猪舍要进行温控,主要是因为各生长阶段的猪体热调节机能具有不同特点。光照也可以直接或间接影响猪的生长发育、生产性能、繁殖性能等。光照控制主要涉及猪舍的采光和灯具的选择和使用。病原微生物控制从猪场生物安全体系建立、猪场的管理、消毒管理、免疫管理方面等进行讨论。

6.1 猪舍通风技术进步

早在1948年研究者就发现,如果鸡舍内没有足量的新鲜空气,极易诱发呼吸道疾病,因此,长期以来科学家们对猪舍的通风问题进行了大量的研究,各种舍内通风系统也一直不断地接收生产和试验的反复验证并逐渐得到改进和完善。

6.1.1 猪舍通风的目的及意义

猪舍通风(图6-1)目的有2个:第一,在气温高的夏季,通过加快空气流动的速度,促进猪的散热,使其舒适、缓和高温对猪的不良影响。第二,排除猪舍中含有尘埃、微生物和有毒有害气体的污浊空气，并防止舍内潮湿，保持舍内空气清新、干燥，这对于密闭型猪舍尤其重要。

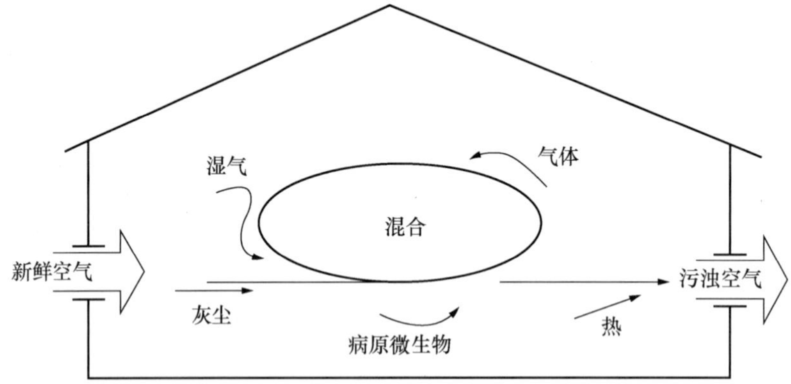

图 6-1　猪舍通风基本过程

资料来源：董红敏，陶秀平．畜禽养殖环境控制与通风降温．中国农业出版社，2007：28.

猪舍的通风换气在任何时候都是非常重要的，因为它直接影响猪舍空气质量、温度、湿度，是猪只健康生活的最关键的环境因素，也是其生产性能最大的影响因素。因此，猪舍的通风换气是猪舍环境控制的第一要素。如果通风系统设计的不合理，不仅会造成投资和能源浪费，而且影响猪只的生产性能。

6.1.2　猪舍通风方式的类型

目前，猪舍建设时采用较多的通风方式类型有自然通风和机械通风 2 种。另外，地道通风在部分猪舍也有使用。

6.1.2.1　自然通风、机械通风和联合通风

1．自然通风

（1）自然通风的原理及优、缺点　自然通风（图 6-2）多用于开放式，或半开放式猪舍。易设计、建设成本低、几乎无后期运行成本。最明显的缺点是温度不易控制。在炎热和寒冷条件下，若不辅以相应保温或降温措施，难以达到适宜的舍温或畜禽生长适宜温度。因此，自然通风通常配合机械通风一起使用效果更佳。

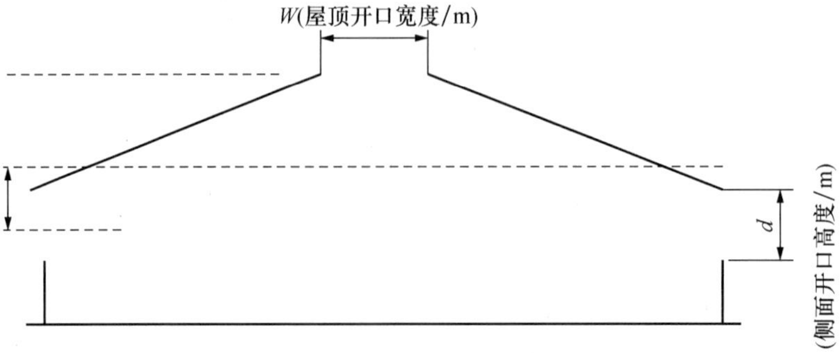

图 6-2　典型自然通风漏顶畜禽舍示意图

资料来源：董红敏，陶秀平．畜禽养殖环境控制与通风降温．中国农业出版社，2007：28.

自然通风多适用于小型养猪场，或农户，而从环保角度来讲，自然通风可以减少设备制造和使用过程中的能耗，减少温室气体排放，对于生态保护有重要意义。

(2)影响自然通风的因素　自然通风换气的换气量受许多因素影响，例如：风速，风向与猪舍角度，舍内外温差，进风口和排风口的面积、形状、位置分布。

Bodman 建议温带地区的自然通风畜舍设计参数如下：①屋脊线与主导风向夹角小于45°；②屋顶坡度为 4∶12；③侧墙通风口高度大于 1 m，宽 20 m。④侧墙要有足够的高度且经常清扫(Bodman 等，1983)。

Bickert 研究表明，自然通风受自然风速的影响很大，冬季的平均风速要高于夏季，白天的风速要高于夜间(Bickert 等，1988)。为此采取自然通风的猪舍建造时，应把猪舍建在空气流通较好的地方；猪舍之间的距离一般为猪舍屋檐高度的 3～5 倍；猪舍要有足够大的进风口和排风口，以利于形成穿堂风；猪舍应有天窗和地脚窗以利于增加通风量。尽管自然风向多变且难以控制，但它可能对机械通风系统有相当大的干扰作用，自由对流的存在很可能是导致机械通风系统效果不佳的主要原因之一。

排风管一般为圆形或正方形断面，可使空气的流动阻力最小。方形排风管的边长应大于 0.5 m，圆形则应大于 0.5 m。根据猪舍跨度，可以每个开间设置 1 个排风管或 2 个开间共用 1 个排风管。排风管高度应不低于 4 m，顶端至少要高于舍顶 0.6 m 以上，顶端上部要安装风帽。排风管暴露在舍外部位的管壁要敷设保温材料，以保持排风管与舍外有较高的温差，从而提高排风能力。目前，猪场多用无动力风机代替排风管。

自然通风效果会受到猪舍间距离的影响，故育肥期猪舍至少要间隔 15～18 m 为宜，猪舍内部通常每 12 m 跨度至少 4～6 m 的高度。通风口的大、小要随着气候变化不断调节，防止贼风刮入，造成猪的腹泻疾病；还需要注意通风口的遮挡，防止鸟类飞入猪舍。

2. 机械通风

(1)机械通风原理及优缺点　机械通风方式多用于密闭式、跨度较大猪舍。优点是可以依据不同气候、不同种类或猪只大小设计理想的通风量和舍内气流速度，方便温度控制；缺点是建设成本高，又因为大部分机械设备须使用动力，所以，电费成本升高。

(2)机械通风类型　机械通风分 2 种形式：正压通风和负压通风。

一种为正压通风，适用于开放、半开放或封闭的猪舍。正压通风可以将猪舍内部的氨气、硫化氢等有害气味以正压的形式通过敞开或半敞开的门和窗排出，确保猪舍猪群有一个洁净、清新的环境，降低疾病感染风险，减少用药。降温、通风、换气一次性解决。

我国在“八五”和“九五”期间对正压过滤式通风技术方面进行了研究，将冬季通风与过滤有机的结合在一起。通过应用试验表明，正压过滤式通风系统在过滤粉尘和微生物方面效果显著。正压通风使用的局限性在于设备安装成本较高，其机组的使用寿命一般是 8 年。此外，夏季高温季节如果猪舍内温度达到 35℃以上后，正压通风的降温效果不再明显。

另一种为负压通风。负压通风通常与水帘降温联合运用，风机一般安置在猪舍一侧墙上，风机的运转可以将猪舍内的污浊空气抽出到舍外，使近风机一侧的空气减少，外部清洁空气从与安置风机的相对一侧经过水帘进入，从而达到降温换气之目的(图 6-3、图 6-4)。

负压通风在北方地区应用较多，河北廊坊地区一些猪场的猪舍采用负压通风，猪舍内通风风速控制在 0.1～5 m/s，换气速度控制在 30 s～25 min，可以将猪舍内温度控制在 28℃以下，换气率也可以控制在 98%(付新成，2016)。

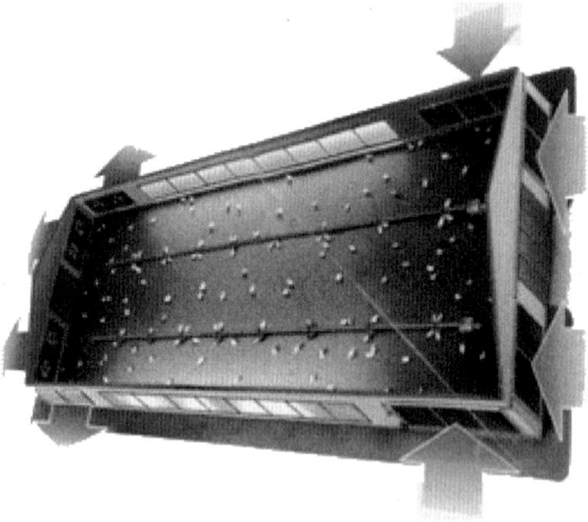

图 6-3 猪舍负压通风示意图

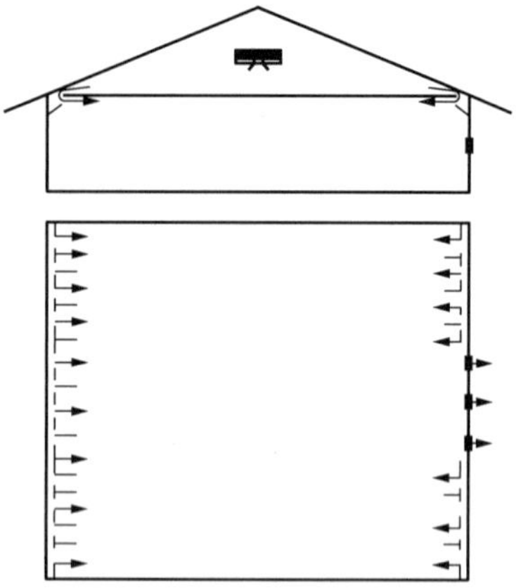

图 6-4 负压通风系统气流交换示意图

资料来源：董红敏，陶秀平．畜禽养殖环境控制与通风降温．中国农业出版社，2007：29.

负压通风的优势在于外界空气经过降温水帘才可进入猪舍，并且空气经过水帘可降低至5～10℃，在通风的同时就可以达到降温。负压通风也有自身的一些缺点，比如，广东省某猪场使用负压通风装置时，发现水帘需要经常更换，且猪舍内的湿度相对较大。此外，负压通风对猪舍的密闭性要求较高，如果猪舍密闭性不好则降温效果也不理想。负压通风对猪舍长度有要求，一般猪舍长度不超过 70 m，否则影响降温效果。

为使负压通风系统达到理想的通风效果，在其运行过程中，首先，必须保证猪舍的密闭性，迫使气流全部由进气口进入猪舍。其次，必须保证进气口的风速，进气口的气流射流速度越高，通风系统对舍内温度的控制效果就越好，舍内气流分布就越均匀。

目前，欧美等发达国家的畜禽养殖场，绝大多数负压通风系统（图 6-5）都采用自动控制进气口，并与风机的控制装置相连接，这样既可以根据舍内动物的数量及季节的变化调节通风量，也可控制进气口的气流速度。负压通风系统的典型代表是纵向通风，在现代规模化养殖场，尤其养鸡场的应用非常普遍。

图 6-5 猪舍负压风机

资料来源：荷德曼供图。

1983 年以来，我国在引进、消化、吸收的基础上，设计并研制成功了国产农用低压大流量高效节能轴流风机系列，于 1988 年通过农业部新产品鉴定，填补了我国低压大流量风机的空白。

猪场使用的风机可分为离心式（图 6-6）（刘卫东等，2012）和轴流式两种：离心式风机常用于阻力大、管路较长的系统中，如猪舍采用正压通风；轴流式风机在猪舍的夏季通风降温系统中得到广泛应用。畜牧业中常用的轴流式风机有螺旋式轴流风机、涡轮式轴流风机和翼式轴流风机(图 6-7)。这种风机通风量大、耗电少、维修方便,适合猪场长期使用。它对畜禽舍内纵向和横向通风均能适用,是当今室内养殖业理想的降温设备。

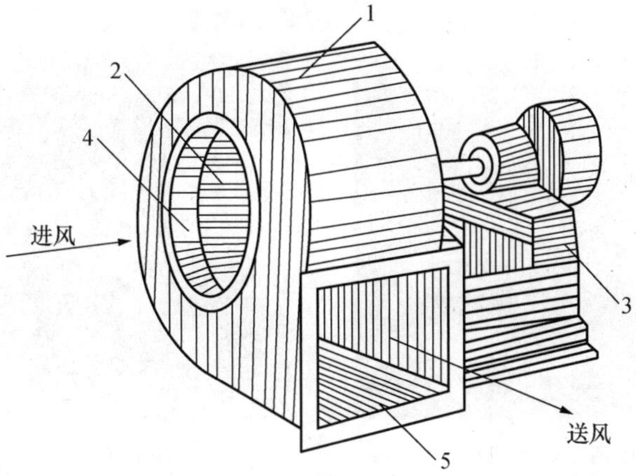

图 6-6　离心式风机

1. 蜗牛形外壳　2. 工作轮　3. 机座　4. 进风口　5. 出风口

资料来源:刘卫东,赵云焕. 畜禽环境控制与牧场设计. 河南科学技术出版社,2009:113.

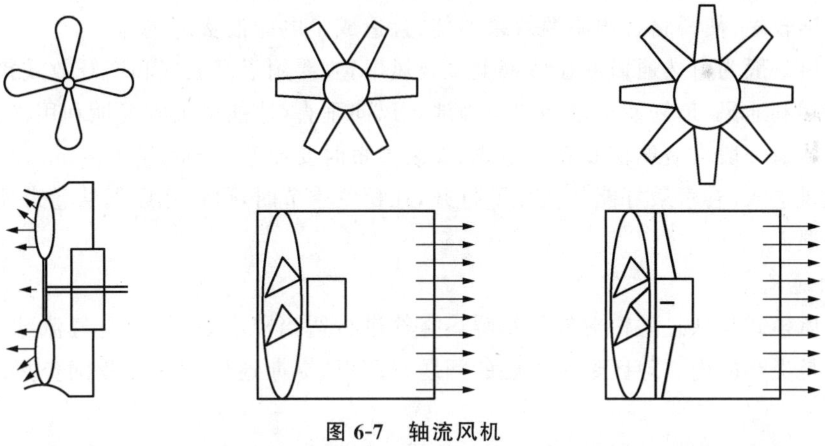

图 6-7　轴流风机

左:螺旋式轴流风机　中:涡轮式轴流风机　右:翼式轴流风机

资料来源:董红敏,陶秀平. 畜禽养殖环境控制与通风降温. 中国农业出版社,2007:61.

3. 联合通风

联合通风主要是机械送风和机械排风的通风换气方式,这种通风方式主要适用于一些高寒地区的猪场,其夏季需要通风降温而冬季则需要防寒保暖。

6.1.2.2　屋顶通风、横向通风和纵向通风

大部分中、小型猪场猪舍采用的通风方式分为 3 种:屋顶通风、横向通风和纵向通风。这 3 种主要是根据风机在负压通风中的安装位置来划分。

1. 屋顶通风

屋顶通风可大大降低舍内的废气浓度,确保猪舍内空气新鲜,减少呼吸道疾病等的发生率。对采用了地脚通风窗和漏粪地板的猪舍,外界新鲜凉爽空气从猪舍地脚通风窗进入直吹

至猪体，带走猪散发的热量和排出的废气，可起到明显的降温作用，特别是在夏季冲洗猪圈后效果尤为明显。屋顶通风可以选择在屋顶开窗、安装屋顶无动力风扇（图6-8）或安装屋顶负压风机（图6-9）等方式。

图6-8　屋顶无动力风机

图6-9　屋顶负压风机

2. 横向通风

该通风类型应用于地形较为狭长、不便于采用纵向通风的情况下。春秋季横向通风效果较好，与纵向通风相比，该通风模式的进出口距离短，对猪舍内通风风速要求更低。但由于猪舍的横向距离较短，使得猪舍内降温效果不佳，且造成了电能浪费。

横向通风一般为自然通风或在墙壁上安装风扇，主要用于开放式和半开放式猪舍的通风。为保证猪舍顺利通风，最好使猪舍朝向与当地主风向垂直，才能最大限度地利用横向通风。横向通风的进风口一般由玻璃窗和卷帘组成，安装卷帘时要使卷帘与边墙有8 cm左右的重叠能防止冬天贼风进入；卷帘最好能从上往下打开，在秋冬季节时，可以让废气从卷帘顶端排出，平衡换气和保温。

3. 纵向通风

纵向通风模式是通过湿帘对外界新鲜热空气进行适当降温，再加上空气流动产生的风冷效应。这也是炎热的南方地区最为关心的问题。所以，纵向通风模式在我国炎热的南方地区广泛采用。

纵向通风通常采用机械通风，并分为正压纵向通风和负压纵向通风2种。

正压纵向通风主要用于密闭性较差的猪舍；负压纵向通风则用于密闭性好的猪舍。通风时风扇与猪只之间要预留一定距离（一般1.5 m左右），免临近进风口风速过大对猪只造成不利影响。纵向通风猪舍长度不宜超过60 m，否则，通风效果会变差。资料表明，在北方夏季高温时，宜采用纵向通风模式。

自1988年我国研发了轴流风机后，结合砖混结构畜禽舍的特点，又研究并推广应用了纵向通风技术。将9FJ系列风机用于替换畜禽舍的原工业风机，结果节能40%～70%，噪声<70 dB，经在全国20多个省（自治区、直辖市）的畜禽场应用，在节约电能、减少设备投资和运行维修费用、降低噪声与改善舍内外环境等方面效果十分显著。

20世纪80年代末研究开发的畜禽舍纵向通风新技术，不仅解决了不同类型畜禽舍内通风死角问题、确保气流均匀性，还使畜禽场的净污区自然分开，对净化场区环境，减少栋舍间的相互感染，提高卫生防疫等效果显著（李保明，2002）。

6.1.2.3　垂直通风

最近几年,垂直通风模式才应用到猪舍中的一项新型通风技术,最早应用于欧洲的丹麦、荷兰和法国。由于猪舍采用垂直通风模式可以使外界新鲜空气流入猪舍内,具有良好的气流运动特征等,也引起我国业内人士的广泛关注,为我国猪舍通风系统的探索与推广提供了一个新的发展方向。2015 年江西增鑫牧业科技股份有限公司与法国 I—TEK 公司签订中法猪场合作示范项目,采用了世界先进的垂直通风模式。

6.1.3　猪舍通风管理的控制标准

猪舍的通风通常把通风换气量作为标准,其单位通常是 m^3/h,实际生产中常以每头,或每千克体重所需通风量来表示,即 $m^3/(h \cdot kg)$或 $m^3/(h \cdot 头)$,并根据通风换气参数(表 6-1)来确定猪舍的通风换气量。此外,在生产中也可根据换气次数,即在 1 h 内换入新鲜空气的体积为猪舍体积的倍数。来确定猪舍的通风换气量。一般来说,冬季换气应保持在 3～4 次,一般不会超过 5 次。当然,这种表示方法比较粗略。

表 6-1　猪舍通风量控制参数

猪只类型		风速/[$m^3/(h \cdot kg)$]		通风量/[$m^3/(h \cdot kg)$]		
		冬季	夏季	冬季	春、秋季	夏季
母猪	空怀期	0.3	1	0.35	0.45	0.65
	妊娠期	0.2	1	0.3	0.45	0.6
	哺乳期	0.15	0.4	0.3	0.45	0.6
仔猪	哺乳期	0.15	0.4	0.3	0.45	0.6
	保育期	0.2	0.6	0.3	0.45	0.6
育肥猪	生长期	0.3	1	0.35	0.5	0.65
	育肥期	0.3	1	0.35	0.5	0.65
种公猪		0.3	1	0.35	0.55	0.7

注:①猪舍通风量控制参数参照 GB/T 17824.3—2008。
②通风量是指每千克活猪每小时需要的空气量。
③风速是指猪只所在位置的夏季适宜值和冬季最大值。

6.1.4　不同季节通风模式

我国气候复杂多样,具有夏季高温多雨、冬季寒冷少雨的季风气候特征。东部的气候又可分为亚热带、温带和热带季风气候,西北部属温带大陆性气候,青藏高原属高寒气候。南方以热带和亚热带季风气候为主,夏季炎热多雨。北方以温带和温带大陆性气候为主,沿海地区为温带季风气候,夏季炎热多雨,冬季寒冷干燥,海洋性明显,北方内陆多为温带大陆性气候,大陆性明显,气温日较差比年较差大。

在春季和秋季,由于外界环境比较凉爽,温度不冷也不热,适合猪只生长,故使用自然通风模式即可。而在夏季和冬季,需使用机械通风模式,才能为猪提供更为舒适的生长环境。

6.1.4.1　冬季通风模式

北方冬季猪舍保温与通风是一对矛盾,能否解决这个问题,是养猪成功与否的关键。冬季适度的通风换气可将舍内大量污浊、潮湿的气体排出，从而保证猪群得以健康成长，减少呼吸道疾病的发生。

冬季户外温度较低，猪群的呼吸量将会减小，为了维持房舍内适宜温度，需要补充一定的热量(加热器)，同时还需要兼顾舍内有害气体的排放和氧气的补充。因为冬季通风量偏小，我国通常采用变速风机来维持整个系统；另外因为户外寒冷，舍内的新鲜空气也是很寒冷的，所以需要将进入舍内的空气进行预热处理并确保这些新鲜空气能够均匀地进入舍内并有效分布。

冬季自然通风有两种方法：墙壁开通风孔和天棚开通风孔。双列式猪舍沿纵向每隔8～10 m可设一个天棚通风孔，直径为50～80 cm；墙壁通风孔最好与天棚通风孔穿插对应，直径为20～30 cm。通气孔可安装翻板，调节通气量的大小。这种通风换气方式受外界气候影响较大。强制通风通过换气扇来达到猪舍内外的空气流通。操作时一般定点、定时，便于人工控制舍内换气及效果，受外界气候影响较小，实际中上述2种方式经常结合使用。

6.1.4.2 春秋季通风模式

春秋季户外温度忽冷忽热，猪群呼吸量随之变化，为了维持房舍内适宜温度，有时需要增加通风、有时需要减少通风，但是需要确保这些新进入的新鲜空气能够均匀地进入舍内并平均分布，同时排除舍内的有害气体。一般我们将这类通风模式称为温和通风。

春、秋季的气候介于寒冷与温热之间，白天的舍外，是猪群比较理想的环境。在大密度饲养的密闭猪舍内，仍然需要确认所进入的风是比较温和的，另外需要确定风量增加到猪群理想的要求，对在交换季节的过渡阶段，风量的变化显得很突然和不确定，此阶段的风有相当一部分是从屋顶进风窗下来的，当不足以满足舍内风量要求时，部分风可以从通风墙面PVC板的下降或者通风卷布的下降得到补充。

6.1.4.3 夏季通风模式

夏季户外温度很高，猪群呼吸量大大增加，为了维持舍内适宜温度，需要充分地为猪群降温，此时通风量将快速增加，舍内的有害气体和粉尘的排放也更加快速。这种环境下所需要的通风装置有：风机、水帘/喷雾、卷帘布等。针对大猪类型房舍(妊娠舍和育肥舍)较长时，人们习惯地将这类通风模式称为夏季隧道通风；针对小猪类型房舍(产房和保育)较短时，人们习惯地将这类通风模式称为夏季纵向通风。

总之，一个猪场猪舍通风换气效果取决于多方面原因，主要有如下几方面：①猪场周边自然生态环境的好坏。②猪场的地理位置，背风还是迎风。③气候位置、栏舍与风向的角度。④栏舍形式。⑤选用的通风方式等。因此，在建设栏舍时，不同样式的栏舍使用不同的通风换气方式，不同大小和种类的猪只使用不同方式，或者自然和机械通风方式有机结合，以最低的成本达到最理想的效果。

6.2 猪舍温度控制技术进步

6.2.1 温度对猪只的影响

适宜的环境温度对猪只健康及生产性能等方面都有利。而略高或略低的环境温度对猪的健康无不良影响，可提高猪的抵抗力，但饲料转换率降低。但是，环境温度过高或过低会对猪的健康产生明显的不良影响，降低猪的抵抗力和免疫力，诱发各种疾病，从而影响其正常生长。*Verstegen* 估测，环境温度每低于临界温度 1℃，生长猪(25～60 kg)每天需要额外增加 25 g 饲料，而对育肥猪(60～100 kg)，则每天需要额外增加 39 g 饲料(Verstegen MWA 等，1982)。

在高温环境中，猪的采食量降低，同时为加大散热而使猪的维持需要增加，其生长速度和增重也随之降低。研究与实践证明：热应激给养猪生产带来的影响十分不利。比如，种公猪在 33℃的高温条件下 72 h，其精液中精子活力下降，密度减低，畸形精子增加，使与配母猪妊娠率下降，胚胎成活率降低。繁殖母猪则发情推迟或不发情，造成窝产仔猪数减少。而育肥猪会食欲差，采食量降低，增重速度下降，当气温达 39℃时生长停止。

在低温环境中，猪的采食量增加但机体散热量也大大增加，为保持体温恒定，机体加快体内代谢以提高机体产生热量，这样猪的维持需要也明显增大，生长和增重也减缓。因此，在寒冷的冬季，尤其是北方，气温过低，猪舍必须采取防寒保温措施，以减少饲料消耗和疾病的发生。同时，寒冷也是仔猪成活的大敌，尤其是第一周。因此，初生仔猪保温差、需热多、产热少，所以对仔猪的保温就显得特别重要。

6.2.2　温度控制的依据及控制标准

大猪脂肪层厚，汗腺不发达，对高温适应能力差不耐热。仔猪体温调节能力差，再加上生下来周身又湿，失热较多；皮下脂肪层薄，被毛稀疏，保温能力差，且体表面积相对较大，体热调节机能不完善，因而对低温极敏感。因此，猪只表现为“大猪怕热，小猪怕冷”的特点。

猪舍要进行温控，主要是因为猪在各个生长发育阶段，体热调节机能具有不同特点。不同生长阶段的猪只，需要的适宜环境温度范围差异较大(表 6-2 和表 6-3)。

表 6-2　不同生理阶段的猪舍对温度的要求

不同猪舍	所需温度/℃	不同猪舍	所需温度/℃
空怀、怀孕前期母猪舍	14～18	仔猪 22～70 日龄	24～26
怀孕后期母猪	16～20	公猪舍	14～18
哺乳母猪	20～24	后备猪舍	15～18
仔猪 1～3 日龄	30～32	断奶仔猪	20～24
仔猪 4～7 日龄	28～30	育肥猪 25～60 kg	16～20
仔猪 8～21 日龄	26～28	育肥猪 60～100 kg	16～18

资料来源：冉建川，殷安全．新法养猪．重庆大学出版社，2014.

表 6-3　猪舍内空气温度和相对湿度

猪舍类别	空气温度/℃			相对湿度/℃		
	舒适范围	高临界	低临界	舒适范围	高临界	低临界
种公猪舍	15～20	25	13	60～70	85	50
空怀妊娠母猪舍	15～20	27	13	60～70	85	50
哺乳母猪舍	18～22	27	16	60～70	80	50

续表 6-3

猪舍类别	空气温度/℃			相对湿度/℃		
	舒适范围	高临界	低临界	舒适范围	高临界	低临界
哺乳仔猪保温箱	28～32	35	27	60～70	80	50
保育猪舍	20～25	28	16	60～70	80	50
生长育肥舍	15～23	27	13	65～75	85	50

注：①表中哺乳仔猪保温箱的温度是仔猪1周龄以内的临界范围，2～4周龄时的下限温度可降至26～24℃。表中，其他数值均指猪床上0.7 m处的温度和湿度。

②表中的高、低临界值指生产临界范围，过高或过低都会影响猪的生产性能和健康状况。生长肥育舍的温度，在月份平均气温高于28℃时，允许将上限提高1～3℃，月份平均气温低于－5℃时，允许将下限降低1～5℃。

③在密闭式有采暖设备的猪舍，其适宜的相对湿度比上述数值要低5%～8%。

④摘自GB/T 17824.3—2008。

6.2.3 猪舍保温控制的进展

6.2.3.1 猪舍保温

1982年张永春编写的《猪舍保温》中提道："寒冷地区的冬季的气候是造成生猪成活率低、增重慢、耗料多的一个重要因素。"因此，提出了"保温猪舍"的说法。它具有保温性能好、结构简单、生产效果高等优点。可见，至少从那时起我国的养猪业就已经很重视控制猪舍内温度了。猪舍的防寒保暖，主要包括猪舍保温设计和加强防寒保暖措施两大方面(张永春，1982)。

6.2.3.2 猪舍保温设计

猪舍保温与否与猪舍的构造、围护结构、保温材料的选择等都密切相关。

在不采暖的猪舍里，舍温来源于猪体和阳光放出的热量。这两部分热量共同作用，使舍温升高。而猪舍的围护结构又不断地将舍温向外扩散，使舍温下降。据报道，猪舍内的热量，有36%～45%是通过顶部散失，猪舍墙壁失热占35%～40%，地面失热占12%～15%。而猪舍的散热量，受猪舍的墙壁、门窗、屋顶、地面、风速及湿度等多种因素的影响。

1. 墙体保温

建筑材料导热性的大小与墙的保温性能呈负的线性相关，在厚度相同的情况下，砌墙材料的导热性小，则墙的保温性能强，材料的导热性大，则墙的保温性差。因此，选择导热性小的建筑材料，增加墙的厚度，改变墙的结构，保持墙壁严密无缝等，都是减少墙壁散热量，提高猪舍保温性能的有效措施。

(1)墙体类型及优、缺点　石墙的缺点是保温性能差。一般情况下，寒冷地区不适合采用。而适当增加墙的厚度，在墙的内外两面作抹灰处理，能提高墙的保温性能，土质墙的优点是就地取材造价低，保温性较好，实心砖墙的优点是结实、耐久、抗冻、抗火、保温性能好于石墙，不如空心墙与土墙。但是实心墙的厚度与它的保温性能呈正相关，墙越厚，保温性能越好；空心墙保温猪舍，其空心墙有内、中、外3层构成。外侧一层砌一砖厚，作承重墙；内侧一层砌半砖厚，作保温墙；中间留12～24 cm的空隙，用干锯末、稻壳、炉渣等保温材料填满，作保温层。空心墙的厚度有49 cm和62 cm 2种。为了增强空心墙的坚固性、耐久性，每隔2 m长砌一道砖拉筋(半砖厚)。砌筑49～62 cm厚的空心墙，与砌筑37 cm厚的实心墙相比，耗用的建筑材料基本相同，而保温性能，空心墙比实心墙提高1.5～2倍。这种墙适于修建各种猪舍。

(2)墙体的保温及材料　我国墙壁材料比较理想的是砖墙，水泥勾缝。现代猪舍多采用双层金属板中间加聚苯板或岩棉等保温材料的复合板作为墙体，其使用效果更佳。自“九五”(1996—2000年)以来，我国自行设计建造的邯郸富龙畜产产业有限公司种猪场采用轻钢结构、复合聚苯板彩钢板外墙及屋面等新材料，形成了与我国畜牧生产新工艺模式相配套的畜舍建筑型式。

墙体保温可分为内保温、外保温和夹心保温。猪舍建筑室内要经常喷洒消毒液，或冲水清洗，不方便采用内保温，因此，主要采用外保温和夹心保温，具体有以下几种。

①保温砂浆保温。主要用于建筑外墙保温，也可用于内墙，具有施工方便、耐久性好等优点。市面上的保温砂浆主要为2种：一种是无机保温砂浆(玻化微珠防火保温砂浆，复合硅酸铝保温砂浆，珍珠岩保温砂浆)；另一种是有机保温砂浆(胶粉聚苯颗粒保温砂浆)。在这几种保温砂浆材料当中，使用最多的则是玻化微珠保温材料和胶粉聚苯颗粒保温砂浆。

②保温板保温。将保温板材(EPS、XPS、岩棉板等)是由聚合物沙浆、玻璃纤维网格布、阻燃型EPS或XPS等材料复合而成，集保温、防水、饰面等功能于一体。

③发泡剂喷涂保温。使用最多的为聚氨酯喷涂保温，达到国家A级标准防火性能，高温下不融化、无滴落物、低烟雾，尺寸稳定性好，具有良好的保温节能效果，做到了防火和节能性能的统一。

2. 门窗保温

增加猪舍的窗户面积，能增加舍内的产热量。窗户形状，一般多采用正方形，既照顾了采光，又照顾了猪舍的高度。同时，立式窗比卧式窗采光好，但立式窗对猪舍的保温不利。玻璃的颜色和洁净度对窗户的采光影响很大，污脏的玻璃能阻止15%～50%的光，结冰的玻璃可阻止80%的光。所以，冬季清除玻璃窗上的灰土污物，是增加舍内照度、增加阳光散热量的重要措施。同时，猪舍应少开北窗，多开南窗，最好设双层窗。将北窗封堵严实有很好的保温效果。为保障猪舍冬天不受冷风侵袭，应在迎风面的门外加设门斗，或加上防风幛子，栽植防风林带效果更佳。

猪舍在设计时尽量减少门窗的面积这样有利于保温及隔热。有的环控型栏舍根本不设窗户，但可能会出现因母猪缺乏自然光照而影响正常发情的情况。门窗本身的材料，也会影响保温效果，现时有专用的保温门窗，门板有专业的保温夹层，窗户也使用双层中空玻璃，保温性能可望有较好的保证。

3. 吊顶及屋顶保温

屋顶起遮挡风雨和保温隔热的作用，要求坚固，有一定的承重能力，不漏水、不透风。猪舍加设吊顶，可明显提高其保温隔热性能。随着建材工业的发展，许多新型材料如玻璃棉、聚苯乙烯泡沫塑料等，已在猪舍屋顶和天棚中得到应用，这些新型材料质量轻、热阻大、保温效果好，使得屋顶保温能力进一步提高，为解决寒冷地区冬季保温问题提供了可能。

(1)吊顶保温　吊顶可以方便通风、保暖与隔热。环控型栏舍还设有专门的吊顶保温层，使用的材料要求质轻并阻燃，大致分2大类：一种是用棉类的保温板，如岩棉板、硅酸铝棉板、离心玻璃棉板，不环保对人体有害，但相对要便宜；另一种是无机保温材料，如复合硅酸盐。环控型栏舍为了保证保温效果和美观一般使用夹心板，单侧彩钢，另一侧为PVC，中间为阻燃性保温材料，比如，岩棉等。

(2)屋顶保温　与吊顶保温材料相似。现代环控形屋顶一般使用钢结构，可以使用岩棉板等做夹层或直接使用新型无机保温材料直接在屋内顶上喷涂，厚度只有 2～3 cm，无需辅助材料。也可使用阻燃性泡沫夹心彩钢板。

4. 地面保温

猪舍的地面类型对猪舍的保温性能及猪的生产性能有较大的影响。以前农家化养殖多采用土质地面。土质地面、三合土地面（石灰：沙子：泥土为 30%：45%：20%）和砖地面保温性能好，但不坚固、易渗水，不便于清洗和消毒。水泥地面坚固耐用、平整，易于清洗消毒，但保温性能差。目前，猪舍多采用水泥地面和水泥漏缝地板，为克服水泥地面传热快的缺点，在地表下层用空隙较大的材料（炉灰渣、膨胀珍珠岩、空心砖等）增强地面的保温性能。

5. 保温材料

1980 年以前，中国保温材料的发展十分缓慢，但之后特别是近 20 年，中国保温材料工业高速发展，已形成以膨胀珍珠岩、矿物棉、玻璃棉、硅酸钙、泡沫塑料、硬质聚氨酯等为主的品种比较齐全的产业。下面对使用相对广泛的材料进行简单介绍。

（1）膨胀聚苯板（EPS 板） 导热系数为 0.037～0.041，保温效果好，价格便宜，强度稍差。

（2）挤塑聚苯板（XPS 板） 导热系数为 0.028～0.03，保温效果更好，强度高，耐潮湿，但价格较 EPS 贵，施工时表面需要处理。

（3）岩棉板 导热系数为 0.041～0.045，防火，阻燃，但吸湿性大，保温效果较差。

（4）胶粉聚苯颗粒保温材料 导热系数为 0.057～0.06，阻燃性好，回收废品原料制成，价格便宜，但保温效果不理想，对施工要求高。

（5）珍珠岩保温浆料 导热系数为 0.07～0.09，防火性好，耐高温、保温效果差，吸水性高。

（6）聚氨酯（PIR）发泡材料 导热系数为 0.025～0.028，防水性好，保温效果好，强度高，价格较贵。

6.2.3.3 猪舍保温措施

以前，我国农村小规模猪舍多在入冬前用木板、草帘，或塑料薄膜等把猪舍漏风的地方遮挡堵严，防止冷风侵入；夜间在猪舍前吊上帘子，以保暖御寒；在猪舍北墙外，西北方向堆积玉米秸秆，或设置防风墙，以防止西北风侵袭猪舍。冬季在猪床上加铺厚度为 20 cm 左右的软干草、软秸秆等，可以起到吸湿、除潮、吸收有害气体、提高猪床温度等作用。在猪圈内铺上厚度为 10 cm 左右的锯木屑，能明显提高猪舍温度，同时，经过发酵也是优质的农作物肥料。

1. 塑料大棚

传统养猪时，农户常在寒冷的冬季到来之前，用 1～2 层塑料薄膜将猪舍罩封起来，形成封闭状态，过冬后再打开。塑料薄膜气密性好、透光性好且成本低，是北方冬季对简易舍进行改造，经济实用、简便易行、防寒保暖、增加效益的有效措施。因此，在北方地区得到了广泛应用。

塑料大棚养猪的理论依据是“温室效应”，使棚舍内增温、保温，并经人工调控，创造出适合猪繁殖、生长发育的“小环境”气象条件。大棚形状可以是全拱形（舍顶全部用薄膜拱棚覆盖）、半拱形（舍顶的向阳面用薄膜拱覆）或坡形（舍顶的向阳面用薄膜平覆）（王宏等，2005）。

据测定，冬季塑料大棚猪舍内的温度平均在 13.5℃，最低温度也维持在 8℃以上，同开放式猪舍相比，猪的日增重平均提高 200 g 以上。敞圈对照组日增重为 150 g，而塑料大棚内的试验组日增重则为 438.3 g，效果十分明显（霍克民等，2007）。与其他防寒措施配套，饲喂同样的料，当舍外最低温度为－36℃时，塑料大棚内可保持在 6℃左右。

2. 供暖保温

供暖系统按照热媒的不同可以分为：热水供暖系统（图 6-10）和热风采暖系统。

图 6-10　热水供暖系统：锅炉、泵

资料来源：荷德曼供图。

热水供暖系统使用无压力热水炉或锅炉将水烧至设定温度后，给地暖或散热片加温，加热猪舍的空气，保持舍内适宜的温度。热风采暖系统则是通过加热空气或直接输送热空气来供暖。

目前，猪舍已采用燃油热风机、热风炉、烘干热风炉、电热暖风机、水暖加湿机等加温干燥系统。热风机可用于猪舍保育舍加温，作为辅助热源或临时热源，起到除湿、净化空气、预防呼吸道疾病的作用。近年来，正压管道送风技术被引入畜禽舍内，即使用暖风机和热风炉将引进舍内的新鲜空气先经加热后再送到畜禽舍内。这可以使供热和通风相结合，从根本上改善了寒冷季节畜禽舍内的环境。为了满足分娩舍哺乳仔猪对较高温度的需求，常采用局部采暖，主要有以下几种。

（1）保温箱和加热器（图 6-11）　保温箱通常用水泥、木板或玻璃钢制成；加热器主要是电热保温板和红外线灯。仔猪保温箱能保持仔猪生活环境温度为 30～32℃。

图 6-11　保温箱和加热器

资料来源：荷德曼供图。

（2）电地暖　过去一般使用可移动电热板，但由于导线接口部分很容易损坏，使用并不方便。现在多在栏舍建设阶段做预埋，预埋的材料也由原来的电热丝改为碳钎维，安全性耐用性有较大提升。保育舍躺卧区及分娩舍仔猪活动区可以采用碳钎维地暖。

3. 提高猪舍的密闭性

猪舍的气温受舍内封闭程度以及饲养密度影响。开放舍和半开放舍，舍内气温与外界差异不大，只是让猪只避免了寒风和太阳辐射的直接侵袭。封闭式猪舍，舍内气温受饲养密度和猪舍保温性能，以及人工调节气温程度的影响，可以通过保温隔热等人工办法，让舍内气温控制在合理的范围内。在封闭舍内的不同位置，也存在气温的差异。舍内水平面上的中央部位和垂直面上的中上部位气温较高，舍内跨度越大，空间高度越大，差异越显著。

4. 增加饲养密度

饲养密度是单位面积饲养动物的数量，作为养殖的重要参数之一，饲养密度直接关乎到养殖的成本、利润，饲养动物的疾病、健康、福利和饲养方法。在不影响饲养管理和舍内卫生的情况下，可适当加大饲养密度，增加舍内产热量。

6.2.4 猪舍降温控制的进展

我国生猪产业的主要分布区域是夏季比较炎热的南方地区。由于温室效应引起全球性升温，炎热季节延长，且国内南方大部分地区最高气温都突破了40℃大关，所以猪舍降温尤其重要。此外，降温与通风又密切相关。

6.2.4.1 降温措施

为了猪舍防暑降温，还可通过改善猪舍设计、加强隔热设计来达到目的。

在南方或盛夏，要控制饲养密度，以减少舍内产热量。建舍时，应多设窗户，以加强自然通风的力度。必要时也可用机械强制通风。

隔热可通过猪舍的屋顶和四周的墙壁来实现。夏季强烈的太阳光直射屋顶，为提高屋顶的隔热性能，可采取以下两方面的措施：将屋顶涂为浅色或涂反光材料，可减少热量向舍内的传递，猪舍内吊天棚，在天棚和屋顶之间形成空气层，形成热的不良导体，热量便不会传入舍内。对于屋顶采用泡沫塑料板加彩钢板的猪舍，夏季降温可在北墙安装水帘、南墙安装风机向南负压排风，也可在北墙安装冷风机（水帘加送风机）。增加墙壁的隔热性能可通过将墙壁涂为浅色、增加墙壁厚度和使用空心砖等措施来实现。

6.2.4.2 常见降温系统

1. 低温栖架及冷枕头

在规模化限制饲养条件下，当动物受到高温应激时，机体散热方式首先表现为传导散热。于是，学者们根据高温时猪外周皮温高及猪好躺卧的特性，研究提出低温栖架及冷枕头的局部传导降温方法（图6-12）。栖架主要适用于禽类，冷枕头用于猪只。

Harrison等发现当母猪使用冷枕头中通以(20±3)℃的低温循环水后，其使用频率从

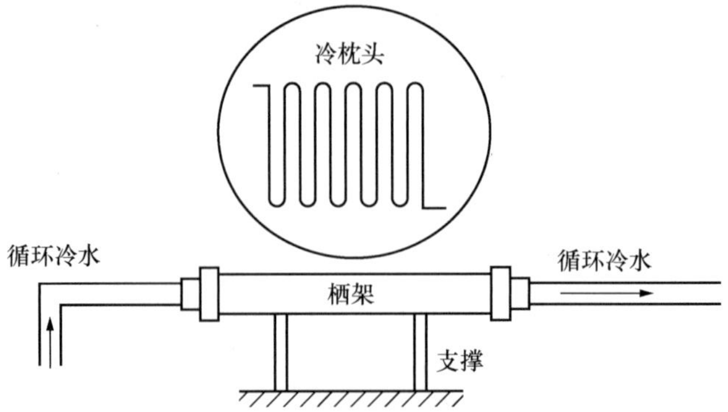

图6-12 栖架和冷枕头降温系统组成

资料来源：董红敏，陶秀平．畜禽养殖环境控制与通风降温．中国农业出版社，2007：94.

12%上升到 32%，使分娩猪的断奶仔猪数增加 1 头（Harrison 等，1993）。Bull 等对成年母猪进行不同降温对比试验，结果表明冷水枕头的效果最佳(Bull 等，1997)。李保明等对地下冷水地板的局部降温研究表明，当室外气温为 27～34℃时，躺卧区地板温度维持在 22～26℃，基本满足了猪躺卧的要求(李保明等，2004)。

2. 体表喷淋

为了弥补猪先天无汗腺的不足，科学家们研究提出了体表喷淋降温方法，它是高温季节非常有效的人工降温方法。Baccari 等在平均气温为 35.8℃时，对青年母猪进行体表喷淋降温，每小时喷 2.5 min，使母猪的呼吸频率降低 25 次/min，直肠温度降低 0.2℃(BaccariJr F 等，1993)。

从其系统组成结构上看，除了不需要高压外，其他几乎与喷雾降温一样。但是，两者却还有很大的差别，蒸发降温是通过水分的蒸发使环境温度下降，而喷淋降温则是利用动物出汗散热原理，将较大水滴直接喷到动物的体表，有较多的水穿透被毛到达动物的皮肤表面，水分的蒸发直接带走动物的热量，帮助动物散热。体表淋喷还能与强制通风相结合形成体表喷淋降温系统。

3. 滴水降温系统

滴水降温系统是将水滴到动物耳后颈背部，该部位血管分布多，血液流量大，把大量的体热带到皮肤，体表皮温较高，水滴到颈背部后通过传导作用吸收部分体热；同时正压风管将高风速的风送到动物的颈背部，加快该部分水分的蒸发，水分蒸发过程要吸收一部分体热，使动物身体保持凉快，达到一定的降温目的。

Nichols 等给分娩栏安装流量为 3 L/h 的滴头对母猪颈背部进行间接滴水降温，同时供给 1.4 m^3/min 的通风量，当环境温度到 28℃时启动系统能有效缓解母猪的热应激(Nichols DA et al.，1983)。全炳昭等对母猪进行连续滴水可使母猪的呼吸频率降低 36.6 次/min，体温下降 0.9℃，日采食量增加 0.7 kg，增加 17.5%，仔猪的断奶存活率增加 8.6%，断奶窝重增加 6.87 kg(全炳昭等，1993)。

滴水降温系统由滴水和送风两部分组成。系统的送风部分有不同的方式，包括自然通风、纵向通风、循环风机或局部正压送风。滴水部分由过滤器、电磁阀、恒温器、控制器、水管和滴头组成，该部分的总体布置如图 6-13 所示。根据国外经验每个滴头提供的水量为 2～3 L。滴

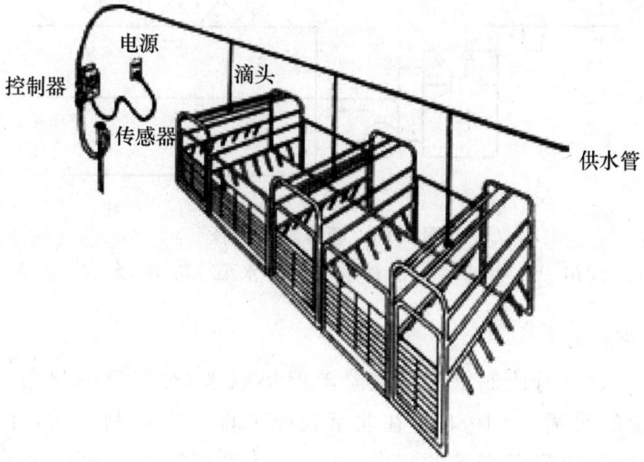

图 6-13　滴水降温系统中滴水部分组成结构图

资料来源：董红敏，陶秀平．畜禽养殖环境控制与通风降温．中国农业出版社，2007：118.

水的量以动物体不要过湿为原则。

4. 喷雾降温系统

Wilson 等研究发现喷雾蒸发降温可使舍内温度下降 3.3～4.4℃(Wilson JL 等,1983)。它是一种蒸发降温方法。由喷雾和送风 2 部分组成。由于通风的强制对流能加速水分的蒸发,同时也有一定的排湿作用,因此,送风是喷雾降温系统中必不可少的组成部分。但喷雾降温系统中的喷雾部分和通风部分通常是独立运行的,喷雾量与通风量并没有直接关系。喷雾系统由于舍内湿度较大,且因喷头质量和水需处理等原因,目前国内的畜禽舍采用不多。

我国在 1990 年已经采用喷雾降温设备、水冷式空气冷却器以及进气口蒸发冷却器(图 6-14)以及由压缩机、冷凝器、膨胀阀和蒸发器构成的机械制冷设备(图 6-15)。我国曾使用过的国产 9PJ—3150 型自动喷雾降温设备(图 6-16)。喷雾能使空气湿度提高,故在湿热天气不宜使用。喷雾时,舍内相对湿度为 70%条件下,气温可降低 3～4℃。

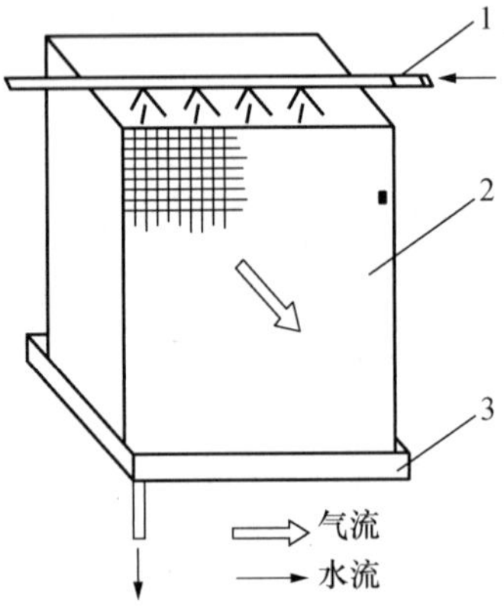

图 6-14 进气口蒸发冷却器

1. 喷水管 2. 刨花箱 3. 回水盘

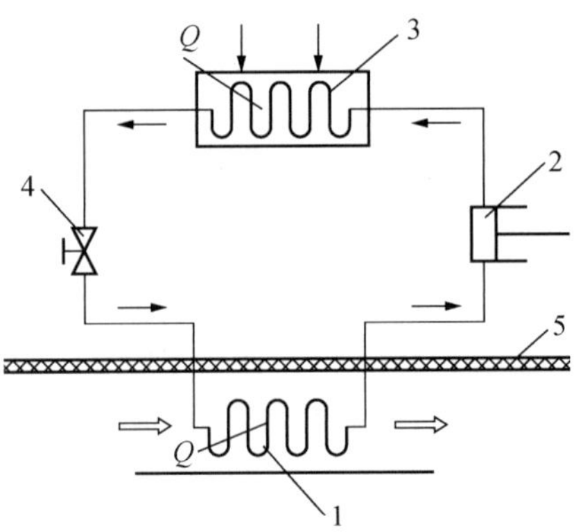

图 6-15 机械制冷设备

1. 蒸发器 2. 压缩机 3. 冷凝器 4. 膨胀阀 5. 舍隔墙

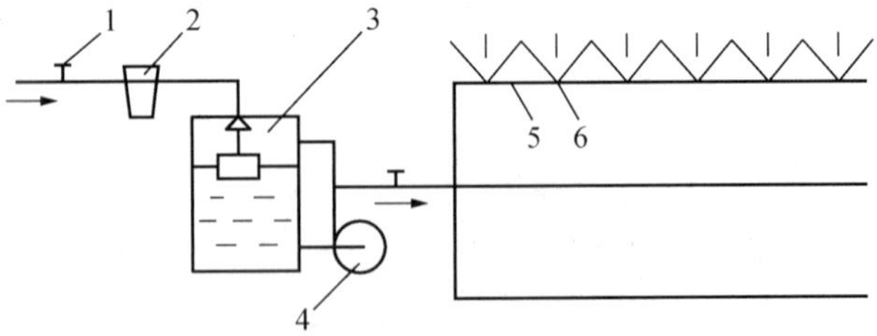

图 6-16 喷雾降温设备

1. 阀门 2. 过滤器 3. 蓄水箱 4. 水泵 5. 喷管 6. 喷嘴

5. 湿垫蒸发降温系统

我国自 1983 年开始自行研制纸质蒸发降温湿垫以来,对湿垫的材料、结构及其强度与性能等进行了深入系统的研究,于 1988 年在北京农业工程大学研制成功,并通过农业部新产品鉴定,填补了我国纸质湿垫降温产品的空白,并与 9FJ 系列风机一起被列入国家级新产品向全国推广应用。湿垫降温与纵向通风结合采用,基本可确保高温季节畜禽的正常生产。因此,湿垫蒸发降温系统则以其降温效率高,系统造价与运行费用较低等特点,受到广大用户的欢迎。

6. 湿帘风机降温系统

在干燥气候条件下，湿帘风机系统能使舍内外气温差达到 3～6℃（纽银花等，1989）。当舍外环境温度为 32℃时，该系统能使舍内温度平均降低 3.9℃，但只适用于密闭式畜禽舍（Bottcher RW 等，1992）。该系统在气候干燥地区的效果最为理想，在喷水降温不适用的地方可考虑该系统。

湿帘—风机降温设备由湿帘、风机、循环水路和控制装置组成。工作时，水泵将水箱中的水经上水管送至喷水管再到达疏水湿帘，确保水均匀地淋湿整个降温湿帘墙，从而保证与空气接触的湿帘表面完全湿透。安装在猪舍另一端的轴流风机向外排风，使舍内形成负压区，舍外空气穿过湿帘被吸入舍内。空气通过湿润的湿帘表面导致水分蒸发而使温度降低。

最常用的是纸质湿帘，由经过树脂处理并在原料中添加了特种化学成分的纤维纸黏结而成，具有耐腐蚀、使用寿命长、通风阻力小、蒸发降温效率高、能承受较高的过流风速、安装方便、便于维护等特点。

多年的实践证明，湿帘风机降温系统（图 6-17）是炎热气候下规模化以及标准化养猪场最有效的通风降温方法，能有效解决高温闷热、猪粪水散发出臭气、空气污浊等问题。

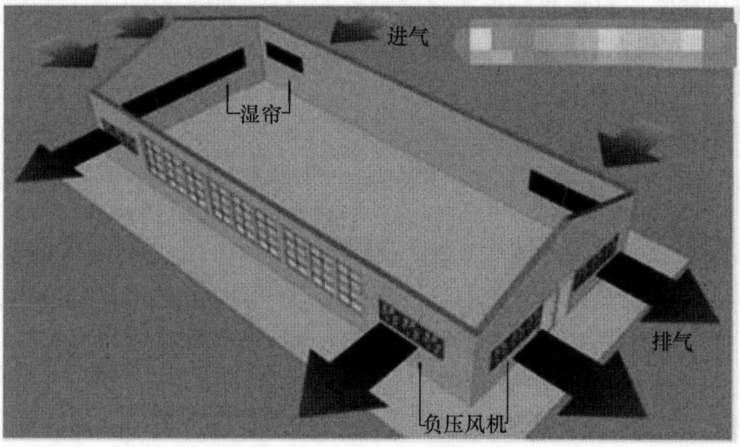

图 6-17　湿帘风机降温系统

猪舍还采用大型畜牧风机、环流风机、屋顶自动通风机等降温系统。水帘、冷风机、手推式加湿风机、高压雾化线等加湿系统，有条件的猪场还安装了畜用空调。并且目前所有风机均由温控器或时控器来控制运转。

6.3　光照技术进步

6.3.1　光照在养猪生产中的作用

阳光中红外线可穿透皮肤达几厘米，使深部组织升温，促进皮肤血液循环，加速新陈代谢和细胞再生。因此，适当接收太阳热辐射，不仅能让猪感觉到舒爽，而且有一定的杀菌和促进细胞成熟的作用,同时也能杀灭或抑制某些喜阴性寄生虫,从而降低皮肤病的发生率。

接受适当的紫外线照射,能够使皮肤中7-脱氢胆固醇转变为维生素D_3,促进肠道对钙吸收以及骨骼生长发育,以及对佝偻病的预防作用。另外,紫外线同时也有促进体内代谢的作用,能够增加猪生产力以及饲料转化率,而且紫外线还能够杀死细菌以及病毒真菌,同时还可增强免疫力。但照射过量的紫外线会引起猪皮炎等疾病。

光照时间、光照强度以及光照制度等光环境参数都是影响生猪生产的重要环境因素,可以直接或间接影响生长发育、生产性能、繁殖性能。不同生长阶段以及生理阶段的猪对光照的要求也不同。现简单介绍光照对公猪、母猪、仔猪、生长育肥猪的影响及其管理措施。

6.3.1.1 光照对公猪的影响

光照对公猪的影响主要表现在公猪的性欲以及精液的品质上。在一定的范围内,适当延长光照时间可以增强公猪的性欲,而增加光照强度对于提高公猪的精液品质有一定的促进作用。研究表明,对20周龄的小公猪进行延长光照时间的处理,生长发育到26周龄时,其中,73%的公猪即可采精,延长光照时间可促进公猪的性成熟。当对种公猪的光照时间延长到15 h后,性欲可明显增强,在光照时间为8~10 h的条件下,光照强度从8~10 lx提高到100~150 lx,可使精液的数量和精子的浓度都有所提高(刘铁男,2017)。

6.3.1.2 光照对母猪的影响

1. 光照对妊娠母猪的影响

合理的光照可以加快母猪的生长发育速度,使性成熟提前。在母猪配种前以及妊娠期适当的延长光照时间,可以使性激素的分泌量增加,同时可增强卵巢和子宫的机能,从而使配种受胎率提高,利于胚胎的附植和发育,并且可以减少妊娠期胚胎死亡数,增加产仔数(苗玉涛等,2014)。如果母猪在光照强度较低或者黑暗的环境下饲养,卵巢的重量和机能都会下降,配种受胎率降低。增加光照强度可显著的提高产仔数、仔猪的初生重以及断奶重(李峰,2012)。研究表明,当光照强度从6~8 lx增加到70~100 lx后,产仔数会增加4.5%~8.5%,初生窝重增加4.5%~16.7%,断奶窝重提高到5.1%~12.2%。

自然光照的时间会随着季节的变化而呈现规律性的变化,这也是不同季节母猪的繁殖力不同的主要原因。有研究表明,冬至后,母猪配种受胎率会随着日照时间的延长而下降,直到6—8月达到最低,在8月后,随着日照的缩短,母猪的配种受胎率会逐渐升高。因此,可以根据自然光照对母猪繁殖力的影响规律,进行合理的光照控制,才能有效提高母猪的繁殖性能。

2. 对哺乳母猪的影响

光照对哺乳母猪的影响主要表现在泌乳水平上。给哺乳母猪延长光照时间,同时,增加光照强度,可以刺激哺乳母猪分泌催乳素,而催乳素是促进乳汁分泌的重要激素,催乳素分泌旺盛的直接结果就是导致猪泌乳量的增加,这样就可以给仔猪提供充足乳汁,从而提高仔猪的断奶体重,增强仔猪的活力,提高仔猪成活率。

6.3.1.3 光照对仔猪的影响

在适宜的光照强度以及光照时间下,可使仔猪的断奶重有所提高,这不仅是因为合理的光照增加了哺乳母猪的泌乳量,还由于光照可直接对哺乳仔猪产生影响。通常在高照度下,仔数的断奶重要高于低照度环境下。另外,适当的延长光照时间还可以减少哺乳仔猪患肠胃炎的几率,使死亡率下降,从而提高哺乳仔猪的日增重。由于在黑暗的环境下断奶仔猪不会进食,因此增强光照强度和延长光照时间可提高断奶仔数的采食量,从而提高日增重,提高饲料的转化率,进而提高断奶仔猪的健康度,增加了断奶仔猪的生长速度,减少仔数的患病概率,降低仔猪的死亡率。

6.3.1.4 光照对生长育肥猪的影响

虽然光照对于育肥猪的影响不大,但是适当增加光照强度可在一定程度上起到提高育肥猪的生长速度、增强育肥猪抵抗力的作用。研究表明,适当的光照强度可将饲料利用率提高3%,日增重提高4%。但过高的光照强度反而对育肥效果不利。因为会影响猪的休息,而增加了活动量,从而使体能消耗增加。育肥猪的光照管理一般要求不影响猪的正常采食,并便于日常的饲养管理即可。通常生长育肥猪最适宜的光照强度为40～50 lx。

6.3.2 光照控制标准

猪舍的光照分为自然光照和人工照明。虽然光环境是猪舍环境的重要组成部分,但是对猪舍光环境进行系统研究的并不多,也没有比较清楚可行的照明建议指标。

开放式猪舍或半开放式猪舍以及有窗猪舍都靠自然光照。自然采光常用窗地比(有效透光面积与舍内地面面积之比)来确定猪舍窗户的面积。一般情况下,妊娠母猪和育成猪舍的窗地比为1∶(12～15),育肥猪为1∶(15～20),其他猪群为1∶(10～12)。通常,炎热地区的南、北面积比为(1～2)∶1,夏热冬冷地区和寒冷地区其面积比可为(2～4)∶1。此外,窗户的数量、形状和位置,也关系到舍内的光照是否均匀。

在窗户的面积一定时,应酌情多设窗户,沿纵墙均匀设置,合理确定窗户的上、下沿的位置,才能保证猪舍内光照分布相应地比较均匀。对不要求直射光透照地面的猪舍,窗户的位置根据窗口的入射角、透光角的要求,并考虑纵墙高度等来确定。自然采光猪舍入射角要求不小于25°,透光角要求不小于5°。

窗户的形状对采光也有明显影响。"立式窗"即竖长方形窗户,在舍内纵向方向较差,但进深方向光照均匀;"卧式窗"即横长方形窗户,纵向光照均匀,跨度方向光照较差;方形窗居中。

封闭式猪舍必须靠人工光源照明,自然光照猪舍也需设人工照明,以作为短日照季节的补充光照或作晚间工作照明。人工照明设计应保持猪床照度均匀,满足猪群的光照需要。杨公社指出,各类猪的照度需求如下:妊娠母猪和育成猪50～75 lx,育肥猪35～50 lx,其他猪群为50～100 lx(杨公社,2002)。无窗式猪舍的人工照明时间,育肥猪为8～12 h,其他猪群为14～18 h。养猪业较发达的国家,比如,美国和加拿大猪舍光照标准见表6-4、表6-5。

表 6-4 美国农业生物工程学会标准建议猪舍光照指标

猪舍类型	光照强度/lx	光照时间/(h/d)	备注
配种舍/后备舍	>100	14～16	对发情很有必要
妊娠舍	>50	14～16	刺激发情
分娩舍	50～100	8	如果没烤灯,建议24 h有照明
保育舍	50	8	24 h有照明
育肥舍	50	8	

注:分娩和保育舍夜晚光照强度调低。

表 6-5 加拿大建议猪舍光照指标

猪舍类型	光照强度(FC 英尺烛光)	光照强度/lx	光照时间/(h/d)
配种舍	10～15	108～161	14～16
妊娠舍	≥5	≥54	14～16
分娩舍	10～15	108～161	8
保育舍	5～15	54～108	8
育肥舍	5	54	8

高岩曾结合美国养猪专家 Donald G. Levis 教授的建议，提出了猪舍光照的指标(表 6-6)(高岩,2015)。

表 6-6 猪舍光照指标

猪舍类型	光照强度/lx	光照时间/(h/d)	猪舍类型	光照强度/lx	光照时间/(h/d)
后备舍	270～300	10～12	分娩舍	50～100	8～10
配种舍	150～200	10～12	保育舍	50	8
妊娠舍	50～100	8～10	育肥舍	50	8

6.3.3 猪舍照明设备选择与安装

人工光照的强度与灯具种类、功率、清洁度、灯罩、灯具高低及平面布置等相关(表 6-7)。

生产中常用的照明光源是白炽灯和荧光灯。此外，也常用紫外线消毒灯、红外线和远红外线加热保温灯。白炽灯发出的光谱中，可见光只占 10%～40%，红外线占 60%～90%。而荧光灯发出的光谱中，可见光占绝大部分，其发光量是同功率白炽灯的 3 倍。白炽灯的光效只有荧光灯的 1/7～1/4，但现阶段白炽灯的寿命是荧光灯的 7～8 倍。荧光灯耗电量比白炽灯少，而且光线比较柔和，不刺激眼睛，但造价高，寿命短。灯的高度直接影响地面的光照强度，灯越高，地面的照度越小。一般灯具的悬挂高度为 2～2.4 m。为了使舍内照度比较均匀，应适当降低每个灯的瓦数，而增加灯的个数。使用灯罩可使光照强度增加 50%。质量差的灯泡可减少 30%的光照强度。清洁程度较差的灯泡发出的光照强度比干净灯泡可减少 1/3。

表 6-7 猪舍光照常用电光源的特性

光源种类	功率/W	光效/(lx/W)	寿命/h
白炽灯	15～1 000	6.5～20	750～1 000
荧光灯	6～125	40～85	5 000～8 000

资料来源：赵云焕，刘卫东．畜禽环境控制与牧场设计．河南科学技术出版社，2007.

6.3.3.1 灯具数量计算

灯具总的光通量＝面积×光照强度÷利用系数。以育肥舍为例，育肥舍尺寸为长 60 m，宽 12 m，总面积 720 m^2，吊顶高 2.4 m，光照强度要求为 50 lx；利用系数：猪舍一般是 0.5。那么，灯具总的光通量=720 m^2×50 lx÷0.5=72 000 Lm。而 1 个 36 W 普通直管荧光灯(冷白光)的光通量是 2 200 Lm，则大致需要 33 个。

6.3.3.2　灯具类型的选择和安装

猪舍以前的照明灯具多采用白炽灯。由于白炽灯节能性能差，基本已淘汰。目前，猪舍中主要使用的节能灯和直管荧光灯都有较好的节能性。比如，T8 型标准直管荧光灯或 LED 灯。

无论是节能灯、直管荧光灯或者 LED 灯都最好配备可靠的三防灯罩(图 6-18)(防水、防尘、防腐)。由于使用三防灯罩不利于散热，可能会使部分灯具的使用寿命受到影响，因此，在灯具选择时要注意甄选。

图 6-18　常见的三防灯罩

灯具多采用吸顶方式安装。母猪在限位栏饲养时，为保证母猪眼部光照强度也有装在母猪头部上方的方式(图 6-19)。

图 6-19　灯具装在限位栏前端

资料来源：荷德曼供图。

综上所述，根据不同类型的猪对光照的要求要制定合理的光照制度，在建立猪舍时要充分的了解当地的自然光照条件，科学的建立开放式的猪舍。同时，现阶段很多猪场对于猪舍照明系统还未很重视。比如，大跨度全封闭猪舍自然采光不足；昏暗的舍内环境也不利于饲养人员对猪群的观察，导致很多问题无法及时发现等。

6.4 病原微生物控制技术进步

虽然，我国对猪病的防治工作取得了很大进展，但是猪病对我国现阶段养猪业的制约也日益明显。比如，猪流行性腹泻、猪伪狂犬病呈散发态势；猪丹毒、副猪嗜血杆菌病等条件性传染病。由于大量耐药菌株的产生，发病逐渐增多，病原多重感染的危害越来越突出，病毒性猪病种类越来越多，细菌性和支原体性疾病危害也十分严重等。我们应该把握、认清、分析疫病防控的发展趋势，减少经济损失，促进我国养猪业的稳定、可持续发展。

6.4.1 我国猪病原微生物分类

2005年5月24日，我国农业部颁布了第53号令，对动物病原微生物进行了明确地分类，该分类名录将动物病原微生物分为4类。

2012年5月25日，国务院办公厅印发了《国家中长期动物疫病防治规划(2012—2020年)》。该规划指出，到2020年，口蹄疫、高致病性禽流感等16种优先防治的国内动物疫病达到规划设定的考核标准，生猪发病率分别下降到5%以下。牛海绵状脑病、非洲猪瘟等13种重点防范的外来动物疫病传入和扩散风险有效降低，外来动物疫病防范和处置能力明显提高(表6-8)。

表6-8 优先防治和重点防范的动物疫病

级别	类型	具体名称
优先防治的国内动物疫病(16种)	一类动物疫病(5种)	口蹄疫(A型、亚洲Ⅰ型、O型)、高致病性禽流感、高致病性猪蓝耳病、猪瘟、新城疫
	二类动物疫病(11种)	布鲁氏菌病、奶牛结核病、狂犬病、血吸虫病、包虫病、马鼻疽、马传染性贫血、沙门氏菌病、禽白血病、猪伪狂犬病、猪繁殖与呼吸综合征(经典猪蓝耳病)
重点防范的外来动物疫病(13种)	一类动物疫病(9种)	牛海绵状脑病、非洲猪瘟、绵羊痒病、小反刍兽疫、牛传染性胸膜肺炎、口蹄疫(C型、SAT1型、SAT2型、SAT3型)、猪水泡病、非洲马瘟、H7亚型禽流感
	未纳入病种分类名录、但传入风险增加的动物疫病(4种)	水泡性口炎、尼帕病、西尼罗河热、裂谷热

6.4.2 我国猪常见的病原微生物

猪常见病原微生物大致可分为细菌、支原体、衣原体、螺旋体、病毒和寄生虫 6 种。

1. 细菌

细菌中的革兰氏阳性菌主要包括猪链球菌、葡萄球菌、丹毒杆菌、魏氏梭菌等；革兰氏阴性菌主要包括致病性大肠杆菌、多杀性巴氏杆菌、沙门氏菌、胸膜肺炎放线杆菌、副猪嗜血杆菌、支气管败血波氏杆菌、布鲁氏菌等。

2. 支原体

支原体主要包括猪肺炎支原体和猪嗜血支原体(附红细胞体)等。

3. 衣原体

衣原体主要包括鹦鹉热衣原体等。

4. 螺旋体

螺旋体主要包括猪痢疾蛇形螺旋体和钩端螺旋体等。

5. 病毒

病毒包括 DNA 病毒与 RNA 病毒，DNA 病毒主要有猪圆环病毒Ⅱ型、猪伪狂犬病毒、猪细小病毒等，RNA 病毒主要有猪繁殖与呼吸综合征病毒、猪瘟病毒、猪流感病毒、口蹄疫病毒、猪乙型脑炎病毒、轮状病毒、猪传染性胃肠炎病毒、猪流行性腹泻病毒等。

6. 寄生虫

寄生虫分体内寄生虫和体外寄生虫 2 大类；体内寄生虫主要有蛔虫、鞭虫、结节线虫、肾线虫、肺丝虫等，这几种体内寄生虫对猪机体的危害均较大；体外寄生虫主要有螨、虱、蜱、蚊、蝇等。常见的主要有蛔虫、囊尾蚴病、弓形体病、疥螨病和旋毛虫病。

6.4.3 猪病原微生物的防控

6.4.3.1 猪场安全体系

在规模化猪场构建生物安全体系，可阻断有害病原的入侵与传播，减少单位面积内病原的数量，减轻猪群的感染压力，减少药物和疫苗的使用，为猪群提供一个安全而舒适的生活环境，改善动物亚健康状况，提高动物生长和生产性能，提高养殖业的经济效益，是 21 世纪养殖业面临的一个新的课题。

目前，针对现代化饲养管理体系下疫病控制的新特点，生物安全已经和药物治疗、疫苗免疫等共同组成了疫病控制的三角体系，通过生物安全的有效实施，可为药物治疗和疫苗免疫提供良好的应用环境，尽量获得药物治疗和疫苗免疫的最佳效果。

因此，生物安全是一个猪群的管理策略，通过它来尽可能减少引入致病性病原的可能性，并且从环境中逐渐杀灭并最终去除病原体，是一种系统、高效、安全、适用的管理方法，也是最有效、经济的控制疫病发生和传播的方法。

猪场的生物安全体系是指在养猪生产过程中防止传染病入侵猪场，造成疫病流行的技术措施，具体包括：增强猪体自身免疫力、改善猪场卫生环境、控制和净化本场已侵入的致病菌(毒)和防止禁用、滥用抗生素及其他违禁药品等几个方面。

6.4.3.2 舍内环境的控制

猪在正常的新陈代谢活动中会产生出热量、水分，还可产生二氧化碳、硫化氢、氨等有害化合物，这些物质长时间积累，在一定浓度下会影响猪群的健康，阻碍猪只生产性能的发挥。有效地通风可以调节舍内空气质量、舍内温度与湿度，促进猪只生长，减慢致病微生物繁衍速度，给猪只健康成长创造良好环境。

6.4.3.3 猪场的管理

1. 人员管理

人是多种病原的活载体，人员的活动是猪病传播最常见、最危险、最难以防范的传播途径，加强人员管理是生物安全措施的关键所在。养猪场应尽可能谢绝参观访问，严禁外来人员(特别是养猪、贩猪、杀猪者)进入生产区；饲养员进入猪场生产区必须淋浴、更衣、换鞋、消毒；兽医和配种员不得在场外从事相关的诊疗和配种工作。饲养和管理人员应相对稳定，有条件的猪场可采取封闭隔离制度。

2. 定期开展杀虫、灭鼠，积极控制有害生物

老鼠、蚊子、苍蝇等有害生物可以传播多种重要疾病，比如，口蹄疫、乙型脑炎、链球菌病、沙门氏菌病、大肠杆菌病、钩端螺旋体病、附红细胞体病、弓形体病等。所以，经常开展杀虫、灭鼠，控制有害生物，也是不容忽视的生物安全措施。

3. 妥善处理粪便、污水、废弃物及病猪尸体

猪的粪便、污水、废弃物及病猪尸体是猪场内病原的聚集处。对它们的妥善处理是非常重要的，特别是在疫病发生时更是如此。猪的粪便应及时清理并通过污道运至场外经生物发酵处理后可用作有机肥料；污水必须排入专门的处理系统。经处理达标后方可排放；所有废弃物都必须进行无害化处理；病猪尸体不可随意抛弃，可置于专用的尸体处理坑内。并进行严格消毒或进行高温处理、焚烧或深埋。

6.4.3.4 猪舍消毒管理

在猪病防控工作中，消毒发挥着不可替代的作用。消毒工作是切断疫病传播途径、杀灭，或清除猪场内、外环境及猪体表面病原微生物的有效措施。

1. 消毒制度

(1)定期消毒　定期消毒是指带猪消毒和平时的一些规定性消毒。猪舍小环境应定期进行带猪消毒。带猪消毒不但杀灭或减少了猪舍内有害病原微生物，还能净化猪舍内的空气质量，夏季还兼有降温作用，控制疫情发生流行的最重要手段。

各栋舍内按规定打扫卫生后带猪喷雾消毒每周 1 次为宜。在疫情流行期间或猪场瘟疫流行时，应增加消毒次数，每周 2～3 次或隔日 1 次。消毒时应选择在中午气温较高时进行较好。这是因为：消毒药液的温度越高，对病原微生物的作用越强，一般药液温度每提高 10℃，杀菌力可提高 1 倍。寒冷季节药液温度应在 30℃以上，以防猪群受凉感冒，降低猪群抵抗力。

由于猪的嗅觉很是灵敏，在选择带猪消毒的消毒剂时一定要注意选择无刺激性、无毒的消毒剂。一般的胺碘、复合碘类消毒药对猪体没有影响，比如，0.5%的过氧乙酸、百毒杀、新洁尔灭等可以优先选用。

猪场发生了疫病后应全群带猪消毒，可以用碘制剂对全群猪进行喷雾消毒。碘伏也可用于水的消毒，特别是饮用水的紧急处理，用 8 mg/kg 有效碘，作用 10 min，就能杀死水中存在的病原微生物，也可以用“特效碘消毒液”，该消毒液为复方络合碘溶液，具有广谱、长效、无毒、

无异味、无刺激、无腐蚀、无公害等特点。在实际应用中，常用0.3%特效碘配成60倍的稀释液带猪消毒，对控制疫病的流行很有效。

(2)空舍消毒　产房、保育舍、育肥舍在空舍后，彻底清除舍内的残料、垃圾及门窗尘埃等，并整理舍内用具，空舍净化1周后须经再次消毒方可使用。

产房空舍后，把仔猪料槽集中到一起，保温箱的垫板立起来放在保温箱上便于清洗，育成、育肥、种猪阶段空舍后彻底清除舍内的残料、垃圾及门窗尘埃等，并整理舍内用具。舍内设备、用具清洗，对所有的物体表面进行低压喷洒，浓度为2%～3%苛性钠溶液，使其充分湿润，喷洒的范围包括地面、猪栏、各种用具等，浸润1 h后再用高压冲洗机彻底冲洗地面、食槽、猪栏等各种用具，直至干净清洁为止。在冲洗的同时，要注意产房的烤灯插座及各栋电源的开关及插座。用广谱消毒药彻底消毒空舍所有表面、设备、用具，不留死角，消毒后用高锰酸钾和甲醛熏蒸24 h，通风干燥，空置5～7 d。进猪前2天恢复舍内布置，并检查维修设备用具，维修好后再用广谱药消毒1次。

2. 消毒方法

除了制定合理的消毒制度，更应重视对消毒方法的应用。

(1)化学消毒　消毒药剂有福尔马林、漂白粉、氢氧化钠等。草木灰、石灰乳是农村最经济易得的常用消毒剂。使用期间，调配浓度不同作用效果略显差异，比如，1%的福尔马林，适用于生猪消毒；3%的福尔马林溶液，适用于地面、墙壁等消毒。漂白粉的适合浓度在5%～20%，而氢氧化钠，对人体和金属都有较强的腐蚀作用，因此，不建议大面积使用。

(2)物理消毒　猪场环境的清洁、通风、阳光照射和干燥，物品用具经火烧、烘烤、煮沸、熏蒸等称为物理消毒。物理消毒的使用，重点体现在这几方面：第一，猪舍的消毒，通过紫外线的照射，起到对猪舍物理消毒的目的；第二，猪粪残留物的使用上，通过冲洗、焚烧等措施，确保清除残留物的目的。

(3)生物消毒　生物消毒的应用，重要体现在对猪粪的处理上。随着养猪规模的扩大，大量的猪粪被排到外界环境。作为重要的污染源，不注意及时地消毒处理，将对周边环境造成极大的危害。同时，甚至危害到公共卫生安全。利用生物消毒的措施，将生猪粪便堆积掩埋发酵，借助生物热的作用杀死其中的致病菌，实现灭菌的目的。

3. 消毒剂

(1)消毒剂的选择　猪场常用的消毒剂有如下几种。

第一，碘制剂-“I型速效碘”。主要成分为碘、碘化钾、聚乙烯吡咯烷酮，若用于猪舍消毒可配制300～400倍稀释液，若用于饲槽消毒可配成350～500倍稀释液，杀灭口蹄疫病毒可配制100～150倍稀释液。还有“威力碘”，主要成分为碘和磷酸、“百菌消－30”，主要成分为碘酸混合溶液。

第二，碱制剂。苛性钠溶液主要用于空舍、场区、外环境的消毒。对细菌、病毒均有强大灭菌力，对细菌芽孢、寄生虫卵也有杀灭作用。常配成2%～3%的溶液，用于出入口、运输工具、空栏、料槽等的消毒。腐蚀性强，使用时要小心，勿溅到工作人员身上，尤其是眼睛和手。石灰粉或石粉乳也可用于场舍消毒，石灰粉既能消毒又能防潮，适用于产房、仔猪培育舍，也可撒在场区周围形成1条隔离带。其消毒作用不强，只对大部分繁殖型细菌有效，对芽孢无效。使用时，先将生石灰与水按1∶1的比例，制成熟石灰，再用水配成10%～20%的混悬液用于消毒。石灰乳宜现用现配。

第三，季铵盐类消毒剂。常见如“百毒杀”（主要成分为癸甲溴氨溶液）等，使用浓度比为1∶(1 000～2 000)。此类消毒药主要适用于新建猪场，因为病原微生物的数量、种类较少。

第四，“福尔马林”(40%的甲醛溶液)。为强大的广谱杀菌剂，能迅速杀灭细菌、病毒、芽孢、霉菌。福尔马林在实际中广泛用于空猪舍熏蒸消毒，即每立方米空间15～30 mL加等量的水加热蒸发，或加高锰酸钾(其与福尔马林的比例为3∶5)氧化蒸发；也可用2%～4%的福尔马林溶液进行地面、墙壁、用具消毒。熏蒸消毒“福尔马林”14 mL/m^3 加高锰酸钾7 g，熏蒸消毒8～10 h或24 h。由于熏蒸必须有较高的温度和湿度，故在熏蒸前要喷水增湿。作为气体消毒时，还可用于猪舍、料库。

第五，氯制剂。生产中常用的如漂白粉、“消毒威”（主要成分为三氯异氰酸）等，其中喷雾消毒可以用“消毒威”，浓度为400～500倍溶液；酚类，常见的如“菌毒灭”（主要成分为戊二醛），生产中的常用使用浓度是(1∶100)～(1∶300)。

(2)消毒剂的使用　消毒前应彻底清扫清洗环境及圈舍等消毒对象。消毒剂的选择，要符合广谱、高效、稳定性好的特点。有针对性消毒时，要考虑病原和敏感性；在带猪消毒时，必须选择无刺激性或刺激性小、毒性低的药物。适宜的浓度，足够的溶液量。浓度过低达不到消毒的效果，徒劳无功；浓度过大，不但造成药物的浪费，而且毒性增强。要定期更换消毒药的品种，长期使用同一种消毒药会使病毒产生耐药性，从而大大降低了消毒药的效果。

注意消毒频率，一般情况下，畜舍1周消毒1次，在疫病流行期间或存在疫病流行威胁时，应增加消毒次数，达到每周2～3次或隔天1次。喷药时，保证雾滴小到气雾剂的水平，使雾滴在消毒环境中的空气中悬浮时间较长，既节省了药物，又降低了粉尘，环境内空气质量得到改善，增强消毒效果。

6.4.3.5　免疫接种

疫苗的核心物质是毒种(细菌或病毒等)。选用疫苗时应考虑毒种的血清型、免疫原性、稳定性、安全性、覆盖面等几个主要因素。

第7章
猪场环境控制技术进步

本章内容提要

猪场的环境控制,是猪场建成投产后主要任务之一,以保证场区环境整洁和生物安全。随着养猪生产向集约化规模化的发展,加强猪场的环境控制已成为发挥养猪的生产潜能、提高猪场的生物安全水平、增加养猪业经济效益的重要因素。本章主要介绍改革开放以来病死猪无害化处理进步、消毒技术进步、猪场绿化措施进步及猪场鼠类和昆虫防控措施进步,并重点阐述了病死猪无害化处理的概念、主要危害、处理技术的工艺及注意事项,消毒的概念、种类及方法,猪场绿化的卫生学意义、绿化植物的选择,猪场鼠类和昆虫防控技术。

7.1 病死猪无害化处理进步

过去一段时间内,相当部分养殖企业存在重利益轻环控,一味追求养殖经济利益,对于需要投入大量资金而无效益的环境控制项目不重视,出现设施不配套,投入不足的情况,尤其在病死猪无害化处理方面几乎被忽略,如前些年出现的"黄浦江事件""高安事件",在社会上造成了极坏的影响,严重阻碍行业的健康发展。近些年来,国家相继出台相应政策,也在不断探索猪场环境控制的科学方法并开展实践探索,环境控制逐渐被养殖企业所重视,因此合理地控制猪场环境,大力发展生态养殖是提高生产效益,促进生猪养殖业健康、可持续发展的必然之道。

病死猪无害化处理应具有 2 个目标:一是消灭病原微生物;二是消除尸体危害。这两个目标是与消灭病死猪的危害相对应的,病死猪的危害主要涉及三方面内容,即动物疫病传播、动物食品安全和生态环境安全。其中,消灭病原微生物主要与动物疫病传播相对应,消除尸体危害主要与动物食品安全和生态环境安全相对应(孙培明,2015)。改革开放之前,我国大部分处理猪场处理病死猪的方式很落后,如简单掩埋、焚烧甚至随意抛弃,对环境和生物安全造成很大的威胁(图 7-1 和图 7-2)。

图 7-1　随意抛弃在池塘中的死猪

图 7-2　工人在黄浦江中打捞死猪

随着我国畜牧业养殖规模和数量的迅速提升改革开放至今,养殖户和相关研究人员逐渐意识到病死猪无害化的处理的重要性,经过多年的探索和研究,我国猪场在病死猪的处理方式和技术工艺方面都取得了明显的进步,2013 年 9 月,农业部在全国 19 个省份的 212 个县启动病死猪无害化处理长效机制试点工作,在试点地区各级党委政府和相关部门大胆试验、用于创新,试点工作取得显著成效,病死猪收集体系日益完善,无害化处理体系不断健全,运行机制逐步顺畅,监督工作不断强化,养殖保险和无害化处理联动机制初见成效(印遇龙,2015),制定并发布《病死动物无害化处理规范》,进一步规范病死猪无害化的处理方法、技术工艺、注意事项和要求,确保人和动物的生物安全(农业部,2013)。由于病死猪无害化处理涉及问题较多,在实施过程中一些工作很难落到实处,所以,病死猪无害化处理仍是养猪业发展急需破解的难题之一。

7.1.1　病死猪无害化处理理念的进步

我国的养猪方式正由千家万户分散饲养转向规模化集约化饲养,是我国养猪业发展的必然选择。在我国小型猪场和散养户一直占据较大比例,直到目前为止,仍占总养殖户数的60%以上,这些场(户)分布面广且零散,设施条件和技术水平相对较差,导致病死猪的发生率较高,而且大多养殖户法律意识淡薄,对病死猪无害化处理的认识严重不足,是我国病死猪无害化处理面对的一个主要难题。病死猪的主要危害有以下几方面(印遇龙,2015)。

1. 危害人畜健康

病死猪,尤其是不明死因的病死猪存在极大的生物防控危险,未作处理或处理不当都会引起细菌、病毒等病原扩散、传播,直接接触病死猪,则可能引发人畜共患病流行。经证实,目前人畜共患传染病和寄生虫病已达 250 多种,而且人畜共患病几乎都可通过动物尸体传播,比如,炭疽病,动物尸体中的炭疽杆菌一旦暴露于空气,就会形成对外界环境有强大抵抗力的芽孢,芽孢形成后可在土壤中存活数十年,很长时间内会威胁着我们的生存。

2. 危害食品安全

部分饲养户、屠宰户随意将病死猪出售给不法商贩,以鲜销或经过加工成为肉食品进入人们几乎不设防的日常生活,一般无法凭感官辨别,尤其是经过加工后更具有欺骗性,直接影响着食品安全。

3. 危害环境卫生

未经处理的动物尸体腐烂变质，可产生恶臭，污染空气，还可污染土壤、水源等，破坏人类赖以生存的环境，也会通过多途径进入食物链，产生往复的生态，循环危害我们的健康。

相关研究认为我国病死猪无害化处理主要涉及三方面内容：第一，规模养猪场、屠宰加工厂等就地处理，做到有病死猪不出场(厂)；第二，农村散养户的相对集中处理，做到病死猪不出乡镇或至少不出县；第三，中小型无害化处理场的集中处理，满足对重大动物疫情处理的需要(麻觉文，2014)。

根据上述的病死猪无害化处理技术分析和我国病死猪无害化处理涉及内容，可以看出，不同层面对无害化处理技术的要求是有差异的，各层面需要相对应的无害化处理技术。比如，规模化猪场无害化处理技术不仅要求处理效果好，还需要经济实用，所以，高温生物降解法比较适合；集中无害化处理技术除了要求处理效果好之外，还需要较大的处理规模，所以，化制法比较适合。因此，高温生物降解法和化制法最有可能成为我国病死猪无害化处理的主要方法。

虽然掩埋法国内养猪场普遍选用，尤其是中、小规模的养猪场，但应用范围将越来越窄；而焚烧法的缺点非常明显，但它是消灭病原微生物最彻底的方法，所以，仍会在一些人畜共患病或重大动物疫病中使用。病死猪无害化处理技术应用需要“因地制宜”，而我国无害化处理技术发展相对滞后，现有技术都具有一定的局限性，应该加强研发创新力度，突破技术瓶颈，更好地解决这个影响我国畜牧业发展难题。

7.1.2 病死猪无害化处理技术的进步

7.1.2.1 掩埋法

掩埋法是通过化尸池(窖)或挖坑深埋的方式处理病死猪尸体的方法。

1. 深埋方式

(1)处理方法　可“就地取材”，具有经济、简单、易操作的优点，是改革开放以前我国大部分猪场最常见的处理方式，当前一些散养户和小型猪场还在使用这种方法处理病死猪的尸体。

深埋法的缺点：①病原微生物消灭不彻底，造成土壤、地下水等环境资源的次生污染；②占地面积大，土地利用率低；③遇到暴雨季节，掩埋的动物尸体可能被洪水冲出导致动物疫病扩散；④处理产物无法回收利用，不产生经济效益(麻觉文，2014)。因此，应该注意以下几方面。

(2)选址要求　应选择地势高燥，处于下风向的地点。应远离动物饲养厂(饲养小区)、动物屠宰加工场所、动物隔离场所、动物诊疗场所、动物和动物产品集贸市场、生活饮用水源地。应远离城镇居民区、文化教育科研等人口集中区域、主要河流及公路、铁路等主要交通干线。

(3)技术工艺　掩埋坑体容积以实际处理动物尸体及相关动物产品数量确定。掩埋坑底应高出地下水位 1.5 m 以上，要防渗、防漏。坑底洒一层厚度为 2～5 cm 的生石灰或漂白粉等消毒药。将动物尸体及相关动物产品投入坑内，最上层距离地表 1.5 m 以上。生石灰或漂白粉等消毒药消毒。覆盖距地表 20～30 cm，厚度不少于 1～1.2 m 的覆土。

(4)注意事项　掩埋覆土不要太实，以免腐败产气造成气泡冒出和液体渗漏。掩埋后，在掩埋处设置警示标识。掩埋后，第一周内应每日巡查 1 次，第二周起应每周巡查 1 次，连续巡查 3 个月，掩埋坑塌陷处应及时加盖覆土。掩埋后，立即用氯制剂、漂白粉或生石灰等消毒药对掩埋场所进行1次彻底消毒。第一周内应每日消毒1次,第二周起应每周消毒1次,连续消毒三周以上(农业部,2013)。

2. 化尸池(窖)方式

(1)处理方法　为解决土地因素的制约,化尸池(窖)逐渐得到推广,成为一些猪场无害化处理设施建设选择(图7-3和图7-4)。与深埋法相比,化尸池(窖)具有占地面积小、单位面积处理量大的优点;其缺点主要是处理周期长且季节性波动较大,处理后的残余物质,比如,骨头等无法完全被消纳,填满后需要新建化尸池(窖),不具备可持续性(麻觉文,2014)。

图7-3　嘉兴市南湖区化尸池处理点

图7-4　半埋式化尸窖中死猪腐烂缓慢

(2)选址要求　畜禽养殖场的化尸窖应结合本场地形特宜建在下风向。乡镇、村的化尸窖选址应选择地势较高,处于下风向的地点。应远离动物饲养厂(饲养小区)、动物屠宰加工场所、动物隔离场所、动物诊疗场所、动物和动物产品集贸市场、泄洪区、生活饮用水源地;应远离居民区、公共场所,以及主要河流、公路、铁路等主要交通干线。

(3)技术工艺　化尸窖应为砖和混凝土,或者钢筋和混凝土密封结构,应防渗防漏。在顶部设置投置口,并加盖密封加双锁;设置异味吸附、过滤等除味装置。投放前,应在化尸窖底部铺洒一定量的生石灰,或消毒液;投放后,投置口密封加盖加锁,并对投置口、化尸窖及周边环境进行消毒。当化尸窖内动物尸体达到容积的3/4时,应停止使用并密封。

(4)注意事项　化尸窖周围应设置围栏、设立醒目警示标志以及专业管理人员姓名和联系电话公示牌,应实行专人管理。应注意化尸窖维护,发现化尸窖破损、渗漏应及时处理。当封闭化尸窖内的动物尸体完全分解后,应当对残留物进行清理,清理出的残留物进行焚烧或者掩埋处理,化尸窖池进行彻底消毒后,方可重新启用(农业部,2013)。

7.1.2.2　化制法

化制法是通过工业化设备对动物尸体进行高温高压处理的方法。该方法包括干化法和湿化法2种,目前我国某些地区的大型无害化处理厂所采用的高温高压湿化法,其最高温度可达190 ℃,最高压力可达1 500 kPa,年处理能力可达5 000 t以上,主要用于区域性集中无害化处理和突发重大动物疫情的应急处置(麻觉文,2014)。

该方法的优点有:①适用于处理牛等较大体型动物,且无需对动物尸体进行分割等预处理,减少次生污染的风险;②能够消灭所有病原微生物,生物安全性较高;③其处理产物可用于提炼工业用油、制成肉骨粉等,产生一定经济效益。缺点主要有:①设备购置和运行维护费用较高;②设备体积较大,需要专用车间或厂房,前期投资大;③处理过程产生的污水需经二次处理方可达到环保排放标准。

1. 干化法

(1)技术工艺 可视情况对动物尸体及相关动物产品进行破碎预处理。动物尸体及相关动物产品或破碎产物输送入高温高压容器。处理物中心温度≥140℃,压力≥0.5 MPa(绝对压力),时间≥4 h(具体处理时间随需处理动物尸体及相关动物产品,或破碎产物种类和体积大小而设定)。加热烘干产生的热蒸汽经废气处理系统后排出。加热烘干产生的动物尸体残渣传输至压榨系统处理。

(2)注意事项 搅拌系统的工作时间应以烘干剩余物基本不含水分为宜,根据处理物量的多少,适当延长或缩短搅拌时间。应使用合理的污水处理系统,有效去除有机物、氨氮,达到国家规定的排放要求。应使用合理的废气处理系统,有效吸收处理过程中动物尸体腐败产生的恶臭气体,使废气排放符合国家相关标准。高温高压容器操作。干化法处理产物主要是肉骨粉和油脂,含水量很少,可大大简化资源利用和污水处理程序,已逐步在全国各地得到应用推广。

2. 湿化法

(1)技术工艺 可视情况对动物尸体及相关动物产品进行破碎预处理。将动物尸体及相关动物产品或破碎产物送入高温高压容器,总质量不得超过容器总承受力的4/5。处理物中心温度≥135℃,压力≥0.3 MPa(绝对压力),处理时≥30 min(具体处理时间随需处理动物尸体及相关动物产品或破碎产物种类和体积大小而设定)。高温高压结束后,对处理物进行初次固液分离。固体物经破碎处理后,送入烘干系统;液体部分送入油水分离系统处理(图7-5和图7-6)。

图7-5 兰溪旺能病死猪处理设备

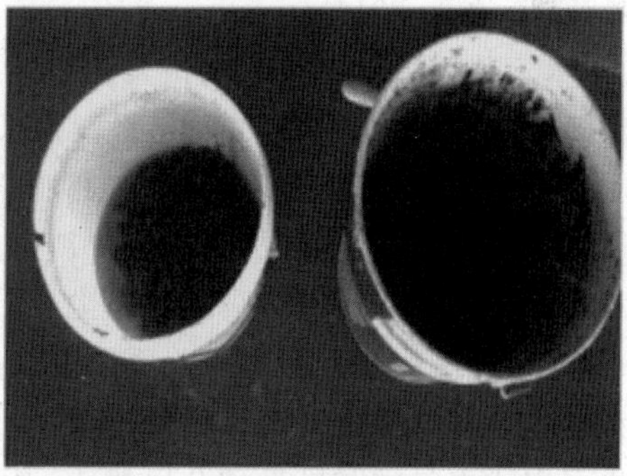

图7-6 处理后的猪油和肉骨粉

(2)注意事项 高温高压容器操作人员应符合相关专业要求。处理结束后,需对墙面、地面及其相关工具进行彻底清洗消毒。冷凝排放水应冷却后排放,产生的废水应经污水处理系统处理达标后排放。处理车间废气应通过安装自动喷淋消毒系统、排风系统和高效微粒空气过滤器(HEPA过滤器)等进行处理,达标后排放(农业部,2013)。

7.1.2.3 焚烧法

焚烧法是指将动物尸体投入焚烧炉进行有氧燃烧或无氧热解的方法。国内的焚烧炉大致可以分为高温焚烧炉和炭化焚烧炉2种(麻觉文,2014)。

1. 有氧燃烧法

高温焚烧炉采用的是有氧燃烧的方法。目前在我国以中小型设备为主,日处理量在50～100 kg,一般只适合家禽等小型动物的处理,且燃烧过程中产生大量废气,造成环境污染。大型集中式处理设备实现了工业化全自动控制，可处理大型家畜，如上海动物无害化处理中心采用的大型焚烧设备，其日处理量达 10 t，并配有完善的尾气处理系统，可达到环保排放。

焚烧法最大的优点是可有效杀灭包括芽孢杆菌在内的病原微生物；主要缺点是设备购置和运行成本昂贵，体积庞大(高约 6 m)，需要专用车间或厂房。

(1)技术工艺　可视情况对动物尸体及相关动物产品进行破碎预处理。将动物尸体及相关动物产品或破碎产物，投至焚烧炉本体燃烧室，经充分氧化、热解，产生的高温烟气进入二燃室继续燃烧，产生的炉渣经出渣机排出。燃烧室温度应≥850℃。二燃室出口烟气经余热利用系统、烟气净化系统处理后达标排放。焚烧炉渣与除尘设备收集的焚烧飞灰应分别收集、贮存和运输。焚烧炉渣按一般固体废物处理；焚烧飞灰和其他尾气净化装置收集的固体废物如属于危险废物，则按危险废物处理。

(2)注意事项　严格控制焚烧进料频率和重量，使物料能够充分与空气接触，保证完全燃烧。燃烧室内应保持负压状态，避免焚烧过程中发生烟气泄漏。燃烧所产生的烟气从最后的助燃空气喷射口或燃烧器出口到换热面，或烟道冷风引射口之间的停留时间应≥2 s。二燃室顶部设紧急排放烟囱，应急时开启。应配备充分的烟气净化系统，包括喷淋塔、活性炭喷射吸附、除尘器、冷却塔、引风机和烟囱等，焚烧炉出口烟气中氧含量应为 6%～10%(干气)(农业部，2013)。

2. 无氧热解法

炭化焚烧炉采用无氧热解(600℃左右)的方法，其优点是将动物尸体裂解成生物质炭，进行资源化利用；缺点除了设备购置费用较高以外，作为新型处理工艺，其设备的稳定性和可靠性有待考证(麻觉文，2014)。

(1)技术工艺　将动物尸体及相关动物产品投至热解炭化室，在无氧情况下经充分热解，产生的热解烟气进入燃烧(二燃)室继续燃烧，产生的固体炭化物残渣经热解炭化室排出。热解温度应≥600℃，燃烧(二燃)室温度≥1 100℃，焚烧后烟气在 1 100℃以上停留时间≥2 s。烟气经过热解炭化室热能回收后，降至 600℃左右进入排烟管道。烟气经过湿式冷却塔进行“急冷”和“脱酸”后进入活性炭吸附和除尘器，最后达标后排放。

(2)注意事项　应检查热解炭化系统的炉门密封性，以保证热解炭化室的隔氧状态。应定期检查和清理热解气输出管道，以免发生阻塞。热解炭化室顶部需设置与大气相连的防爆口，热解炭化室内压力过大时可自动开启泄压。应根据处理物种类、体积等严格控制热解的温度、升温速度及物料在热解炭化室里的停留时间。

7.1.2.4　发酵法

发酵法是指将病死猪尸体和麸皮、木屑等辅料按比例混合，分别作为氮源和碳源，通过微生物发酵过程产生的生物热抑制和杀灭病原微生物的方法。条垛式堆肥、发酵池等传统的发酵方法，受到天气、场地、设备、人工等诸多因素限制，并且耗时过长，一般需要 3 周左右。近年来浙江、福建等一些规模养殖场引进了高温发酵设备，利用特制耐高温(100℃以上)菌种对动物尸体进行发酵处理，其主要工艺流程包括尸体粉碎、加热发酵、脱水干燥 3 个环节。

高温发酵技术的优点在于在高温加热和微生物分解发酵的双重作用下可有效杀灭病原微生物，终产物为优质的生物蛋白原料，可用其制成高档有机肥料，具有较高的经济附加值；处理过程不产生污水废气，对环境影响小；其主要缺点是设备运行费用较高，生物安全性尚缺乏权威部门的明确评价。

(1)技术工艺　发酵堆体结构形式主要分为条垛式和发酵池式。处理前,在指定场地或发酵池底铺设20 cm厚辅料。辅料上平铺动物尸体或相关动物产品,厚度≤20 cm。覆盖20 cm辅料,确保动物尸体或相关动物产品全部被覆盖。堆体厚度随需处理动物尸体和相关动物产品数量而定,一般控制在2～3 m。堆肥发酵堆内部温度≥54℃,1周后翻堆,3周后完成。辅料为稻糠、木屑、秸秆、玉米芯等混合物,或为在稻糠、木屑等混合物中加入特定生物制剂预发酵后产物。

(2)注意事项　因重大动物疫病及人畜共患病死亡的动物尸体和相关动物产品不得使用此种方式进行处理。发酵过程中,应做好防雨措施。条垛式堆肥发酵应选择平整、防渗地面。应使用合理的废气处理系统,有效吸收处理过程中动物尸体和相关动物产品腐败产生的恶臭气体,使废气排放符合国家相关标准(农业农村部,2013)。

7.2　消毒技术进步

7.2.1　消毒理念的进步

在改革开放以前,落后的养殖模式下,养殖户基本意识不到消毒的重要性,仅凭经验养猪,没有先进消毒技术和合理的消毒制度,导致疾病得不到很好的控制,成本高且效益差(刘凤华,2004)。而在现代化环境管理和畜牧场的兽医防疫体系中,环境消毒越来越受到畜牧兽医界的重视。环境管理的好坏直接影响到畜禽的健康、生产力的发挥以及养殖场的经济效益。

环境清洁和安全是畜牧生产能否正常进行的前提,它不仅关系到畜禽的健康和生产力,同时也是畜牧生产中兽医防疫体系的基础。而维持环境卫生状况良好的重要手段就是消毒与防害相结合,消灭和根除畜牧场环境中的病原微生物和虫害,在标准化管理制度下严格实施,并使之符合无公害养殖的生产条件。

消毒和灭菌是两个不同的概念,消毒的保证水平是10^{-3}(指一件物品经消毒处理后仍然有微生物存活的概率),灭菌的保证水平为10^{-6}。因此消毒处理不一定能达到灭菌的要求,但灭菌一定可以达到消毒的目的。用于消毒的药物称为消毒剂,消毒剂不一定要求能杀灭所有的微生物,比如,石炭酸、新洁尔灭等能杀死细菌的繁殖体但不能杀灭芽孢。

用于灭菌的药物称为灭菌剂,而灭菌剂必须具备杀灭一切类型微生物的能力。由于细菌芽孢的抵抗力最强,所以,一般都以能否杀灭芽孢作为灭菌剂的标准。灭菌剂可以作为消毒剂使用。含氯消毒剂、环氧乙烷、过氧乙酸一类药物,既能杀灭各种繁殖体型的微生物,又能杀灭细菌芽孢,都是很好的灭菌剂。

7.2.2　消毒种类的进步

消毒是保证猪健康和正常生产必要的技术措施。以前猪场的消毒种类很单一,没有合理的制度,而现代化的消毒按其进行的时间及性质,可分为经常性消毒、定期消毒及突击性消毒。

1. 经常性消毒也叫预防性消毒

为预防疾病的发生,对养猪场周围环境、畜舍、工艺设施、猪以及猪经常接触到的一些器物进行消毒,以免猪群受到病原微生物的感染而发病。一般经常性消毒是定期进行的,按照事先拟定的消毒计划,有目的、有规律地进行。特别是在全进、全出制的现代化养殖工艺中,一旦全群出栏,猪舍空出后,必须进行全面清洗和消毒,彻底地消灭微生物,保持猪舍环境清洁卫生。

工作衣、帽、靴的消毒也是经常性消毒的又一场所。出入场门、舍门时,必须经过消毒,简单易行的办法是在场舍门处设消毒槽,工作人员及猪出入时,踏过消毒槽内的消毒液以杀死病原微生物。消毒槽须由兽医管理,定期清除污物,换新配制的消毒液。进场时经过淋浴并且换穿场内消毒后的衣帽,再进入生产区,这是一种行之有效的预防措施,即使对要求极严格的种畜场,采用淋浴的办法,预防传染病的效果也很好。

2. 疫源地紧急消毒

当猪群发生传染病时,为及时消灭病猪排出的病原体、分泌物、排泄物,应对病猪接触过的圈舍、设备、物品、用具、被污染的场所以及病、死猪体等进行消毒。其目的是为了消灭由传染源排泄在外面的病原体,切断传染途径,防止传染病的扩散和蔓延,把传染病控制在最小的范围内。

3. 终末消毒

发生传染病后,根据我国相关法律法规,待全部猪扑杀或处理完毕,对其所处周围环境最后进行的彻底消毒、杀灭和清除传染源遗留下的病原微生物,是解除对疫区封锁前的重要措施。

7.2.3 消毒方法的进步

猪场的消毒方法包括3大类:物理消毒、化学消毒和生物性消毒。

7.2.3.1 物理消毒

1. 机械性清除

用清扫、铲刮、洗刷等机械方法清除降尘、污物及被污染的墙壁、地面以及设备上的粪尿、残余饲料、废物、垃圾等。这些工作多属于猪场的日常饲养管理,只要按照日常管理规范认真执行,即可最大限度地减少猪舍内外的病原微生物。必要时舍外的表层土,也一齐清除,以减少感染疫病的机会。另外,机械性清扫在全进全出的管理模式中特别重要。当全群出栏后,整个猪舍要进行彻底的清扫,所用设备为高压水枪、火焰喷射器等。需要指出的是,冲洗过程中最好使用消毒剂,特别是发生过传染病的猪舍,以免冲洗的污水不经处理成为新的传染源。

2. 通风换气

通风可以减少空气中微粒与细菌的数量,减少经空气传播疫病的机会。

3. 阳光及紫外线消毒

一种是阳光照射,直射阳光具有较强的消毒作用,是一种可普遍利用的天然消毒剂,其光谱中的紫外线,波长在240～280 nm,有较强杀菌能力。一般病毒和非芽孢的菌体,在直射阳光下,只需几分钟到1 h,比如,口蹄疫病毒经几小时、结核杆菌经3～5 h,就能被杀死。即使是抵抗力很强的芽孢,在连续几天的强烈阳光下,反复曝晒也可变弱或杀死。因此,利用直射阳光消毒牧场、运动场及可移出舍外、已清洗的设备与用具,既经济又简便。猪舍内的散射光也能将微生物杀死，但作用弱得多。阳光的灼热使水分蒸发引起的干燥亦有灭菌作用。

另一种是紫外线照射，紫外线对微生物的作用主要有 2 个方面：一方面它可以使细菌的酶、毒素等灭活；另一方面，紫外线能使细胞变性，进而引起菌体蛋白质和酶代谢障碍而导致微生物变异或死亡。因为这种射线穿透力甚微，只对表面光洁的物体才有较好的消毒效果，空气中的微粒能吸收很大部分紫外线，不能达到普遍灭菌的目的。紫外线对不同的微生物灭活所需的照射量不同。病毒对紫外线的抵抗力更大一些。需氧芽孢杆菌的芽孢对紫外线的抵抗力比其繁殖体要高许多倍。

4. 高温消毒

它主要有火焰、煮沸与蒸汽 3 种形式。火焰可用于直接烧毁一切被污染而价值不大的用具、垫料及剩余饲料等。可以杀灭一般微生物及对高温比较敏感的芽孢，这是一种较为简单的消毒方法，因此，对铁制设备及用具，对土墙、砖墙、水泥墙缝等均可用此方法，木制工具表面也可用烧烤的方法消毒。但对有些耐高温的芽孢，比如，破伤风梭状芽孢在 140℃ 时能活 15 min，炭疽杆菌芽孢在 160℃ 时能活 1.5 h，因此，使用火焰喷射器靠短暂高温来消毒，效果难以保证。煮沸与蒸汽消毒效果比较好，主要消毒衣物和器械。

7.2.3.2　化学消毒法

1. 消毒药的作用机理

①药物为菌体细胞壁所吸收，破坏菌体壁；②药物渗入细胞的原生质或与细胞中一个或一个以上的成分起反应，使菌体的蛋白质变性；③药物包围菌体表面，阻碍呼吸使之死亡（颜培实等，2011）。应用某些化学药物使其和微生物的蛋白质产生凝结、沉淀或变性等作用，引起细菌和病毒的繁殖发生障碍或死亡以达消毒目的。化学消毒剂多种多样，畜牧场应用化学消毒法进行消毒最为普遍。

2. 化学消毒剂的选择原则

①消毒剂必须消毒力强，性能稳定，消毒时的有效浓度低；②易溶于水、作用速度快；③毒性及刺激性小，对人、猪危害小，并对畜舍、器具等无腐蚀性；④不易受各种物理、化学因素的影响；⑤在畜产品中不易残留；⑥价廉易得，易配制和使用。所选择的消毒剂应根据消毒对象，比如，场地、猪舍、设施、汽车、食槽等，对某种传染病进行消毒，不同情况下所用药剂也不相同（刘凤华，2004）。

3. 影响消毒效果的因素

现场消毒时要保证实效，达到彻底消毒的目的，必须注意以下问题。

（1）化学消毒剂的性质　各种化学消毒剂，由于其本身的化学特性和化学结构不同，故而其对微生物的作用方式也各不相同。所以，各类消毒剂的消毒效果也不一致。

（2）微生物的种类　由于微生物本身的形态结构及代谢方式等生物学特性的不同，其对化学消毒剂所表现的反应也不同。比如，革兰氏阳性细菌的等电点比革兰氏阴性菌低，所以，在一定的 pH 下所带的负电荷较多，容易与带正电荷的离子结合。故革兰氏阳性菌较易与碱性染料的阳离子、重金属盐类的阳离子及去污剂结合而被灭活。细菌的芽孢因有较厚的芽孢壁和多层芽孢膜，结构坚实，消毒剂不易渗透进去，所以，芽孢对消毒剂的抵抗力比其繁殖体要强得多。

（3）有机物的存在　当微生物所处的环境中有有机物如粪便、痰液、乳汁、血液及其他排泄物存在时，所有消毒剂的作用都会大大减小甚至无效，其中以季铵化合物、碘制剂、甲醛所受的影响较大，而石炭酸类与戊二醛所受影响较小。因此，将欲消毒的对象先清洁后才施用消毒剂为最基本的要求，为此可借助于清洁剂与消毒剂的合剂来完成。

(4)消毒剂的浓度　在一定的范围内，化学消毒剂的浓度越大，其对微生物的毒性作用也越强。但势必造成消毒成本提高，对消毒对象的破坏也严重，因此各种消毒剂应按其说明书的要求，进行配制。而且有些药物浓度增加，杀菌力却可能下降。如70%酒精的杀菌作用比100%的纯酒精强。

(5)温度、湿度及时间　温度升高可增进消毒杀菌率。大多数消毒剂的消毒作用在温度上升时有显著增强，尤其是戊二醛类，但易蒸发的卤素类的碘剂与氯剂例外，加温至70℃时，会变得不稳定而降低消毒效力。

许多常用温和消毒剂，冰点温度时，毫无作用。在寒冷时，最好是将消毒剂泡于温水(50～60℃)中使用，消毒效果会较佳。

湿度在熏蒸消毒时，湿度可作为一个环境因素影响消毒效果。用过氧乙酸及甲醛熏蒸消毒时，相对湿度以60%～80%为最好。湿度太低，则消毒效果不良。

在其他条件都一定的情况下，作用时间越长，消毒效果越好，消毒剂杀灭细菌所需时间的长短取决于消毒剂的种类、浓度及其杀菌速度，同时也与细菌的种类、数量和所处的环境有关。

(6)酸碱度(pH)　许多消毒剂的消毒效果均受消毒环境pH的影响。比如，碘制剂、酸类、来苏儿等阴离子消毒剂，在酸性环境中杀菌作用增强；而阳离子消毒剂如新洁尔灭等，在碱性环境中杀菌力增强。另外，pH也影响消毒剂的电离度，一般来说，未电离的分子，较易通过细菌的细胞膜，杀菌效果较好。

4. 常用的消毒剂

消毒剂的种类很多，根据其化学特性不同，分为酚类、醛类、醇类、酸类、碱类、氯制剂、氧化剂、碘制剂、染料类、重金属盐类、表面活性剂等。应根据消毒对象和使用方法需要选择合适的药物，否则，既造成经济上损失，又达不到消毒的目的。

(1)酚类　它包括煤酚皂溶液和克辽林2类。

①煤酚皂溶液(甲酚皂溶液、来苏儿)：为黄棕色至红棕色的黏稠液体，有甲酚的臭味，能溶于水或醇中。本品含甲酚50%。本品的杀菌力强于苯酚，而腐蚀性与毒性则较低。对于一般繁殖型病原菌作用良好，但对芽孢和病毒作用不可靠。它主要用于猪舍、用具与排泄物消毒。由于有臭味，不用于肉品、蛋品的消毒。猪舍、用具消毒的浓度为3%～5%，排泄物消毒的浓度为5%～10%。

②克辽林(臭药水)：是粗制煤酚中加入肥皂、树脂和氢氧化钠少许，加温制成。为暗褐色液体，以水稀释时即成乳白色。其杀菌作用同来苏儿，常用以3%～5%浓度消毒猪舍、用具及处理排泄物。

(2)酸类　它包括无机酸和有机酸2类，但生产中常用的有机酸，主要有以下2种。

①乳酸：对伤寒杆菌、大肠杆菌、葡萄球菌和链球菌具有杀灭抑制作用，它的蒸气或喷雾用于消毒空气，能杀死流感病毒及某些革兰氏阳性菌。乳酸空气消毒有价廉、毒性低的优点，但杀菌力不够强。

②醋酸：为无色透明的液体，味极酸，能与水、醇或甘油任意混合。药典规定本品含纯醋酸(CH_3COOH)36%～37%。临床常用的稀醋酸5.7%～6.3%，食用醋含纯醋酸2%～10%。本品的杀菌和抑菌作用与乳酸相同，但消毒效果不如乳酸。可实施带畜消毒，本品用于空气消

毒，可预防感冒和流感。稀醋酸加热蒸发用于空气消毒，用 20～40 mL/m^3，比如，食用醋，用 300～1 000 mL/m^3。

(3)碱类　强碱能水解蛋白质和核酸，使细菌的酶系统和细菌的结构受到损害，以致细菌体内的代谢被破坏而死亡。碱尤其对革兰氏阴性菌有效。对病毒作用较强，高浓度对芽孢也有作用。杀菌性能取决于氢氧离子浓度，其浓度越高，杀菌力越大。

①氢氧化钠(苛性钠)：本品的杀菌作用很强，常用于病毒性感染及细菌性感染的消毒，还可用于炭疽芽孢的消毒，对寄生虫卵也有消毒作用。用于猪舍、器具和运输车船的消毒，也可在食品工厂使用，但须注意高浓度的碱液会灼伤组织，并对铝制品、纺织品、漆面等有损坏作用。2%的溶液用于病毒性与细菌性污染的消毒，5%的溶液用于炭疽的消毒。

②石灰：为白色的块或粉，俗称熟石灰、消石灰，属强碱性，吸湿性很强。本品为价廉物美的消毒药，对一般细菌有效，对芽孢及结核杆菌无效。常用于墙壁、地面、粪池及污水沟等的消毒。常用石灰乳，因石灰必须在有水分的情况下，才会游离出 OH^- 离子而发挥消毒作用。石灰乳由石灰加水配成，消毒浓度为 10%～20%。石灰可从空气中吸收 CO_2 变成碳酸钙沉淀而失效，故石灰乳须现用现配，不宜久储。

(4)氧化剂　首先，是对厌氧菌作用最强，其次，是革兰氏阳性菌和某些螺旋体。本类消毒剂应密闭保存。

①高锰酸钾(灰锰氧)：为暗紫色斜方形的结晶性粉末，无臭，易溶于水(1∶15)，溶液呈粉红色乃至暗紫色。用 0.1%高锰酸钾溶液能杀死多数繁殖型细菌，2%～5%溶液能在 24 h 内杀死芽孢。本品在酸性溶液中杀菌作用增强，如含有 1.1%盐酸的 1%高锰酸钾溶液能在 30 s 内杀死炭疽芽孢。0.1%溶液可用于蔬菜及饮水消毒，但不宜用于肉食品消毒，因其能使表层变色，其与蛋白质结合的二氧化锰对食品卫生也有害。此外，常利用高锰酸钾的氧化性能来加速福尔马林蒸发而起到空气消毒作用。

本品除杀菌消毒作用外，还有防腐、除臭功效。常用水溶液，要求现配现用。0.1%的水溶液用于皮肤、黏膜创面冲洗及蔬菜、饮水消毒；2%～5%的水溶液用于杀死芽孢的消毒及用具的洗涤。

②过氧乙酸：为无色透明液体，易溶于水和有机溶剂。高浓度遇热易爆炸，20%以下浓度无此危险，故市售品为 20%溶液，有效期为半年，但稀释液只能保持药效 3～7 d，故应现用现配。本品的杀菌作用具有快而强、抗菌谱广的特点，对细菌、病毒、霉菌和芽孢均有效。常用于耐酸塑料、玻璃、搪瓷和橡胶制品及用具的浸泡消毒，还可用于猪舍、仓库、车间的地面、墙壁、通道、食槽的喷雾消毒和室内空气消毒。

由于本品的分解产物对人无毒，故可用于水果、蔬菜和肉品表面的浸泡消毒。使用中须注意本品对组织有刺激性和腐蚀性，对金属也有腐蚀性。故消毒时必须注意保护，避免刺激眼、鼻结膜。使用时，100～500 mg/L 的水溶液用于水果、蔬菜、肉品的浸泡消毒；400～2 000 mg/L 水溶液用于耐酸用具的浸泡消毒；500～5 000 mg/L 的水溶液用于环境、禽舍的喷雾消毒；室内消毒用 20%过氧乙酸 5～15 mL/m^3，稀释成 3%～5%溶液，加热熏蒸，室内相对湿度宜在 60%～80%，密闭门窗 1～2 h。

(5)卤素类　卤素对细菌原生质及其他结构成分有高度的亲和力，易渗入细胞与菌体原浆蛋白的氨基或其他基团相结合(卤化作用)，使有机物分解或丧失功能呈现杀菌作用。在卤素中，氟、氯的杀菌力最强，依次为溴、碘。但氟和溴一般不用作消毒药。

①氯与含氯化合物：氯(Cl_2)是气体，有强大的杀菌作用。氯遇到水以后，可生成盐酸和次氯酸，而次氯酸又可放出活性氯，并产生盐酸和初生态氧。次氯酸也很易于进入细胞内而发挥杀菌作用。通常是以液态氯加入水中，0.1～0.2 μL/L 的浓度做饮水的水质消毒。由于氯是气体，其水溶液不稳定，故杀菌作用不持久，使用也不方便。通常情况下一般多使用能释放出游离氯的含氯化合物以及含氯化合物制成的含氯消毒剂。目前，在市场上应用很广泛，含氯消毒剂大多是高效、广谱的杀菌剂。其种类主要包括液氯、漂白粉、漂粉精、次氯酸钠(钙)、氯胺、二氧化氯、二氯异腈脲酸(钠)(优氯净)、三氯异腈脲酸(钠)(强氯精)等。

②漂白粉类：含氯石灰，氯化石灰，属于无机氯消毒剂，主要品种有漂白粉、三合二和漂白粉精。它们的共同特点是生产工艺简单，成本低，毒、副作用小，但稳定性较差，遇日光、热、潮湿等加快分解。同时它们均对金属有一定的腐蚀性。

漂白粉主要成分为次氯酸钙，含量32%～36%，其余为氯化钙、氧化钙、氢氧化钙、水等。漂白粉的有效氯含量为25%～32%，常以25%计算其用量。能溶于水，由于含有氢氧化钙，其水溶液呈碱性。按卫生消毒标准，一般不准使用有效氯含量低于15%的漂白粉。在酸性条件下，可迅速分解产生大量氯气。其抗菌性能强，是广谱杀菌剂，对细菌繁殖体、病毒、真菌孢子及细菌芽孢均有杀灭作用，可破坏肉毒杆菌毒素。储存过程中漂白粉的有效氯含量每月减少1%～3%，遇光或吸潮后，其分解速度加快。通过嗅气味、用手抓看是否成团、看出厂时间等方法，可大致判断出漂白粉的优劣：氯气味淡、手抓成团及出厂时间长的漂白粉有效氯含量一般都较低，反之，则有效氯含量较高。

漂白粉类消毒剂可用于饮水、猪舍、用具、车辆及排泄物等的消毒。使用时可以粉剂6～10 g加入1 t水中拌匀，30 min后饮用；1%～3%澄清液可用于饲料槽、饮水槽及其他非金属用具的消毒；10%～20%乳剂可用于禽舍和排泄物的消毒，将干粉剂与粪便以1∶5比例均匀混合，可进行粪便消毒。

③二氧异氰尿酸钠(优氯净)：白色的结晶粉末，氯气味道浓，二氧异氰尿酸钠有效氯的含量60%～64.5%，溶解度25%，溶液呈弱酸性，pH为5.8～6，而且随着浓度升高，pH变化范围很小。原粉的稳定性好，便于储藏，有效氯含量高。用本品的水溶液，通过喷洒、浸泡、擦拭等方法消毒。其用量为：0.5%～1%浓度用于杀灭细菌与病毒，5%～10%浓度用于杀灭细菌芽孢；本品的干粉用量：消毒粪便，用量为粪便的1/5；场地消毒，用10～20 mg/m^2，作用2～4 h，而冬季0℃以下时，用50 mg/m^2，作用16～24 h及以上；用本品消毒饮水，用4 mg/L，作用30 min。

④次氯酸钠：别名高效漂白粉。纯品为白色粉末，通常为灰绿色结晶，在空气中不稳定。目前市场上已有多种型号的次氯酸钠发生器，采用电解食盐水法制取次氯酸钠溶液，能与水混溶，随着溶液稀释浓度的增加，pH可降至7～9，一般现用现制。

⑤二氧化氯：属无机氯消毒剂。目前市场上二氧化氯制剂多为二元型粉剂，即主原料与活化剂分开包装。二元型制剂的有效氯含量较高，一般约60%。活化剂有固体和液体两种。液体多为无机酸，固体一般为有机酸。同时，市场上一元型的二氧化氯液体不分开包装，有效氯的含量一般较低，多为5%～10%。这种二氧化氯实际上是将纯二氧化氯气体溶入水中。

与氯化型消毒剂比较，二氧化氯有明显的优势：①广谱高效、快速无毒、用量小、杀病毒(比臭氧作用强)；②杀菌能力不受pH和有机物的影响；③杀菌的同时由于其反应极具选择性，对动物表皮细胞没有影响，因此，非常适合日常管理以及带猪消毒和饮水消毒。其使用效果优于漂白粉,并具有以下优点:受酸碱度影响小;在水体中无残留,元污染;能降解一些有毒物质,符合环保要求。使用中二氧化氯主要用于饮水消毒,5～10 mg/L;如果用于器材消毒,一般以含二氧化氯 1 000～3 200 mg/L 的溶液浸泡 15～30 min。

(6)碘　它为灰黑色、有金色光泽的薄片结晶,质重而脆,极难溶于水(1∶2 950),能溶于醇(1∶13)。碘在常温下有挥发性,故需密闭保存。本品具有强大的杀菌、杀病毒和杀霉菌作用。其杀菌机理是碘化和氧化细菌原浆蛋白质,抑制细菌代谢酶。其消毒作用几乎无选择性,对所有各种微生物的有效浓度相同。因本品与碱能生成盐类而失去作用,故在碱性环境及有机物存在时,其杀菌作用减弱。本品的制剂以碘酊为最常用和最有效的皮肤消毒药,也可作饮水消毒用。而碘甘油因无刺激性,常用于消毒黏膜。

(7)表面活性剂　带有典型亲水基和亲脂基组成的化合物,具有明显降低表面张力的特殊性能,这类物质称为表面活性剂。表面活性剂可分为离子型和非离子型两大类。离子型又可分为:阴离子型表面活性剂,如肥皂、合成洗涤剂(烷基苯磺酸钠);阳离子型表面活性剂,比如,新洁尔灭、洗必泰等。非离子型表面活性剂有:聚乙二醇、吐温 80 等。其中,只有阳离子表面活性剂具有强大的抗菌作用,作为临床常用的消毒剂。

阳离子表面活性剂具有杀菌范围广的特点,对革兰氏阳性菌、阴性菌以及多种真菌、病毒有作用。同时,还具有杀菌效力强、作用迅速、刺激性小、毒性低、用量少、可长期保存和价格便宜等优点,并可以代替碘酊做外科防腐消毒药,用于皮肤、手指和器械的消毒,还可用于黏膜、创伤的防腐。阳离子表面活性剂忌与阴离子表面活性剂配合应用,因它们会中和而失效。

①碘伏:为棕红色液体,具有亲水、亲脂两重性。是碘与表面活性剂络合的产物,由于碘伏中的碘在表面活性剂中缓慢释出,故杀菌作用比较持久,刺激性较小,着色作用也基本消失。本品含碘量为 50 mg/L 时,10 min 能杀灭各种细菌,比如,金黄色葡萄球菌、化脓性链球菌、绿脓杆菌、大肠杆菌、沙门氏杆菌、坏死杆菌、肺炎双球菌、巴氏杆菌等,适用于由这些细菌引起的传染病。含碘量为 150 mg/L 时,90 min 可杀灭芽孢和病毒。络合碘具有很强的杀菌、杀病毒和杀霉菌作用。在酸性环境中杀菌力更强。80～100 mg/kg 的络合碘水溶液可用于猪圈舍的环境用具的喷雾消毒。

②百毒杀:为双链季铵盐消毒剂,无色、无臭液体,比一般单链季铵盐化合物强数倍。能溶于水。它能迅速渗透入胞浆膜脂质体和蛋白质体,改变细胞膜通透性,具有较强的杀菌力。对沙门氏菌、多杀性巴氏杆菌、大肠杆菌、金黄色葡萄球菌以及霉菌、真菌、藻类等微生物有杀灭作用。可用于饮水消毒、带猪消毒、机械用具消毒、饲养用具及室内外环境消毒。应严格按剂量应用,避免中毒。百毒杀 50%饮水消毒用 50～100 mg/L,带猪消毒用 300 mg/L。百毒杀 10%饮水消毒用 250～500 mg/L,带猪消毒用 1 500 mg/L。在病毒细菌性传染病发生时,百毒杀 50%可用 100～200 mg/L,百毒杀 10%可用 500～1 000 mg/L。

(8)挥发性烷化剂　本类药物的杀菌作用强,对细菌、芽孢、病毒、霉菌,甚至昆虫及虫卵均有杀灭能力。本类药物主要用作气体消毒,消毒那些不适用于液体消毒的物品和设备。常用的药物有环氧乙烷和甲酸。

①环氧乙烷:又名氧化乙烯,属于挥发性烷化剂。环氧乙烷的气体在空气中浓度达 3%以上时,遇火极易引起爆炸。所以,储存或消毒时,禁止有火源。环氧乙烷是一种高效、广谱的杀菌消毒气体。对细菌及其芽孢、立克次氏体、真菌和病毒等各种微生物以及某些昆虫和虫卵都有杀灭作用。本品不腐蚀金属,不污损物品,但价格贵,消毒时间长。对人及畜禽有一定毒性

作用，一次大量吸入可引起恶心呕吐，大脑抑制，接触皮肤可引起水疱，若刺激呼吸道可引起肺水肿。所以，使用时一定要注意安全防护。

用环氧乙烷消毒要注意掌握温度和时间。最适的相对湿度是30%～50%，最适宜的温度是38～54℃，不能低于18℃。且消毒的时间越长效果越好，杀灭繁殖型细菌，用300～400 g/m³，作用8 h；用于芽孢和霉菌污染物品的消毒，用700～950 g/m³，作用24 h，或按800～1 700 g/m³用量，消毒6 h。消毒后应将物品取出放于通风处1 h才能使用。消毒时必须在密闭室、密闭箱、聚乙烯薄膜帐篷和消毒袋内进行，消毒过程中严禁烟火。

②甲醛：为无色气体，易溶于水，其水溶液为无色或几乎无色的澄明液体，有极强的刺激性。甲醛有极强的还原活性，能与蛋白质中的氨基发生烷化反应。甲醛由于与蛋白质发生烷化反应而使蛋白质变性，呈现强大的杀菌作用。本品为广谱杀菌剂，0.25%～0.5%的甲醛溶液在6～12 h能杀死细菌、芽孢及病毒。主要用于猪舍、仓库消毒以及器械、标本和尸体的消毒防腐。

7.2.3.3 生物学(生物热)消毒法

它是利用微生物分解有机质而释放出的生物热，温度可达60～70℃，各种病菌、病毒及虫卵等经数日即可相继死亡(刘凤华，2004)。这是一种最经济，简便有效的粪便消毒方法，常用于对患传染病和寄生虫病猪的粪便消毒。

7.2.3.4 消毒剂使用方法

常用的有浸泡法、喷洒法、熏蒸法，近年来气雾法也普遍采用。

1. 浸泡法

它主要用于消毒器械、用具、衣物等。一般洗涤干净后再行浸泡，药液要浸过物体，浸泡时间以长些为好，水温以高些为好。场区进门处以及在圈舍进门处消毒槽内，可用浸泡消毒或用浸泡消毒药物的草垫或草袋对人员的靴鞋进行消毒。

2. 喷洒法

喷洒地面、墙裙、舍内固定设备等。比如，对圈舍空间消毒，则用喷雾器。喷洒要全面，药液要喷到物体的各个部位。喷洒地面时，每平方米喷洒药液2 L；喷墙壁、顶棚时，每平方米1 L。

3. 熏蒸法

这是在猪舍密闭的情况下产生气体，使各个角落都能消毒。这种方法简便、省钱，对房舍结构无损，驱散消毒后的气体较简便，因而是猪舍普遍使用的方法，但在实际操作中要严格遵守基本要点，否则会无效：①猪舍及设备必须进行清洗，因为气体不能渗透到猪粪或污物中去，所以不能发挥应有的效力；②猪舍须无漏气处，因此应将进气口、排气扇等空隙处用纸条糊严，否则熏蒸法不会收效。

4. 气雾法

气雾粒子是悬浮在空气中气体与液体的微粒，直径小于200 nm，分量极轻，能悬浮在空气中较长时间，可到处飘移穿透到猪舍内各物体的周围及其空隙间。气雾是消毒液倒进气雾发生器后喷射出的雾状微粒，是消灭气携病原微生物的理想办法。比如，全面消毒猪舍空间，每立方米用5%过氧乙酸溶液2.5 mL。

7.2.4　消毒设备的进步

猪场的消毒方法主要有物理消毒、化学消毒和生物消毒。消毒设备也根据消毒的方法、消毒的性质有不同的种类。

消毒中的自身防护中，首先，要严格遵守操作规程和注意事项，其次，要注意消毒人员以及消毒区域内其他人员的防护。防护措施要根据消毒方法的原理和操作规程有针对性。比如，进行喷雾消毒和熏蒸消毒就应穿上防护服，戴上眼镜、口罩；进行紫外线直接的照射消毒，室内人员都应该离开，避免直接照射。

7.2.4.1　物理消毒使用的设备及使用方法

猪场物理消毒主要有紫外线照射、机械清扫、洗刷、通风换气、干燥、煮沸、蒸消毒、火焰焚烧等。依照消毒的对象、环节不同需要配备相应的消毒设备。

1. 机械清扫、冲洗设备

高压清洗机的用途。主要是冲洗畜牧场场地、畜舍建筑、畜牧场设施、设备、车、喷洒等。高压清洗机设计上应非常紧凑，电机与泵体可采用一体化设计；现以最大喷洒量为 450 L/h 的产品为例对主要技术指标和使用方法进行介绍。它主要自带高压管及喷枪柄、喷枪杆、三孔喷头、洗涤剂液箱以及系列控制调节件组成。内藏式压力表置于枪柄上；三孔喷头药液喷洒可在强力、扇形、低压三种喷嘴状态下进行。操作时连续可调的压力和流量控制，同时设备带有溢流装置及带有流量调节阀的清洁剂入口，使整个设备坚固耐用，方便操作。

2. 紫外线照射

(1)紫外线灯(低压汞灯)用途　进行空气及物体表面的消毒。

(2)工作基本原理　通过紫外线对微生物进行一定时间的照射，用以维持细菌或病毒生命的核蛋白核酸分子因大量吸收紫外线而发生变性，从而破坏了其生理活性，使其吸收的能量达到致死量，细菌或病毒便大量死亡。

(3)热阴极低压汞灯　国内消毒用紫外线灯光的波长大多数在 253.7 nm 左右。有较强的杀灭微生物的作用，普通紫外线灯管由于照射时辐射部分 184.9 nm 波长的紫外线，故可产生臭氧，也称有臭氧紫外线灯。而臭氧紫外线灯，由于灯管玻璃中含有可吸收波长小于 200 nm 紫外线的氧化钛，所以，产生的臭氧量很小。高臭氧紫外线灯在照射时可辐射较大比例 184.9 nm 波长的紫外线，所以产生较高浓度的臭氧。目前市售的紫外线灯有多种形式，比如，直管形、H 形、U 形等，功率从数瓦到数十瓦不等，使用寿命在 3 000 h 左右。

(3)使用方法

①固定式照射：将紫外线灯悬挂、固定在天花板或墙壁上，向下，或侧向照射。该方式多用于需要经常进行空气消毒的场所，如兽医室、进场大门消毒室等。一般在无人状态下，房间内所装紫外线灯管的功率达到 2～2.5 W/m^3 时，照射 1 h 以上，可达到一定的消毒效果。应加强对人的防护，照射强度小于 1 W/ m^3，每 2 h 间隔 1 h 或 40 min 间隔 1 h。

②移动式照射：将紫外线灯管装于活动式灯架上，适于不需要经常进行消毒或不便于安装紫外线灯管的场所。消毒效果依据照射强度不同而异，如达到足够的辐射度值，同样可获得较好的消毒效果。

(3)注意事项　消毒时，应关闭门窗。一般情况下人员应该离开房间，不要直接暴露于紫外线下，以免伤害眼睛和皮肤。消毒后待臭氧分解后再进人。使用时，不要频繁开闭紫外线灯，以延长紫外线灯的使用寿命。选用合适反光罩，增强紫外线灯光的辐照强度。注意保持灯管的清洁，定期清洁灯管。

3. 干热灭菌设备

(1)热空气灭菌设备　电热鼓风干燥箱。

①用途：对玻璃仪器如烧杯、烧瓶、试管、吸管、培养皿、玻璃注射器、针头、滑石粉、凡士林以及液体石蜡等灭菌。按照兽医室规模进行配置。

②注意事项：在干热的情况下，由于热的穿透力低，灭菌时间要掌握好。一般细菌繁殖体在100℃经1.5 h才能杀死；芽孢在140℃经3 h杀死；真菌孢子在100～115℃经1.5 h杀死。

(2)火焰灭菌设备

①用途：直接用火焰灼烧，可以立即杀死存在于消毒对象的全部病原微生物。

②产品特点。产品分火焰专用型和喷雾火焰兼用型两种。其特点是使用轻便，适用于大型机种无法操作之地方；易于携带，适宜室内外，小及中型面积处理，方便快捷；操作容易；采用全不锈钢，机件坚固耐用。兼用型除上述特点外，还有节省药剂，可根据被使用的场所和目的，用旋转式药剂开关来调节药量；节省人工费用，用1台烟雾消毒器能达到10台手压式喷雾器的作业效率；消毒器喷出的5～30 μm的小粒子形成雾状浸透在每个角落，可达到最大的消毒效果。

4. 湿热灭菌设备

常用的湿热消毒方法主要有以下几种。

(1)消毒锅　煮沸消毒。

①用途；这种方法简单、实用、杀菌能力比较强、效果可靠，是最古老的消毒方法之一。煮沸消毒时要求水沸腾后5～15 min。一般水温能达到100℃，细菌繁殖体、真菌、病毒等可立即死亡。而细菌芽孢需要的时间比较长，要15～30 min，有的要几个小时才能杀灭。

②注意事项：应清洗被消毒物品后再煮沸消毒；除玻璃制品外，其他消毒物品应在水沸腾后加入；被消毒物品应完全浸于水中，一般不超过消毒锅总容量的3/4；消毒时间从水沸腾后计算；消毒过程中如中途加入物品，需待水煮沸后重新计算时间；经煮沸灭菌的物品，“无菌”有效期不超过6 h；一些塑料制品等不能煮沸消毒。

(2)手提式下排气式压力蒸汽灭菌器

①用途；畜牧生产中兽医室、实验室等部门常用的小型高压蒸汽灭菌器。容积约18 L，重10 kg左右，这类灭菌器的下部有个排气孔，用来排放灭菌器内的冷空气。

②压力蒸汽灭菌的注意事项：

第一，消毒物品的预处理。消毒物品应先进行洗涤，再用高压灭菌。

第二，压力蒸汽灭菌器内空气应充分排除。如果压力蒸汽灭菌器内空气不能完全排除，此时尽管压力表可能已显示达到灭菌压力，但被消毒物品内部温度低、外部温度高，蒸汽的温度达不到要求，导致灭菌失败。所以空气一定要完全排除掉。

第三，灭菌时间应合理计算。压力蒸汽灭菌的时间，应由灭菌器内达到要求温度时开始计算，至灭菌完成时为止。灭菌时间包括以下三个部分：热力穿透时间、微生物热死亡时间、安全时间。一般下排式压力蒸汽灭菌器总共所需灭菌时间是115℃需30 min，121℃为20 min，126℃为10 min。此处的温度是根据灭菌器上的压力表所示的压力数来确定的。当压力表显示 6.40 kg/6.45 cm^2，灭菌器内温度为 121℃；9.07 kg/6.45 cm^2，为 126℃。

第四，加热速度不能太快。加热速度过快，使温度很快达到要求温度，而物体内部尚未达到（物品内部达到所需温度需要较长时间），致使在预定的消毒时间内达不到灭菌要求。

第五，注意安全操作。由于要产生高压，所以，安全操作非常重要。高压灭菌前，应先检查灭菌器是否处于良好的工作状态，尤其是安全阀是否良好；加热必须均匀，开启或关闭送气阀时动作应轻缓；加热和送气前应检查门，或盖子是否关紧；灭菌完毕后，减压不可过快。

7.2.4.2　化学消毒时使用的设备

1. 喷雾器

(1)背负式手动喷雾器

①用途：喷雾消毒。包括对场地、畜舍、设施、特别是带畜消毒。

②产品特点：结构简单，保养方便，喷洒效率高。主要技术指标见相关产品说明书，产品结构如图。

③注意事项：操作者应穿戴防护服，避免对现场第三方造成伤害。每次使用后，及时清洗喷雾器的容器和有关与化学药剂相接触的部件以及喷嘴、滤网、垫片、密封件等易耗件，以避免残液造成的腐蚀和损坏。

(2)高压机动喷雾器

①用途：场地消毒以及带畜消毒中使用。按照喷雾器的动力来源可分为手动型、机动型；按使用的消毒场所可分背负式、可推式、可背可推式等。

②产品特点：带有高效发动机；重量轻，振动小，噪声低；高压喷雾、高效、安全、经济、耐用；用少量的液体即可进行大面积消毒，且喷雾迅速。

(3)手扶式喷洒机

①用途：大面积喷洒环境消毒，尤其在场区、疫区环境消毒防疫中使用。

②产品特点：手扶式喷洒机械技术，二冲程发动机强劲有力不仅驱动着行驶，而且驱动着辐射式喷洒及活塞膜片式水泵。主要结构是较大排气量的二冲程发动机；带有变速装置如前进/后退，药箱容积相对较大，适宜连续消毒作业。每分钟喷洒量大，同时具有较大的喷洒压力，可短时间胜任大量的消毒工作。

2. 消毒液机和次氯酸制发生器

(1)用途　现用现制快速生产含氯消毒液。适用于猪场、屠宰场、运输车船，人员防护消毒以及发生疫情的病原污染区的大面积消毒。由于消毒液机使用的原料只是食盐、水、电，操作简便，具有短时间内就可以生产出大量消毒液的能力，且对环境造成污染小。消毒液机的这些特点对需要进行完全彻底的防疫消毒，对人畜共患病疫区的综合性消毒防控，减少运输、仓储、供应等环节的意外防疫漏洞具有特殊的使用优势。

(2)工作原理　消毒液机的工作原理是以盐和水为原料，通过电化学方法生产含氯消毒液。

(3)消毒机分类　因其科技含量不同，可分成消毒液机和次氯酸钠发生器两类。

消毒液机和次氯酸销发生器都是以电解食盐水来生产消毒药的设备。这两类产品的显著区别在于，次氯酸钠发生器是采用直流电解技术来生产次氯酸钠消毒药；消毒液机采用了更为先进的电解模式 BIVT 技术，生产的是次氯酸钠、二氧化氯复合消毒剂。

(4)消毒机的选择　由于消毒机产品整体的技术水平参差不齐，猪场在选择消毒机类产品时，主要注意三个方面：第一方面是消毒机是否能生产复合消毒剂。第二方面要特别注意消毒机的安全性。猪场在选择时应了解有关消毒机的国家标准(GB 12176—90)的有关规定，在满足安全生产的前提下，选择安全系数高，药液产量、浓度正负误差小，使用寿命长的优质产品。一般来说，消毒机在连续生产时，超过产率 25 g/h，氢气排量将超出安全范围，容易引起爆炸等安全事故，因此，必须加装排氢气装置以及其他调控设备，才能避免生产过程中出现危险。如果产率小于 25 g/h 的消毒液机要选择生产精度高的浓度能控制在 5%范围内的产品，防止生产操作误差而造成的排氢量超标。第三方面是好的消毒液机的使用寿命可高达 3 万 h，相当于每天使用 8 h 可以使用 10 年时间。

3. 臭氧空气消毒机

(1)产品用途　主要在养殖场的兽医室、大门口消毒室的环境空气的消毒，生产车间的空气消毒，比如，屠宰行业的生产车间、畜禽产品的加工车间及其他洁净区的消毒。臭氧是一种强氧化杀菌剂，消毒时呈弥漫扩散方式，因此，消毒彻底、无死角，消毒效果好。臭氧稳定性极差，常温下 30 min 后自行分解。因此消毒后无残留毒性，公认为“洁净消毒剂”。

(2)工作原理　产品多是采用脉冲高压放电技术将空气中一定量的氧电离分解后形成臭氧，并配合先进的控制系统组成的新型消毒器械。其主要结构由臭氧发生器、专用配套电源、风机和控制器等部分组成，臭氧消毒为气相消毒，与直线照射的紫外线消毒相比，不存在死角。由于臭氧极不稳定，其发生量及时间要视所消毒的空间内各类器械物品所占空间的比例及当时的环境温度和相对湿度而定。根据需要消毒的空气容积，选择适当的型号和消毒时间。

7.3　猪场绿化措施进步

旧模式的猪场绿化意识淡漠，在生产经营过程中经常产生大量灰尘，对猪有害的病原微生物附着于灰尘上，对动物健康构成直接威胁。灰尘降落在猪体上，可引起皮肤发痒发炎，使皮肤的散热能力降低；常见的几种猪呼吸系统传染病，例如猪喘气病、猪萎缩性鼻炎、猪传染性胸膜炎等都是通过空气中带菌的灰尘经呼吸道感染。随着规模化、集约化养猪模式的快速发展，生态养殖、低碳养殖理念深入人心，猪场的绿化不仅可以改变自然面貌，改善和美化环境，还可以减少污染，在一定程度上能够起到保护环境的作用。

7.3.1　猪场绿化的卫生学意义

7.3.1.1　改善厂区小气候

绿化可以明显改善畜牧场内的温度、湿度、气流、太阳辐射等状况。在冬季，绿地的平均温度及最高温度均比没有树木低，但最低温度较高，因而减小了场区冬季的温度日较差，使气温变化不致太大。夏季，一部分太阳辐射热被树木稠密的树冠所吸收，而树木所吸收的辐射热量，又绝大部分用于蒸腾和光合作用，从而显著降低绿化地带的气温，一般绿地夏季气温比非绿地低 3～5℃，草地的地温比空旷裸露地表温度低得多(颜培实等，2011)。

绿化可增加空气的湿度，绿化区风速较小，空气的乱流交换较弱，土壤和树木蒸发的水分不易扩散，空气中绝对湿度普遍高于未绿化地区，由于绝对湿度大，平均气温较低，因而相对湿度高于未绿化地区10%～20%，甚至可达30%。绿化树木对风速有明显的减弱作用，因气流在穿过树木时被阻截、摩擦和过筛等作用，将气流分成许多小涡流，这些小涡流方向不一，彼此摩擦可消耗气流的能量，故即使冬季也能降低风速20%，其他季节可达50%～80%。因此，猪场植树和绿化裸露地表对改善小气候确有明显效果。

7.3.1.2　净化空气

据调查，有害气体经绿化地区后，至少有25%被阻留净化，煤烟中的二氧化硫可被阻留60%。

规模化猪场由于牲畜集中，饲养量大，密度高，在一定的区域内耗氧量大而由畜舍内排出的二氧化碳也比较集中，与此同时，尚有少量氨等有害气体一起排出。如果绿化畜牧场环境，由于绿色植物等进行光合作用，吸收大量的二氧化碳，同时，又放出氧，所以，绿化畜牧场的树木或周围的农作物均能净化空气。每公顷阔叶林，在生长季节，每天可以吸收约1 000 kg的二氧化碳，生产约730 kg的氧。许多植物且能吸收氨，生长中的植物能使畜牧场中污染大气中氨的浓度下降，这些被吸收的氨，在生长中的植物群落所需要的总氮量中占很大比例，有的可达10%～20%，因而可减少对这些植物的施肥量。畜牧场附近的玉米、大豆、棉花或向日葵都会从大气中吸收氨而促其生长，植物尚能吸收大气中的二氧化硫、氟化氢等（颜培实等，2011）。

7.3.1.3　减少微粒

规模化猪场空气中的微粒含量往往很高，在畜牧场内及其四周，如种有高大树木的林带，能净化、澄清大气中的粉尘。植物叶子表面粗糙不平，多绒毛，有些植物的叶子还能分泌油脂，能滞留或吸附空气中的大量微粒。当含微粒量很大的气流通过林带时，由于风速降低，可使直径大的微粒下降，其余的粉尘及飘尘可为树木枝叶滞留或及树脂所吸附，使大气中含微粒量大为减少，空气因而较为洁净。在夏季，空气穿过林带时，微粒量下降35.2%～66.5%，微生物减少21.7%～79.3%。由于树木总叶面积大，吸滞烟尘的能力也很大，好像是空气的天然滤尘器。树叶的气孔多在叶子的背侧，叶正面只有少量的气孔。叶子吸附微粒时，光合作用受到影响，但不会使气孔完全堵塞而死亡。蒙尘林木经雨水淋洗后，又可以再起净化微粒的作用。草地减少微粒的作用也很显著，除其可吸附空气中微粒外，尚可固定地面的尘土。

7.3.1.4　减弱噪声

树木与植被等对噪声具有吸收和反射的作用，可以减弱噪声的强度，树叶的密度越大，则减音的效果也越显著。栽种树冠大的树木，可减弱家畜鸣声，对周围居民不会造成明显的影响。

7.3.1.5　减少空气及水中细菌含量

森林可以使空气中含微粒量大为减少，因而使细菌失去了附着物，数目也相应减少，同时某些树木的花、叶能分泌一种芳香物质，可以杀死细菌、真菌等。含有大肠杆菌的污水，若从宽30～40 m的松林流过，细菌数量可减少为原有的1/18。

7.3.1.6　防疫、防火作用

畜牧场外围的防护林带和各区域之间种植隔离林带，都可以防止人畜任意往来，减少疫病传播的机会。由于树木枝叶含有大量的水分，并有很好的防风隔离作用，可以防止火灾蔓延，故在畜牧场中进行绿化，可以适当减小各建筑物的防火间隔。

7.3.2 绿化植物的选择

我国地域辽阔，自然条件差异很大，植物树木种类多样，可供环境保护的绿化树种除要适应当地的水土环境以外，尚要具有抗污染、吸收有害气体等功能。现列举一些常见的绿化及绿篱树种供参考(刘凤华，2004)。

7.3.2.1 树种

槐树、梧桐、小叶白杨、毛白杨、加拿大白杨、钻天杨、旱柳、垂柳、榆树、桦树、朴树、泡桐、红杏、臭椿、合欢、刺槐、油松、侧柏、雪松、榛树、大叶黄杨、榕树、桉树等。

7.3.2.2 绿篱植物

常绿绿篱可用侧柏、杜松、小叶黄杨等。落叶绿篱可用榆树、鼠李、水蜡、紫穗槐等。花篱可用连翘、太平花、榆叶梅、珍珠梅、丁香、锦带花、忍冬等。刺篱可用黄刺枚、红玫瑰、野蔷薇、花椒、山楂等。蔓篱则可用地锦、金银花、蔓生蔷薇和葡萄等。绿篱植物生长快，要经常整形，一般高度以 100～120 cm、宽度以 50～100 cm 为宜。无论何种形式都要保证基部通风和足够的光照。

猪场周围应栽植平行的 2～4 排树木，尤其是在冬季主风向侧应密栽，并距场内主要建筑 40～50 m 处为宜，其他方向为 30～40 m。在饲料库与畜舍或运动场之间也要种植树木和绿篱。树木间行距 3～6 m，株距 1～1.5 m 为宜。

7.4 猪场鼠类和昆虫防控措施进步

在养猪生产中老鼠、蚊蝇等昆虫对猪场的危害比较普遍，老鼠通常会破坏设施、偷盗饲料，蚊蝇严重干扰猪场猪只的正常休息，影响猪群生长发育，使生猪生产性能下降。老鼠与蚊蝇是养猪场传播疾病的重要媒介，因此老鼠与蚊蝇防控应作为现代规模化猪场环境卫生控制体系的重要环节(颜培实等，2011)。

7.4.1 鼠类防控措施的进步

老鼠在日常活动中常常携带多种病原微生物与寄生虫，比如，伪狂犬病病毒、弓形虫、乙脑病毒等。鼠类传播疾病主要是由鼠类携带病原在盗食饲料时污染饲料，造成某些消化道疾病的感染和流行；鼠类还能传播鼠疫、流行性出血热和钩端螺旋体病等多种疾病。老鼠还经常偷盗饲料和储备粮食，造成猪场饲料流失猪场里的老鼠要消耗大量饲料，1 只老鼠 1 d 吃进的食物 50～100 g。据报道，1 只老鼠在仓库里存留 1 年可吃掉 12 kg 粮食，排泄 2.5 万粒鼠粪污，约损失 40 kg 粮食。老鼠破坏猪场设施，常损坏场内的木质门窗、工具、衣物，咬坏饲料袋、电线、电缆和塑料管，给猪场造成较大的经济损失。

我国传统的灭鼠方式是用药物(毒鼠强)毒杀和器械捕捉，但老鼠不易被毒死，捕捉也很困难，常造成剧毒药物的散播，给猪场的人畜安全造成隐患。因此，现代化养猪场内具备完善的鼠类综合防控措施，具体如下：①搞好猪场内外的环境卫生及周围的绿化工作，防止杂草生长，饲料车间内原料和成品料分类堆放，摆放整齐；及时清除猪场内残留饲料、生活垃圾，减少鼠类的生存空间。②猪舍及饲料车间等建筑要求墙基、地面、门窗等应坚固，发现洞穴立即封堵。③选用鼠夹、粘胶板、电子捕鼠器捕鼠。鼠夹以蔬菜、瓜果做诱饵，粘胶板、捕鼠器应放在鼠洞鼠道上。④化学药物灭鼠。目前猪场灭鼠常选用对人畜比较安全、慢性低毒的药物，如敌鼠钠、杀鼠醚、杀鼠灵等灭鼠剂。严禁使用氟乙酰胺、毒鼠强等剧毒药物。鼠药应投放于老鼠比较集中、隐蔽的地方，防止动物误食引起中毒，确保人畜安全；为防止老鼠产生拒食性和耐药性，同种灭鼠剂每年只使用 1 次；灭鼠后要及时收集死鼠、剩余毒饵并采取无害化处理；猪群若误食鼠药应及时采取特效药治疗。⑤建立完善灭鼠制度。猪场应根据实际情况每月普查 1 次，要充分发挥员工的灭鼠积极性，实现全员灭鼠，将猪场鼠害降到最低。

7.4.2　蚊蝇等昆虫防控措施的进步

猪场内的畜体及饲料、粪便、污水等易滋生或招引蚊蝇等昆虫，这些昆虫不仅影响生产性能，也是多种疾病的传播媒介。在夏季猪群受蚊蝇叮咬，猪只躁动不安，得不到休息，影响猪群生长发育与饲料报酬，此外，猪只被蚊蝇叮咬，皮肤出现过敏、红肿等症状，导致猪只抵抗力下降，影响猪的生长。

由于蚊蝇来自粪污处，身上可黏附多种细菌与病毒，因而，蚊蝇可传播多种疾病。蚊蝇传播人类的疾病有疟疾、乙脑、丝虫病、痢疾、伤寒、肝炎、霍乱等；重要猪病有高致性猪蓝耳病、口蹄疫、猪瘟、圆环病毒病、伪狂犬病、传染性胃肠炎、猪乙型脑炎、乳房炎、链球菌性脑炎、猪丹毒、巴氏杆菌病、布氏杆菌病、疥螨病、球虫病、猪弓形虫病及其他血液寄生虫病等。为控制蚊蝇等昆虫的危害，可采取以下一些措施（颜培实等，2011）。

7.4.2.1　保持环境的清洁、干燥

填干所有的积水坑、洼地。排污管道采用暗沟、粪池加盖，粪堆加土覆盖。堆粪场远离居民区与畜舍，最好用腐熟堆肥法处理粪便。

7.4.2.2　防止昆虫在粪便中繁殖、滋生

每天将舍内的粪便清除出舍至粪池或堆积储存，如定期清粪，舍内堆积一段时期，须防止供水系统漏水，以保持粪便干燥，当粪便中的水分低于 50%时，蛆即不易滋生。

7.4.2.3　使用化学杀虫剂，定期喷洒杀虫药剂

近年来我国已生产多种低毒高效的杀虫药剂，对家畜健康及生产性能无影响，如用适量的“溴氰菊酯”溶液喷洒在畜舍内外可有效地灭蝇。近年在我国还试用合成的昆虫激素，将其混于料中喂给家禽，这种药物对家禽的健康与生产性能无影响，食后由消化道与粪便一齐排出，蛆吃了这些药物即被杀死，因此粪便不会生蝇。

7.4.2.4　使用电气灭蝇灯

这种灯的中部安有荧光管，放射对人类与家畜无害而对苍蝇有高度吸引的紫外线。荧光管的外围有栏栅，其中，通有将 220 V 变成 5 500 V 的 10 mA 电流，当苍蝇爬经电灯时，则接通电路而被杀死，落于悬吊在灯下的盘中。

第8章
猪场环境控制设备

本章内容提要

猪场的环境控制主要是通过对猪舍的温度控制、对环境空气质量的控制、猪舍内猪粪尿的处理方式以及生物安全控制来实现的。猪场的环境控制离不开先进的设施设备，随着我国改革开放和科学技术的进步，猪舍温度的控制设备、空气质量控制设备、猪舍内清粪设备、生物安全控制设备等都发生着巨大的变化，向着自动化程度越来越高、对环境的检测越来越精准、控制水平越来越先进、技术运用越来越综合的方向发展。本章通过对温度控制设备的进步、空气质量控制设备进步、猪舍内清粪设备进步、生物安全控制设备等的阐述，较详细地介绍了猪场环境控制设备自新中国成立以来的发展和变化。因地制宜地选择较先进的环境控制设备，对指导养猪业的生产实践具有重要的现实意义。

猪场的环境控制设备主要包括猪舍温度的控制设备、空气质量控制设备、猪舍内清粪设备、生物安全控制设备等。

温度控制设备中的加温设备从普通煤炉、蜂窝煤炉、土炕、地炕、火墙、红处线灯、水暖、气暖发展到近来的电磁采暖炉、电热地暖等；降温设备从起初使用敞开式猪舍自然通风，从排风扇、玻璃钢负压风机、屋顶淋水降温、喷雾降温、滴水降温、局部喷水降温到风机水帘降温等。当前，现代化规模化的养猪场主要通过对环境的综合控制以达到对猪舍空气质量控制的要求。

空气质量的控制主要是通过通风系统来实现的，通风系统分为隧道通风(纵向通风)、横向通风、过渡通风、单元式通风等几种模式。根据猪场所在地的气候特征，结合猪舍设计的具体情况综合设计不同的环境控制整体解决方案。空气质量控制设备从风机及排风扇到空调换气系统、空气过滤系统；现代化的猪场猪舍使用臭氧机杀菌，使用氨气自动控制设备改善猪舍空气质量；使用喷雾除尘消毒机对猪舍进行除尘，降低病原微生物。更先进的猪场环境控制使用空气安全控制系统。

猪舍内清粪从开始的人工清粪到漏粪地板、猪场自动化清粪系统、粪污固液分离后无害化处理。

生物安全控制主要通过猪场外部生物安全体系构建、猪场围墙、大门和出猪台设施、入场生物安全设施、防止鼠、虫、鸟入场设施等达到生物安全控制的要求。

8.1　温度控制设备的进步

自新中国成立以来，我国长期的生猪饲养方式主要是以家庭式养猪为主，猪舍温度的控制：冬季是通过避风、猪舍内放入杂草等来保证取暖；夏季主要通过遮阳，给猪圈内安放水池等方式给猪降温。

改革开放以后，20 世纪 80 年代起，出现了养猪专业户，开始了生猪的规模化养殖，虽然养殖规模一般并不大，但开始注重猪场的环境控制了，温度控制设备降温主要以排风扇（图 8-1）为主，加温主要是普通燃煤火炉（图 8-2）、蜂窝煤炉为主。对于刚出生的幼仔猪开始出现使用红外线灯泡（图 8-3）或烧土炕加温取暖。

图 8-1　排风扇

图 8-2　燃煤火炉

图 8-3　红外线灯泡

8.1.1　生猪养殖场主要的加温方法及设备

8.1.1.1　土炕

通常在地上先要用土、沙等先垫高到炕高的一半，然后用砖砌成“己”字形的烟道，俗话叫炕洞。也可以先砌烟道再用土在其中填起来，炕面不易下沉。炕洞宽度不超过一块砖长度，一般是砖长的 2/3，高度大概 4～5 砖高（根据炕高而定），卧砖顺向砌。由于养猪土炕一般比较大，间隔一两个炕洞就要在炕洞里头留出一两个较深的坑，也就是把炕底的土掏出后，再用砖加固一下，以便灰多了，扒开炕面掏灰方便，也就是俗话叫的落灰膛。与烟囱的接口处也一定要有。然后用砖横向码满炕面，用沙泥抹平。抹炕洞一定要用黄泥，抹炕面用黄沙掺很少的黄泥，比例约 8∶1（图 8-4）。

图 8-4　土火炕养猪

8.1.1.2 火墙采暖

具体如图8-5所示。

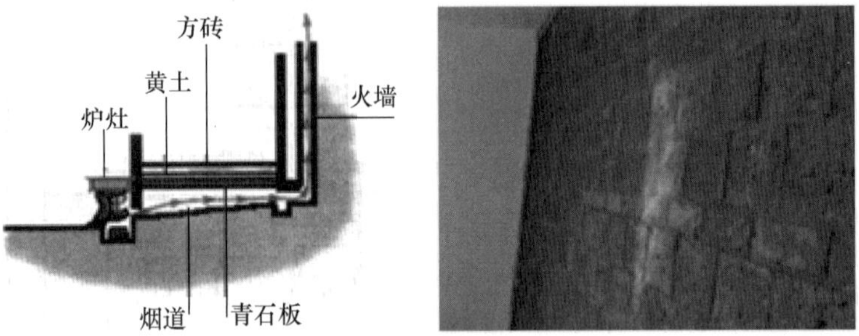

图8-5 火墙采暖

8.1.1.3 锅炉采暖

20世纪90年代起，猪场的温度控制设备加温设备逐步开始出现使用锅炉蒸汽、循环热水加热，降温设备主要仍然以排风扇为主，具体如图8-6所示。

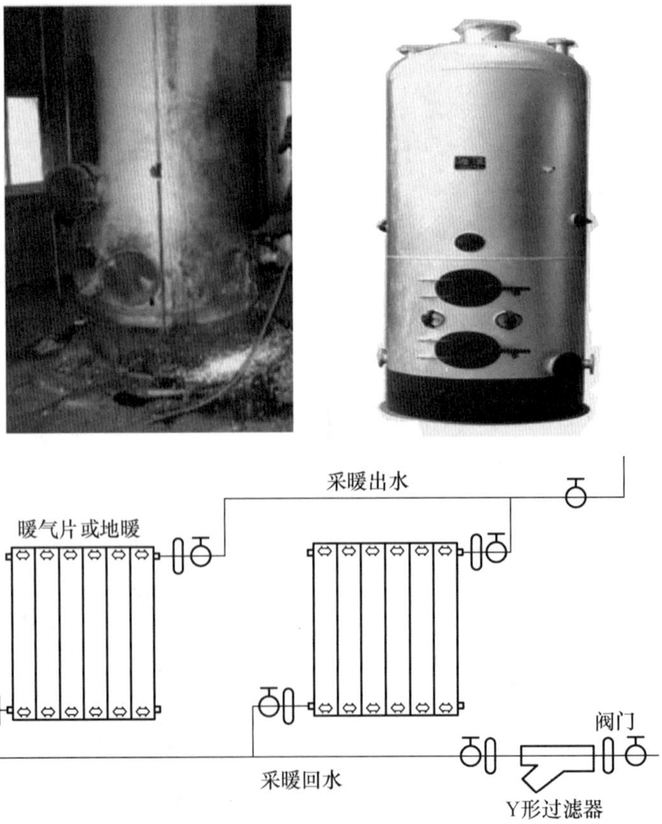

图8-6 锅炉采暖

8.1.1.4 电热板及热风炉

2000年起，猪场的温度控制设备和加温设备逐步开始出现使用橡胶、玻璃钢电热板（图8-7）及热风炉（图8-8）、热风机等。

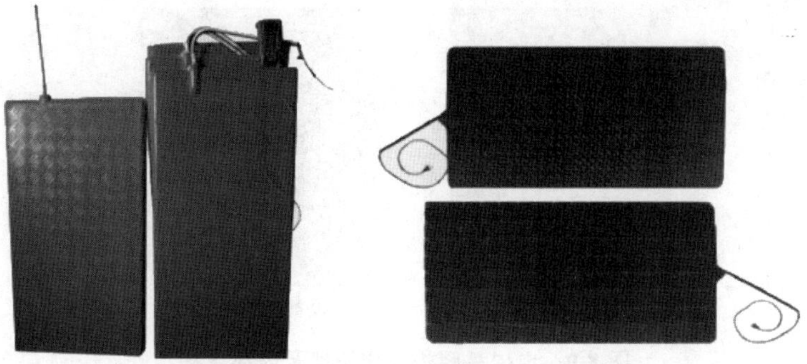

图 8-7　电热板

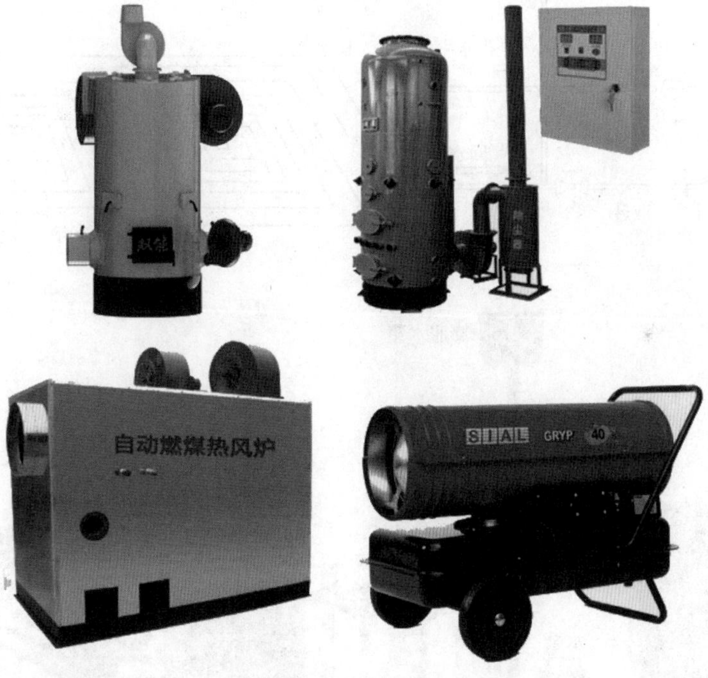

图 8-8　热风炉(机)

8.1.1.5　电磁采暖炉

电磁采暖炉(图 8-9、图 8-10)是一种将电能转化成热能的采暖设备,直接通过导热体在采暖管道中输送热满足供暖需求。电磁采暖炉是目前恒温采暖的最好设备,它的安全性高,极少出现安全隐患;寿命长,使用 10 年;可随意设置供暖温度,智能设置开关时间;耗电量少,能减少部分不必要的热能损耗。电磁采暖炉有以下几方面的优点。

①电磁感应制热,真正意义上的水电分离,电路和水路绝缘。安全性高。

②高频电磁感应制热,通过电磁感应直接作用到水胆,使水胆本身发热,减少了通过介质传导的过程,热损失少,热效率高,即加即热,无需储热容器,瞬间热效率可高达 80%以上。

③工业级电磁,耐高温线,使用 10～15 年以上。

④制热电源频率 20 000 Hz,超出人身正常听频,不仅提高热效率,而且静音环保。

⑤低压软启动,减少电流浪涌冲击的危害,避免因电压波动而损坏设备。

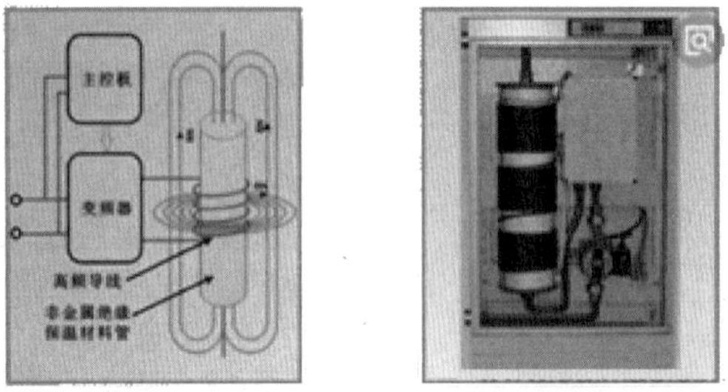

工作原理图　　设备内部结构图

图 8-9　电磁采暖炉工作原理及内部结构

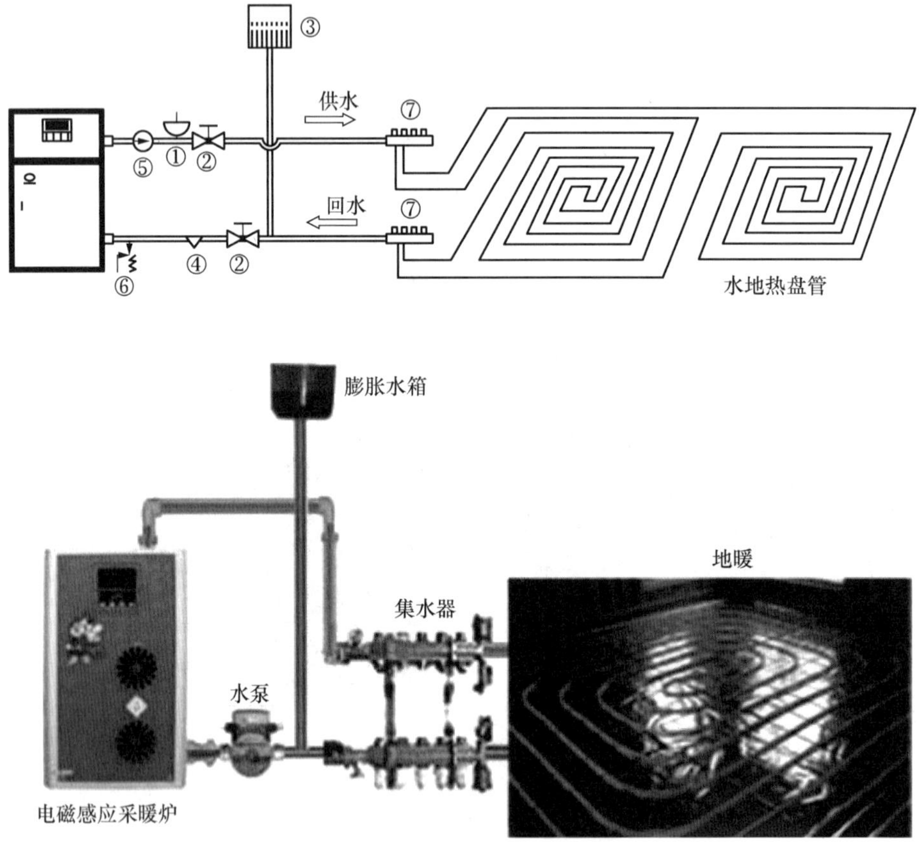

图 8-10　电磁感应采暖炉供暖系统

⑥变频功率输出部分可根据电压波动变化自动调控电流大小，保证恒定功率，不会因电压升高电流随之升高，造成电气承载不够而损坏。

近些年来，越来越多的养猪场猪舍采用电热地暖，既经济又环保。

8.1.1.6　电热地暖

1. 电热地暖的面积及功率计算方式

根据保温箱大小、保育栏存栏猪只数量多少来定所需规格，一般断奶后保育栏的每头仔猪所需要地暖面积为0.15～0.2 m^2，断奶前的护仔箱内每头仔猪需要0.05 m^2。比如，100 cm×200 cm的地暖可用于断奶后的10～13头保育仔猪睡卧。50×100 cm的地暖适用10～15头哺乳期仔猪(图 8-11)。

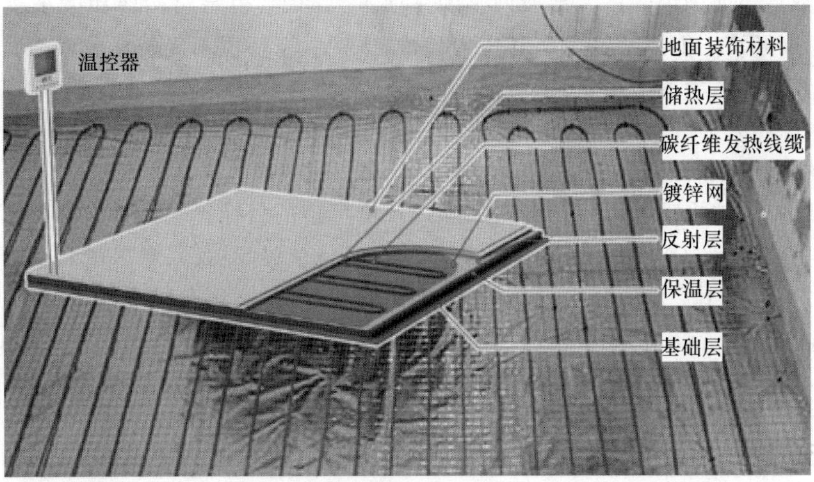

图 8-11 电热地暖

2. 采用电热地暖的优点

(1)安全,寿命长 发热元件采用优质的碳纤维或康铜发热体,电热转换高达 97%~99%,节能省电;外皮为优质硅胶防护。(硅胶耐热温度可以达到近 300°,PVC 为 140°),电气强度为 2 000 V/5 min,无击穿,绝缘性能强,防老化、防龟裂的长寿命发热体实际寿命可与地板同寿,一劳永逸。使用中自动运行,无需维护、维修。可用于各种场合的取暖加温,碳纤维地暖具有远红外理疗保健功能。用在养殖场时,可冲、可铲、可洗,可防幼畜啃咬,也可高温烘烤、化学药物消毒。

(2)安装简单,自动控温、使用方便,储温时间长,安全、保健、环保 无太多零配件,安装简便,使用电子温控器后用户可根据需要任意设定温度,正常可调节温度范围:10~60℃,恒温舒适。因所有发热部分在地板内,合理的地面发热升温、全身保暖;整体温度均匀,边角与中心温度误差不超 0.5℃。性能稳定,运行无噪声,无废气产生。水泥地坪形式的地暖加热 2 h 断电后,有 2~5 h 的 20℃以上余温。

(3)节能 耗电少,地暖功率仅约 160 W/m^2。电热地暖安装智能电子温控器后,按北方冬季每天累计工作最多 10 h 计算,每平方米一天的耗电量为 1.6 kW·h,中南部省市使用更省电,全天候运行每平方米耗电量不超 1 kW·h;比如,20 m^2 的卧室铺设 16 m^2 的地暖,全天的运行费用为 10 kW·h。比如,用在养猪场的 50 cm×100 cm 护仔箱地暖每天只耗电 0.5 kW·h,不到 0.4 元。

8.1.1.7 传统燃煤锅炉水暖必将退出采暖市场

煤炭资源呈逐年减少趋势,并将最终消耗殆尽。作为全球第二大能源消耗国的中国,目前,已因煤炭蕴藏枯竭而面对能源短缺的问题,2007 年 1 月通过再生能源法的中国,承诺未来 15 年耗资约 2 000 亿美元发展再生能源,达到两成能源供应来自绿色能源的目标。水利发电、核能发电、风能发电、太阳能发电等环保、新型能源成为绿色能源的首选。

未来随着能源的枯竭,以消耗不可再生能源为主要方式的传统采暖方式的退出,可利用再生能源的电暖等新型采暖方式必将成为主流。

传统燃煤、燃油锅炉对生态平衡破坏性大，环境污染严重，最终会被淘汰出局。

环境污染是当前国内经济发展所面临的一项重大问题，也是对构建和谐小康社会的一个重大挑战，发展经济不能以牺牲生态环境为代价，保护生态环境不受破坏已成为我国的一项基本国策。随着今后国力的上升，国家对保护生态环境的重要性的认识也会逐渐提高，一些严重污染空气、水源和人居环境的落后生产、生活设施都面临被更新颖、更环保设备替代的命运。

由于燃煤锅炉生产工艺落后，运行效率低，环境污染严重，正在逐渐被市场淘汰。养殖场(户)自发的以小煤炉采暖等方式背离国家降低环境污染的目标。

随着国家对环保的要求越来越高，小煤炉采暖必将被逐步取缔，电采暖会成为主流采暖方式。以电力为能源、不会造成环境的污染、利于生态和环保，它具有以下优点。

①电采暖在用户端不会造成任何环境污染，电采暖的污染主要表现在发电厂要承受废气、废渣的排放，但发电厂距离城市较远，有利于城市空气质量的提高和宜居环境的建设。并且，虽然现阶段国内发电以火电为主，但从远期来看，是逐步向水电、核电、风电、太阳能电等新型发电迈进，并最终淘汰火力发电这一落后方式。

②电采暖安全可靠，没有传统水采暖的跑冒滴漏的困扰。

③电采暖使用安全、可靠，不像煤和燃油，燃烧时会排放一氧化碳、二氧化碳、硫化氢等有毒有害气体；设计良好的低温电暖器也不存在明火，达不到燃点，不会引起火灾；电暖器寿命长，维修、更换方便，即使在采暖季也可以随时停暖检修，克服了传统水采暖的跑冒滴漏的困扰。

8.1.1.8 电采暖的发展

我国电采暖发展不足10年，电采暖电加热作为房屋取暖的一种形式，主要是用在北方的房屋内采暖，用在猪舍也就是近几年的事。目前，北京市采用电暖面积已逾千万平米，北京市电业局关于使用电采暖电价优惠政策，规定使用电采暖电价要用峰谷电价，谷期电价减半，只收0.2元/(kW·h)。其他地区，比如，辽宁、黑龙江、内蒙古、陕西、新疆等省(自治区)也出台政策，对使用电采暖的用户试行级差电价，让使用电采暖的用户得到实惠，通过电价优惠政策，减轻了用户的负担。费用与集中取暖缴费大致保持一致或略低，使用者在经济使用方面也全部接受电暖价格。对开发商在新开发住宅小区时，有些电业局采取免费增容，缓交电配套费等办法让开发商选用电采暖。

综上所述，电采暖作为一种新兴的采暖方式，具有其他采暖方式不可比拟的先天优势，最终会成为主流的采暖方式，发展前景非常好。

8.1.1.9 各种采暖设施注意事项

上述采暖设施都不同程度的存在一些不足之处，下面是几种常见的应注意的事情。

1. 炉烟

在使用煤炉、蜂窝煤炉或火墙时经常出现的现象，特别在生火时经常使舍内乌烟瘴气，在密度相对较大的猪舍，使空气质量明显变差，不利于猪的健康；特别是一些猪场煤炉或蜂窝煤炉不装烟筒，还容易引起一氧化碳中毒；因猪对一氧化碳的耐受性较人强，往往造成慢性中毒而不被发现；所以使用煤炉或蜂窝煤炉时，必须安装烟筒；

2. 失火

取暖引起失火的现象时有发生，特别是木制结构的猪舍，必须使烟筒远离易燃物；同时，在取暖季节，要安排人员夜间值班，以防事故出现；

3. 塑料棚的湿度

塑料大棚在冬季最容易出现湿度过大，主要是因为猪舍潮气无法排出的缘故；所以，使用塑料大棚时，应该在棚顶预留出通气孔；为防止通气孔热量散失过多，可考虑晚上在通气孔上用草帘盖上，既不影响通气，又起到了保温的作用；建塑料大棚时，如果设计成可方便揭盖草帘形式，晚上将草帘盖上，白天揭开，更有利于猪群生产；

4. 暖气和热风炉的水循环

暖气和热风炉水循环不畅的现象时有发生，一旦循环受阻，热水将不能输送到位，不能起到取暖的作用；另一个现象是由于设计不周，暖气管道供热不均匀，部分区域很热，部分区域却不热，造成猪舍温度不均匀。

5. 畜禽空调的合理使用

畜禽空调不像电空调那样质量可靠，经常出现一些问题，如果不懂使用或维修方法，往往造成无法使用的情况。所以，在购买畜禽空调时，必须把使用说明书保管好。一旦出现小问题，可以参照说明书去调整。

6. 锅炉工偷懒

在猪场，晚上职工都下班休息，只有锅炉工在坚持工作，没人监督；这容易养成锅炉工偷懒的习惯，晚上该烧时不烧，到早晨上班时才把锅炉烧热，如果晚上不查夜是难以发现的；所以也可以考虑使用低温报警装置，使用我们前面讲的电接点温度计，结合使用继电器就可以，这样如果温度低于规定范围，报警器自动报警。

7. 不要忽略空气质量

天气寒冷时，猪舍往往封闭很严，新鲜空气进入量少，经常出现舍内氧气量不足，影响猪群生产；所以在保温时不要忘空气质量，以免顾此失彼。

不论采取哪种采暖措施，注意每一个细节，便宜的设备也会起到好的效果。

8.1.2　生猪养殖场主要防暑降温方法及设备

8.1.2.1　通风

通风可以将舍内多余的热量带出舍外，同时也可有效降低舍内有毒有害气体含量，有利于猪场生产生活。通风与场址、栏舍布局及猪舍跨度有密切关系，猪场场址须选在地势开阔的地方，不宜选在背风、窝风处；猪场栏舍布局需符合通风要求，猪舍间距不宜低于10 m；跨度小的猪舍气流顺畅，因此，猪舍跨度不宜超过10 m。

通风的主要设备为负压风机，主要特点：合理的喇叭口设计，噪声低、风量大、抽风力强、运转费用低；强度高、噪声小、持久耐用；采用空气顺流原理合成PVC百叶窗，抗氧化、重量轻、不变形、开启灵活、防空气倒流；扇叶不变形、不断裂、美观耐用；重量轻，运转平稳，安装操作简单。

8.1.2.2　屋顶淋水降温

如果猪舍屋面为彩钢瓦或者石棉瓦，可在屋顶安装脉冲喷水降温设备，通过间歇喷水，水由液态转为气态，带走屋面热量，减少热传导。此法降温快，效果佳，一般舍内温度可下降3～4℃。

在猪舍屋脊正中，架设一条塑胶水管（软硬均可），在每相距0.3～0.5 m处钻一小孔，水管一端连接进水管并安上阀门，另一端封堵。当打开进水管阀门开关时，清凉水注入水管并从各小孔喷涌而出，湿透冷却瓦面，减少热辐射，从而达到舍内降温的目的。可于每天最闷热时候，定时开启阀门，淋水降温。此法简单易行，降温速度快捷，效果显著，一般猪场都有能力和条件安装，但用水较多。也可用冲栏高压水管于每天高温时段定时直接冲淋屋顶瓦面。

8.1.2.3　舍内喷雾降温

此法适用于猪只较为密集的育肥猪舍、定位栏妊娠猪舍，或空怀配种猪舍等开放式猪舍。做法基本上与屋顶淋水降温装置相似，不同的是，所用的塑管均为硬管，或铁管，且架设于室内半空，水管上不是钻孔漏水，而是安装雾化喷头（喷头相距 0.5～1 m），当进水阀门打开后，清水借助压力从喷头处呈均匀雾状喷出，通过水雾的直接冷却和蒸发吸热，达到舍内降温的目的，也可同时在舍内每面墙上，每隔 10 m 安装一个壁扇，加强通风使水气蒸发，可将舍内气温下降 6～8℃。

此法易于安装，便于操作，且降温速度快，降温效果好，投资也不大，一般猪场都可以安装。但由于此法致使环境湿度过大，不宜用于产房、保育舍等密闭式猪舍。若接上消毒药水，又是一种极好的舍内消毒装置。但应注意在安装时，需将喷头开口置于水管上方，否则容易因水中泥沙杂质沉淀堵塞喷头。

8.1.2.4　滴水降温

此法适用于分娩舍母猪或定位栏妊娠母猪的降温。最简单的做法（可参照图 6-13）是在产床或定位栏母猪头颈上方 40 cm 左右的高度安装滴水设备，安装一条硬塑管，一端与进水管相连，安装上水阀，另一端封堵，于水管正对母猪的颈肩位置钻一小孔。当进水阀门打开后，清水即从管孔中溢出，滴注于母猪头颈或颈肩部，借助滴水冷却和蒸发，达到猪体降温的目的。

此法简单易行，既能为母猪降温，又可保持猪床相对干燥，保护仔猪（仔猪忌潮），它是目前规模化猪场产房母猪降温普遍采用的方法。此法投资少，效果好，最适于中小猪场推广应用。但操作时进水管阀门调控要得当，调得太大，水大量喷出，猪床潮湿，调得太小，则水管末端小孔无水滴出，调控时，应以所有小孔均能滴水且保持滴 30～60 次/min 为宜。此法配合负压机械通风使用效果更显著。

8.1.2.5　局部喷水降温

这种方式适用于保育舍，即通过局部喷淋结合纵向通风达到降温目的。在小区域内安装喷水设备，猪只热时走过喷水区，水淋到身上，通过通风蒸发达到降温效果。

8.1.2.6　风机水帘降温

在配种舍、妊娠舍或保育舍安装大功率风扇，或抽风机，通过水帘纵向扇风或抽风，加速舍内空气对流，达到降温的目的。保育舍和分娩舍可安装摇头壁扇，但需注意安装位置和高度，防止对小猪直接扇风。此法易于操作，且对及时排除室内有害气体具有十分良好效果，对那些缺少地窗，有害气体难以通过自然通风得以排除的封闭式猪舍，无疑是一种极好的应对办法。

1. 工作原理

此方法具有降温效果好、能耗低、通风透气、适用性强的优点。其降温效果与门窗密闭程度、风机及湿帘纸质量密切相关，通常可使得猪舍内温度降低 8～10℃。其方法是：室外热空气由负压风机抽入栏舍时，经过布满冷却水的湿帘纸，冷却水由液态转化成气态的水分子，吸收空气中大量的热能从而使空气温度迅速下降，在与室内的热空气混合后，通过负压风机排出室外。

利用湿帘风机降温需注意以下几点：其一，门窗需密闭，防止热空气漏入；其二，室内风速需在 1～1.5 m/s，通常一个风机（1.1 kW 规格为 1.4 m×1.4 m）对应 6 m^2 的湿帘可达到此要求；其三，湿帘面积约为栏舍面积的 1/40。

2. 设备特点

主要设备为湿帘（水帘）（图 8-12），其主要特点为：湿帘采用新材料、利用空间交联技术，具有高吸水、高耐水、抗霉变、耐腐蚀、使用寿命长等点；蒸发表面积大，降温效率达 80%以上；具有良好的渗透性吸水性，可保证水均匀淋透整个湿帘墙；外框有镀锌板、铝合金等多种选择。

图 8-12　猪场温控设备——湿帘（水帘）

8.1.2.7　空调系统

目前，也有部分新型猪场已使用养殖专用的空调系统（图 8-13），比如，Air Works System。这类通风换气系统是将舍外空气经过过滤和降温后向舍内输送，将猪舍内高温和浑浊的空气排出室外，结合数字化管理和自动化技术，从而实现控制舍内气温、风速和空气质量的功能。

图 8-13　畜用空调

8.1.2.8　猪场自动化环控系统

自动化环控系统实现了环境监测与控制一体化。其可以与手机、电脑等 PC 设备连接随时查看猪舍情况并即时控制风机、水帘、测风窗等外部设备，真正实现了物联网。环控系统主要有以下几个系列：温控系统、冷暖值班员、物联网环境控制等。

1. 温控系统

通过温度传感器采集温度发往温控模块，温度模块根据人为设置参数来自动开启和关闭风机、水帘、小窗等外部设备。优点：拥有可视化操作页面，可显示温度、风机设置温度、开启关闭情况，同时控制箱上设置有报警系统，当温度达到一定程度可自动报警。

2. 冷暖值班员

通过温度传感器采集温度发往控制模块、控制模块根据人为设置的参数来自动开启关闭风机。其优点是：操作简单，参数设置容易。

3. 物联网环境控制

它分为 2 个部分：①电控控制箱。②外部环境检测模块。环境监测模块通过采集温湿度、氨气浓度、光照等数据来控制外部设备，同时通过 GPRS 上传到手机和电脑上，饲养员可通过手机，电脑随时随地提取数据，下发参数，控制外部设备等。当温度过高或过低，环控模块会向手机（可人为设置）发送报警短信。真正实现了物联网无人化操作（图 8-14）。

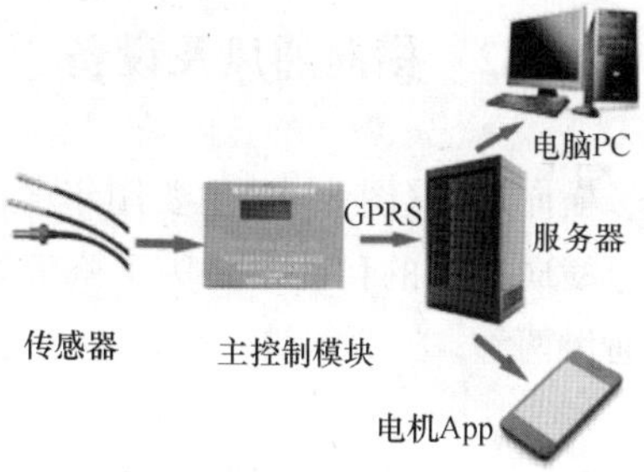

图 8-14　物联网系统

8.2 空气质量控制设备进步

改革开放前,我国养猪方式主要以露天开放式圈舍饲养为主,基本不需要什么空气质量控制设备。随着规模化养猪的出现,为了养猪环境不受外界干扰,规模化养猪主要采用相对封闭的舍内饲养方式,为了猪能健康生长,这就对猪舍内空气质量有了一定的要求。通风换气是猪舍空气质量控制的核心,包括自然通风和机械通风。

空气质量的控制主要通过通风系统来实现,通风系统的设计可分为隧道通风(纵向通风)、横向通风、过渡通风、单元式通风等几种模式。根据猪场所在地的气候特征,结合猪舍设计的具体情况综合设计不同的环境控制整体解决方案。

8.2.1 隧道通风(纵向通风)及设备

纵向通风(图8-15)主要用于夏季降温通风,设备主要包括轴流风机、湿帘、卷帘、喷雾系统等,湿帘材料经水帘后可提供大量湿润表面,在风机排气情况下,室内呈负压状态,迫使室外空气穿过湿帘。由于湿帘表面水蒸气分压力大于不饱和空气水蒸气分压力,因而湿帘表面的水被蒸发,吸收大量显热,导致进入猪舍的空气的干球温度下降。

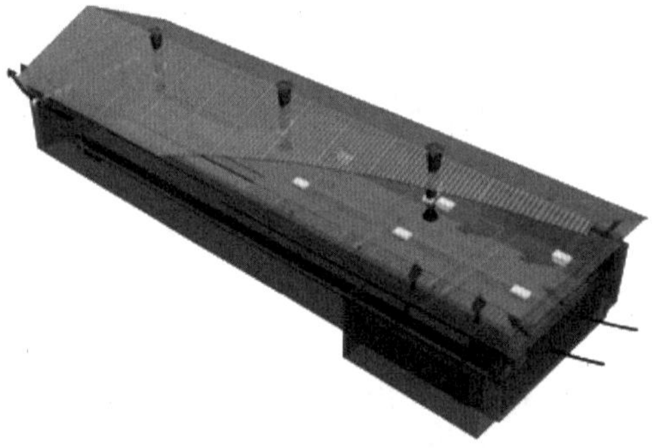

图8-15 隧道通风系统(纵向通风)

8.2.2 横向通风及设备

横向通风(图8-16)主要用于冬季,设备主要包括变速电机、侧墙通风小窗、屋顶通风小窗等。横向通风的目的不是为了降温,而是满足猪的最小呼吸量,其主要方式包括侧墙通风和地沟通风两种。

8.2.3 过渡通风及设备

过渡通风(图8-17)主要用于春秋季,设备主要包括风机、变速风机、侧墙通风小窗、屋顶通风小窗等。过渡通风目的是在满足猪的呼吸量的基础上,温度略高时,能满足适当降温作

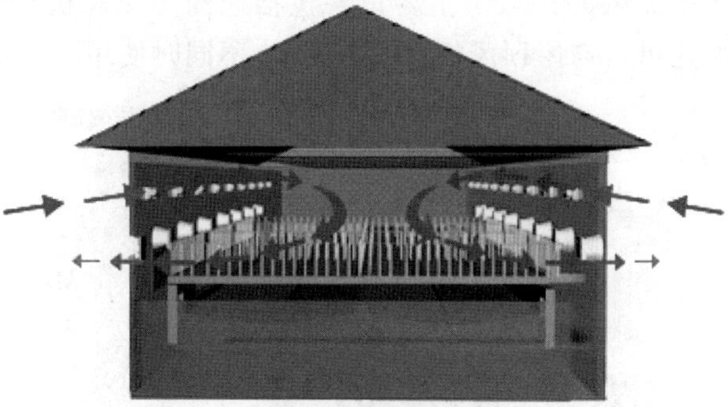

图 8-16　横向通风系统

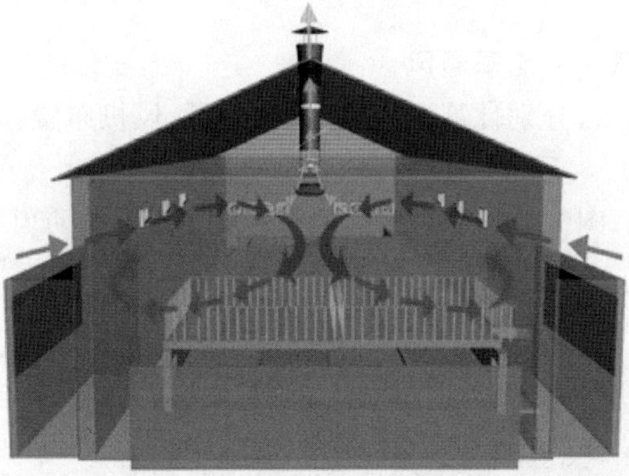

图 8-17　过渡通风系统

用。其主要方式是结合横向通风和隧道通风使用,实现猪舍环境的综合调控。

8.2.3.1　垂直通风

在温度较低时,保证进气均匀,将预热的新鲜空气输入猪舍,排除有害气体与舍内水汽,同时尽可能的保温。在温度较高时,保证进气均匀,将凉爽的新鲜空气输入舍内,排除有害气体以及舍内高温。

8.2.3.2　屋顶通风

屋顶通风设备主要包括屋顶排风系统、屋顶送风管道系统、通风天花板、通风小窗等。

8.2.4　单元式通风及设备

8.2.4.1　单元式通风——冬季通风

冬天猪舍的主要目的是去除湿气,而额外的通风有时是为了降低舍内的臭气程度。在冬天蓄粪池通风最为有利,因为它有助于在寒冷天气下以所推荐的低流速确保新鲜空气在舍内均衡分布,确保猪群的生产性能不会受到高臭气水平的负面影响。

另外,通风系统以此低速率运转能显著节省能源,因为通过通风系统流失的热量较少。目前,推荐采用 2 种类型的蓄粪池通风系统:管道式蓄粪池通风系统;隔间排气式蓄粪池通风系统。

单元式通风——冬季通风(图8-18)主要设备包括地沟变速风机、上下活动窗、吊顶通风小窗、屋顶风机(地沟变速风机与屋顶风机二者选其一,不同时使用)、湿帘、卷帘等。

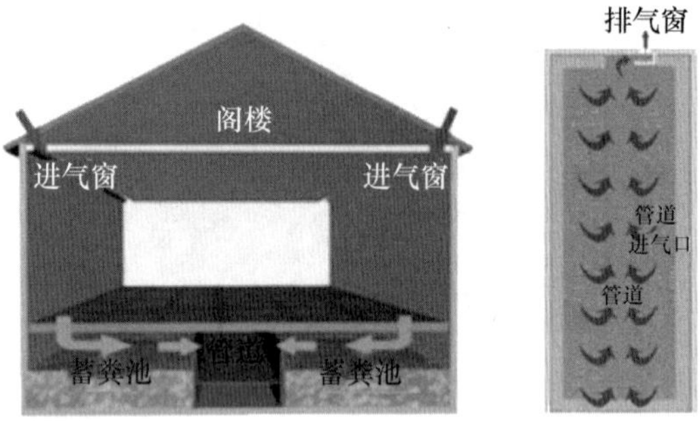

图8-18 单元式通风系统——冬季通风

8.2.4.2 单元式通风——夏季通风

根据当地夏季气候特点,分别计算通风量、风机数量、风机布置,并以此确定配套环控设备的数量和布置。

单元式通风夏季通风(图8-19)主要设备包括风机、上下活动窗、湿帘、卷帘(保育舍中不用湿帘、卷帘)。

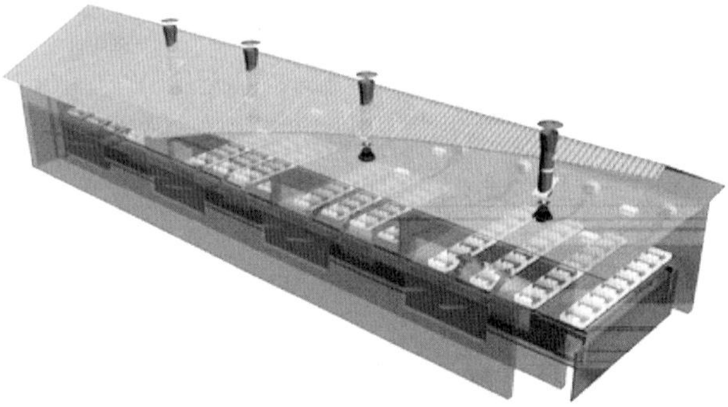

图8-19 单元式通风系统——夏季通风

8.2.5 环境综合控制及设备

当前,现代化规模化的养猪场主要通过对环境的综合控制以达到对猪舍空气质量控制的要求。猪舍环境综合控制及设备主要包括控制系统及报警装置、通风系统、空调换气系统、空气过滤系统等(图8-20)。

8.2.5.1 控制系统及报警装置

中央控制器是环境控制系统的核心部分,它可以通过感应室内外空气温度或压力,来控制风机、通风小窗、卷帘、湿帘、灯光、加热等设备的运行,实现不同季节通风模式的自动控制,为不同猪群提供适宜的环境条件,当达不到环境设计要求时会报警提醒。

8.2.5.2 环境综合控制主要通风系统设备

根据不同猪舍设计的通风模式配备不同的通风系统组合,节能、低噪、高效、经济。

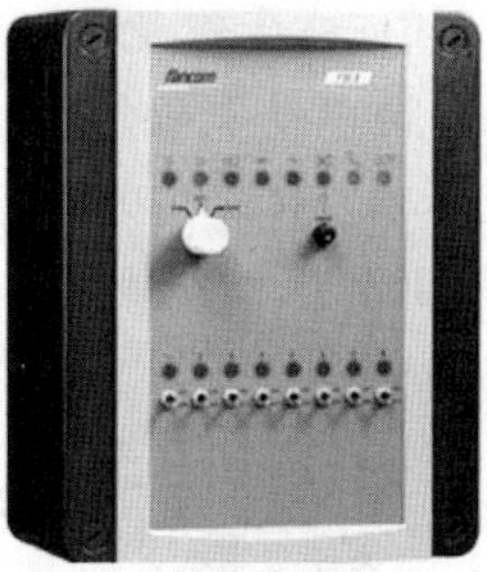

FB8控制器

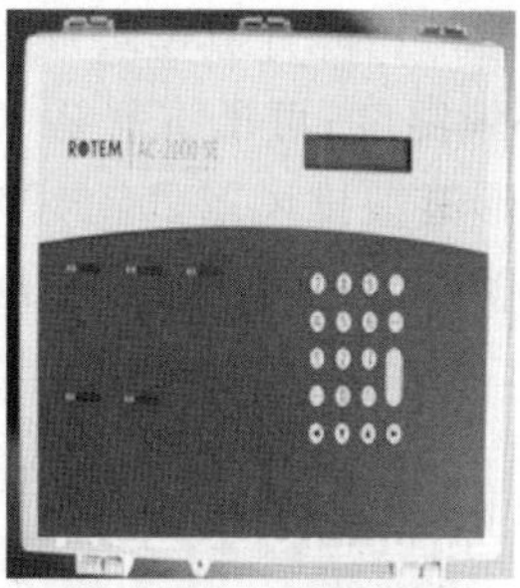

AC2000控制器

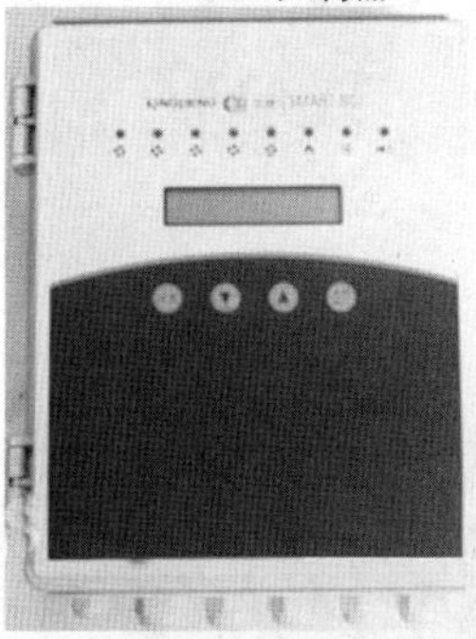

SMART 8控制器

F17控制器（触屏型）

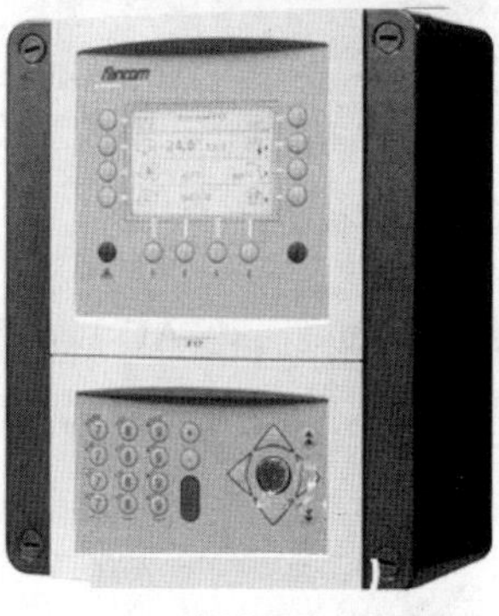

F17、F21控制器（按键型）

ITM控制器

图 8-20　环境综合控制系统——控制器

1. 风机及排风扇

(1)变速风机　特点：直驱风机，无皮带传动，速度可调，采用镀锌板外壳喷涂两道防锈漆增加防腐性能，铸铝扇叶(图 8-21)。

猫头鹰扇叶24变速风机

24变速风机

18变速风机

图 8-21　通风系统设备——变速风机

(2)玻璃钢风机　特点:叶片翼型玻璃纤维增强叶轮,所有内部硬件均由不锈钢和铝制成,可承受高达40℃的环境温度,可抵抗恶劣气候。配备皮带驱动电机,只需要1人即可对其调整或移动。大口径锥形滚塑排风罩,可堆叠,便于物流运输。RTM玻璃纤维外壳,坚固耐用。所有材料两面光滑平整,UV涂层保护,抗腐蚀性强,易于维护和安装。可获得极佳的空气流通效果,高效,低噪声,易清洁(图8-22)。

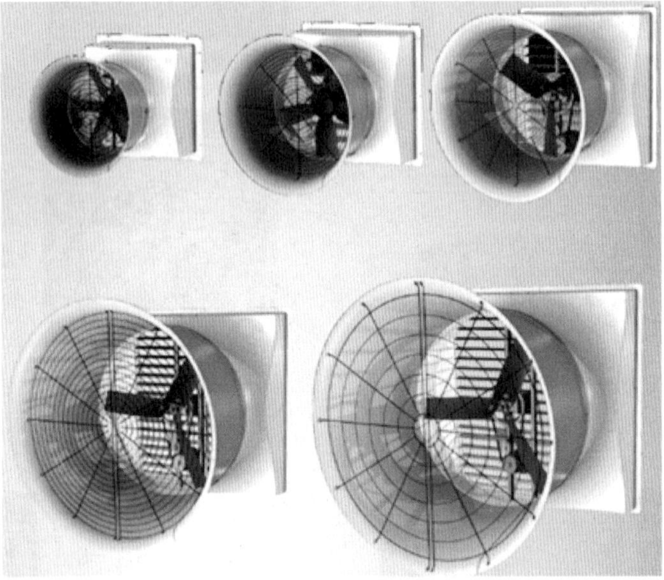

图8-22　通风系统设备——玻璃钢风机

(3)Ecblue风机　特点:1 000 m^3/h的通风量的能耗更低;比AC风机噪声低15%;耗电量比AC风机低20%;内置控制器,可直接与传感器连接,根据实际情况实现自动变速(图8-23、图8-24、图8-25)。

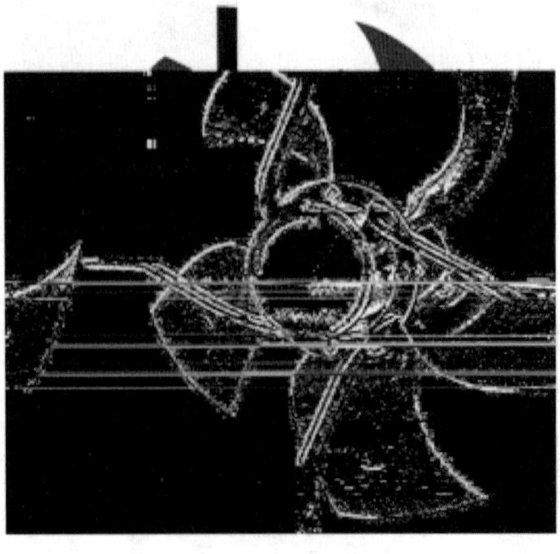

图8-23　通风系统设备——Ecblue风机

图 8-24　屋顶无动力风机

图 8-25　屋顶负压风机

(4)镀锌板排风扇　特点:低噪声,以低能耗提供高风量;多类型:3 叶片,5 叶片和锥形风扇,其中 5 叶片 130 风扇,可用于压力较高的场所(60～100 Pa);特殊的三维叶片设计,确保风力最大化,有效地减少循环空气流失,可提供百叶窗风扇,进一步提高空气流动效果;经久耐用,材质优良,可抵御恶劣天气;易于清洁以达至最佳卫生条件;安全防护:CE 认证线保护(图 8-26)。

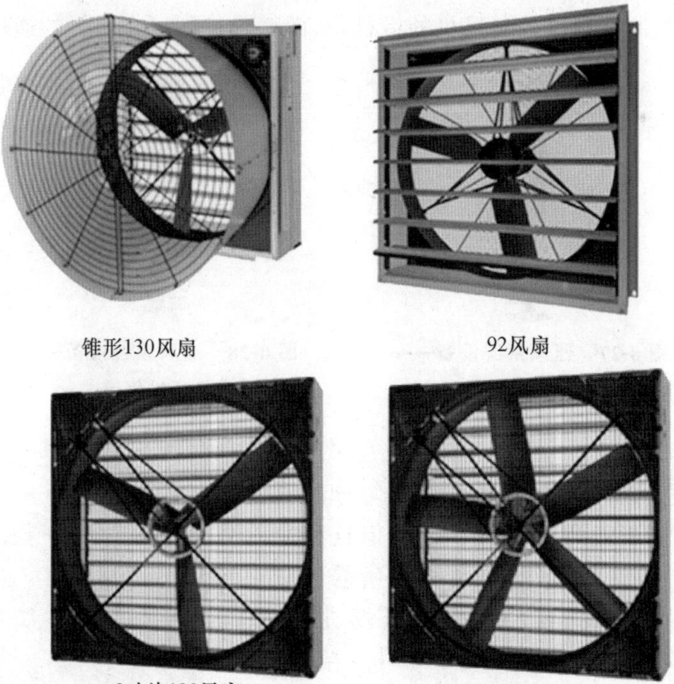

图 8-26　通风系统设备——镀锌板排风扇

2. 屋顶进风筒

进风口被设计为不会产生空气涡旋的平缓入口,使通风系统的效率提高 5%～10%,送风分配器将带着合适温度的新鲜空气与温暖的室内空气混合并最均匀地分布在猪舍内,确保完美的舒适度。

屋顶进风筒(图 8-27)组成:①防雨罩(防止水渗入猪舍内、防止鸟类侵入);②通风管[良好的隔热性 0.024 W/(m·K)]、可避免冷凝水的形成、隔绝噪声);③进风口(使通风系统的效率提高 5%~10%、不会产生空气涡旋的平缓入口);④强风角撑/管箍(进一步加固管道系统);⑤屋顶顶盖(排风管将通过猪圈屋顶引导至外部、较为洁净的通向屋顶的通道);⑥固定塑料环片(对通风系统起固定作用);⑦送风分配器(持续地提供新鲜空气分配、将新鲜空气从外界引入建筑物内、流入的空气可通过送风分配器的开度来调节)。

3. 屋顶排气筒

排出猪舍中被有毒物质污染的空气、排出舍内的水汽,防止夏季热量积聚和冬季冷凝问题。可通过 ATM 系统控制,使每个单元内的通风量都可以精确控制,而且使用此系统能够显著节能。

屋顶排气筒(图 8-28)组成:①防雨罩(防止水渗入猪舍内、防止鸟类侵入);②扩散器(使废气无泄漏的全部排出,与普通扩散器相比,能节省 30%以上热能,节约 60%以上电量,可显著提高排风系统的效率、节省能源);③屋顶顶盖(排风管将通过猪舍屋顶顶盖引导至外部,可与屋顶密封安装,防止雨水渗透或侵入造成设备损坏);④通风管(良好的隔热性、可避免冷凝水的形成、降低噪声,有不同高度规格的管件,可便捷的组合使用,以适应屋面到吊顶的不同高度);⑤风机(铝合金叶片、全方位控制猪舍内的空气速率);⑥ATM(精确测量风速后将数据反馈到控制器,再由控制器精确控制风机的运行,从而精确控制每个单元的通风量)。

图 8-27 通风系统设备——屋顶进风筒

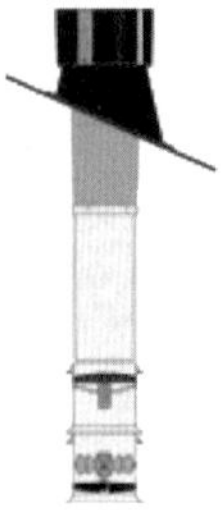

图 8-28 通风系统设备——屋顶排气筒

4. 吊顶进风板

当使用吊顶进风时,可方便把空气均匀分配到猪生活区域,确保新鲜空气的持续供应。但这种通风方式同样需要控制进风的风速,可根据所需的空气能效来决定使用弥散式或穿孔式进风板(图 8-29)。

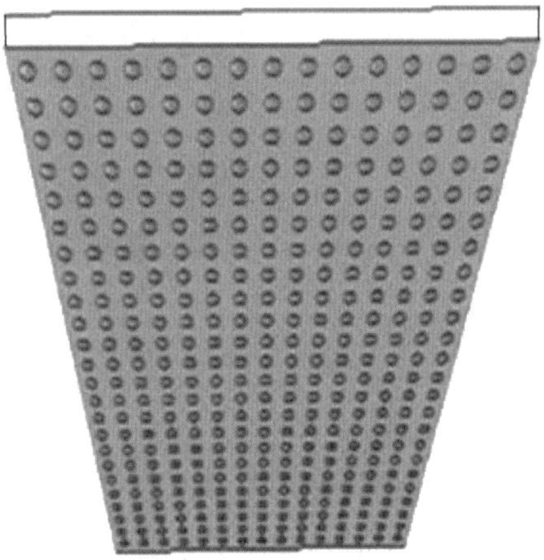

图 8-29 通风系统设备——吊顶进风板

5. 防风罩

安装在侧墙通风小窗外部,防止舍外冷风强制进入舍内,造成舍内温度下降过快,同时防止小窗冷凝(图 8-30)。

6. 湿帘进风窗

与湿帘配套安装使用,冬季关闭,夏季全开,调节控制春秋季空气进舍的洞口大小(图 8-31)。

7. 通风小窗

确保定量、定向的新鲜空气供应，能够避免冬季形成冷凝水，根据通风方式的不同来决定是安装在墙上，或屋顶天花板上。如侧墙进风小窗，进风口的尺寸是可调节的，可调控空气方向和进舍的空气速度。中间采用预留空间用于隔热，弧形设计能保证空气平滑地进入猪舍(图 8-32)。

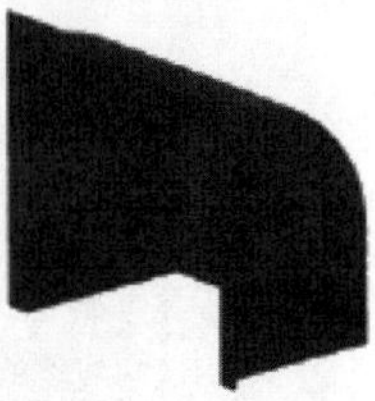

图 8-30　通风系统设备——防风罩

8. 自动卷帘

采用电动卷帘结构，下端固定，自上而下开启(图 8-33)。

图 8-31　通风系统设备——湿帘进风窗

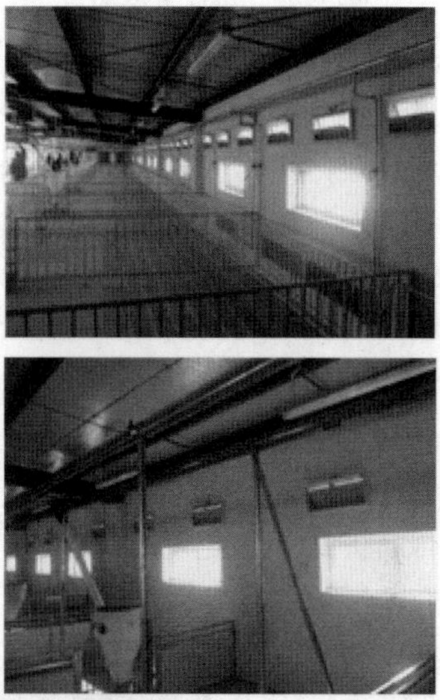

图 8-32　通风系统设备——通风小窗

9. 上、下活动窗

活动窗自上而下自动开启，便于温度控制、进风均匀。

图 8-33　通风系统设备——自动卷帘

10. 降温系统

降温系统有湿帘、喷雾等降温设备可选。其中湿帘由波纹状纤维纸粘结而成，水流均匀、风阻小、能承受较高的过帘风速，具有耐腐蚀，不易滋生苔菌，使用寿命长等特点，与风机组合能达到最佳通风降温效果。

11. 加热系统

猪舍通风系统与供暖系统是紧密结合的，在设计过程中不能独立进行单方面的设计。供暖系统通常采用双置管、翅片管(图 8-34)以及地暖(图 8-35)等方式，能够保证加热均匀。

图 8-34 翅片管散热器

图 8-35 地暖

8.2.5.3 空调换气系统

采用热水作为介质，将热量通过风机盘管以热气的形式均匀地进入猪舍，根据猪舍供热量，配置换气一体机的数量和安装位置(图 8-36)。

图 8-36 空调换气系统

8.2.5.4 空气过滤系统

除了氨气、二氧化碳、硫化氢等猪舍常见的有害气体之外，空气中还存在对猪舍疫病风险更大的病毒，这也是猪舍环境控制容易被忽视的重点。其中，蓝耳病病毒就是需要猪场重点防范的病毒之一，空气传播是其主要的传播方式。研究发现，很多病毒的病原须附着在介质颗粒上进行传播，可以根据病毒和其传播介质颗粒的大、小，来设计不同的猪舍空气过滤方案，以实现对某些病毒的有效过滤，降低猪场的疫病风险(图 8-37)。

图 8-37 空调过滤系统

空气过滤优势:“V”形高效空气过滤设计,拥有高效的去除率(0.3～1 μm 颗粒:95%去除率;1～3 μm 颗粒:99%去除率;3～10 μm 颗粒:99%去除率)

8.2.6　猪舍杀菌及主要设备

猪舍杀菌设备主要作用是杀菌、消毒、净化空气。猪舍杀菌设备为臭氧机(图 8-38)。

臭氧充注到养殖棚内,首先,与猪排泄物所散发的异臭进行分解、反应去除异臭。当异臭去除到一定程度稍闻到臭氧味时,猪舍内空间的大肠杆菌,葡萄球菌及猪瘟、口蹄疫、猪流感等病毒基本随之杀灭。其次,猪排泄物散发的胺类气体会给猪造成的毒害,农村养殖户冬天在养殖棚直接用煤炉取暖所产生的二氧化硫等有毒气体给禽类造成的危害不可能靠化学药物来消除。但应用臭氧技术之后,有效地起到净化作用,进入应用臭氧技术的养殖棚内很直观地让人感觉到空气明显清新了。

图 8-38　猪舍杀菌设备——臭氧机

利用臭氧消毒净化养殖场内空气的同时,利用臭氧泡制臭氧水供给猪饮用。猪喝了臭氧水可改变其肠道微生态环境。臭氧在肠道内减少了以宿主营养为生的细菌数量,减少宿主营养消耗。

8.2.7　空气净化器系统

8.2.7.1　空气净化器的主要功能

①使用此空气净化器过滤掉 95%的氨氮,95%的臭气,100%的粉尘。

②全自动化管理,操作方便。

③省水,水可重复利用。

8.2.7.2　工作原理

1. 废气收集

被污染的空气经过运行的风机被吸进压力室,经压力室的墙壁之间的压力均匀地进入空气净化器压力室至少深或宽为 3～5 m(图 8-39)。

图 8-39　废气收集原理

8.2.7.3 空气净化器核心区域介绍

1. 水帘、除尘

通过水不断冲洗帘纸，水帘会滤掉大部分的灰尘及臭味，粉尘打湿后留在池中，只需每年定期清理1次。

2. 生物过滤区

在这个区域利于生物的硝化和反硝化作用，可除去95%臭气，95%氨气。其原理是利于水中的硝化细菌和亚硝化细菌或其他微生物将氨氮转化为硝态氮的过程。此阶段最后设有一个除雾器，空气排出时通过此除雾器，这样就能将更多的水分保持在容器内，减少用水量。

8.2.7.4 操作平台

此空气净化器通过可触屏控制，可自动监控和控制空气净化器运作(图 8-40)。

1. 2台循环泵

每一个区各装1台水泵，在水帘过滤区的泵也可排水到外面，当里面水过满时，2个泵都带安全带阀功能防止把池内水抽干。

2. 水位浮阀控制

池内水位由4个浮阀控“最小水位”“最大水位”“过溢阀”“干涸阀”第5个可用于附增功能，若加化学分区的话，就要用到第5个阀。

8.2.7.5 空气净化器的外观

它的外观有利于废气集中收集，尽量做中央排风，安装空气净化器，废气净化才安全排放(图 8-41)。

图 8-40 操作平台

资料来源：荷德曼供图。

图 8-41 外观

资料来源：荷德曼供图。

8.2.8 空气安全控制系统

空气安全管理包括空气微生物的实时疫苗化控制，即自动防疫设施的安置与管理；尘埃和臭气的控制。

8.2.8.1　空气安全控制系统——空间电场的建立

环境安全型猪舍(图 8-42)的空气安全保障体系的建设分为网床养殖猪舍和地面养殖猪舍两种。其核心控制技术为空间电场空气净化自动防疫技术，其优势是间歇出现的空间电场可将空气中任何时刻的危险微生物直接转化为疫苗或将其浓度降低，这是应对突发疫病或外来的无法快速应对的疫病最好的措施，同时，通过空间电场静电电晕除尘特性净化空气和消解臭气。

图 8-42　环境安全型畜禽舍

1. 网床养殖猪舍

网上养殖的优势是比较好地隔离了粪尿与猪的疫病接触传播风险。这类猪舍主要为仔猪保育舍，其空气安全主要涉及网床上方空间和粪道下方的空气微生物以及臭气、粉尘的控制。在环境安全型猪舍中，网上空间和网下粪道均设有空间电场空气净化自动防疫系统，其防疫性能、净化空气性能远优于地面养殖模式。

2. 地面养殖猪舍

地面养殖模式最大的问题是粪尿病原物与猪的直接接触。这类猪舍主要包括育肥猪舍、母猪舍、种猪舍等。其空气安全控制是在猪舍内设置功率更为强大的空间电场空气净化主动防疫系统。

8.2.8.2　空气安全控制技术与应用

空气安全控制的核心技术空间电场空气净化自动防疫技术。

1. 空间电场的建立

它包括舍内上方的空间电场的设立、粪道空间电场的设置。空间电场是由舍顶悬挂的多个红色绝缘子悬挂着一条电极线，这条电极线与地面组成了一个“防疫电容器”，或称“防疫电窗”，通电后，整个猪舍就处于一个类似于静电场的空间电场环境中。不过这个空间电场是以间歇形式无限循环出现的，而正是这个空间电场起着其他任何消毒方法和人工疫苗都无法实现的自动防疫作业、空气净化和除臭作用。空间电场的静电除尘作用以及电离空气生成原子氧、硝酸酐的消臭作用是环境安全型猪舍维持空气安全的根本保障。

2. 空间电场防疫的应用

空间电场防疫的主要作用来源于空气微生物浓度的降低、电晕的灭菌消毒、氨气与电晕形成的酸性气体以及好的空气质量。

环境安全型猪舍空气安全控制技术应用主要在网床型猪舍和地面养殖舍实行，其目的是确保养猪环境空气质量以及生物安全、动物安全、人员安全、降低冬季能耗。

8.2.9 氨气自动控制设备

猪舍空气质量的好坏对猪呼吸道疾病影响甚大，由于需要人为控制开关，普通排风扇及电扇使用起来不甚便利。一种全新的自动控制系统便应运而生，全自动感应猪舍内部空气质量，当猪舍内空气质量达到一定浓度时，则氨气控制器便自动开启管道风机排出猪舍内不良空气，当猪舍内空气低于设定的浓度时，氨气控制器则自动关闭管道风机。从而达到自动控制猪舍内部空气浓度，减少呼吸道疾病的发生。

8.2.10 喷雾除尘消毒机

这是一种多机型、多用途的专业设备，其设备自身是具有应用领域广泛、高效环保、性能优越、行业领先等特点。能够使冷媒水在设备高压冲击作用下产生的精细水雾，富含大量的高负氧离子，能够使猪舍内的空气清新，改善猪舍的空气质量，更易于透过猪群的血脑屏障而被吸收，创造了猪舍的良好生态环境。

它所制造出的高负氧离子与空气中的氨气正电离子能够在极短时间内吸附溶解，极大降低了猪舍内的氨气和臭味，同时，高负氧离子的产生，能够有效的降低空气中悬浮病原菌颗粒物的存留，降低了猪舍内空气传播携带给猪群带来疾病的发生率，同等养殖条件和时间内再加之使用“图正”喷雾除尘消毒机进行空气质量改善，猪群在良好的环境下能够健康优质的产出并增加了猪群的产出量，节省了药品和人力的支出，极大减少了环境因素造成的猪群自然发病率和死亡率，为养殖业主的经济发展带来极大的益处。

8.3 猪舍内清粪设备进步

养猪场的排泄物主要是猪在生长过程中产生的粪、尿、废水等，控制养猪生产中的粪、尿、废水和恶臭对环境污染，保护生态环境即是养猪场自身发展的需要，也是环境保护的要求。

8.3.1　猪舍内粪污处理设施设备

8.3.1.1　漏缝地板

1. 钢筋漏缝地板

三角钢漏缝地板又称为钢筋漏缝地板(图 8-43),这是河南南商农牧科技有限公司为南阳牧原公司开发的一款新产品,此产品采用上等的钢材通过自主设计,加工制作而成。

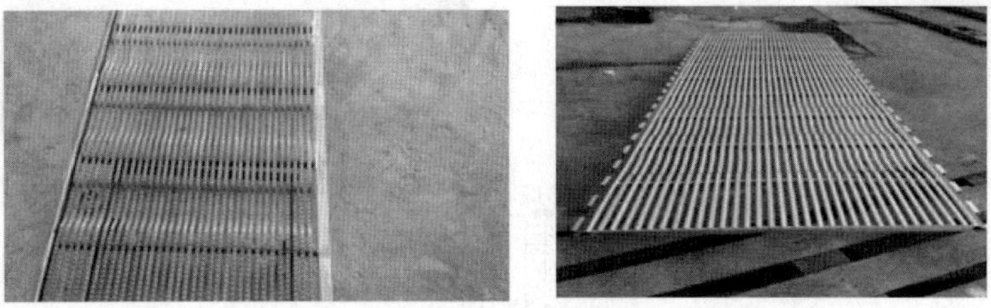

图 8-43　钢筋漏缝地板

2. 其他漏缝地板

漏缝地板(图 8-44)包括塑料地板、复合材质地板、水泥地板、铸铁地板,规格分别为 300 mm×500 mm、300 mm×600 mm、400 mm×600 mm、500 mm×600 mm、600 mm×600 mm。

图 8-44　其他漏缝地板

8.3.1.2　自动化清粪系统

猪场自动清粪系统(图 8-45、图 8-46、图 8-47)其工作原理是电动机的转动带动刮粪板,将猪粪从粪道清理到储粪池中。粪道在猪舍的地面下方,猪舍地面采用漏缝地板,粪便通过地面缝隙漏到地板下面,粪便在刮粪板的带动下单向刮到储粪池中。每一条粪道设置有导尿管,实现粪尿分离。本系统可以应用到育肥、保育、定位栏等圈舍。

图 8-45　自动刮粪设施

猪场自动清粪系统可以自动将粪道中的猪粪清理到储粪池中,清粪是按照时间控制,每天可以设置多个时间段清粪,到设定开启时间三相交流电动机接通电源,带动刮粪板,开始清粪。在

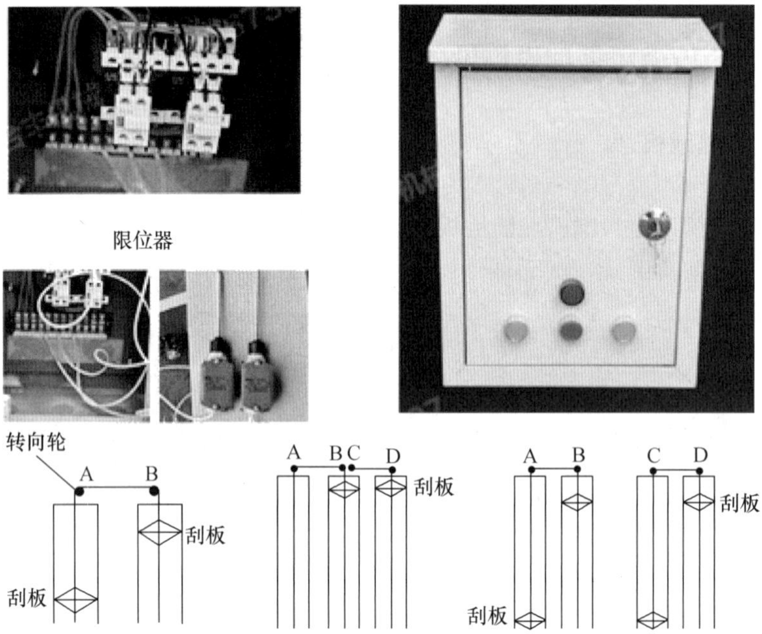

图 8-46　自动清粪设施电器设备及刮粪机安装示意图

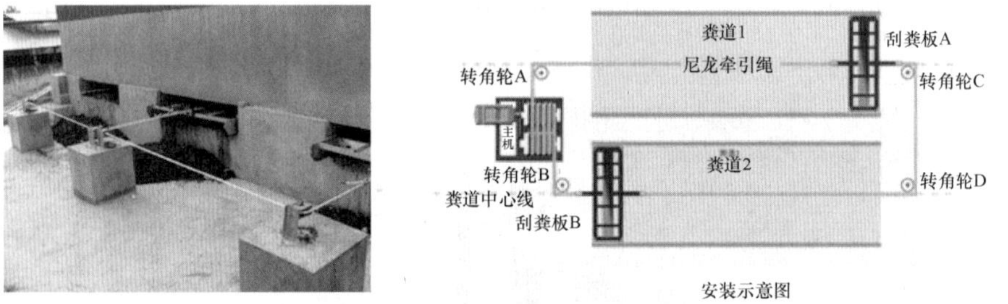

图 8-47　自动清粪设施猪舍外结构及安装示意图

清粪期间传感器检测到刮粪板到储粪池边时，电机自动停止并反转，将刮粪板归位，等待下一次工作。自动化清粪系统操作简单便捷，大大降低了人工清粪成本，先进的干湿粪尿分离技术也降低了猪场污水处理成本，减少了猪舍氨气和细菌滋生，为猪舍营造良好的卫生环境(图 8-48)。

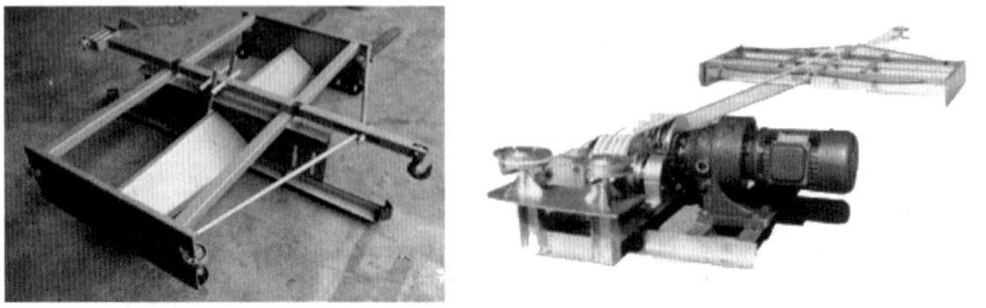

图 8-48　刮板牵引式清粪机

8.3.1.3　粪污固液分离

随着人们环保节能意识的加强，现在，养猪场一般通过建沼气池和生化池处理粪尿，但是进沼气池的粪类物料都未经固液分离，实践证明，这样直接的沼气培养效果很不理想。这是因为，未经处理的粪尿水进入沼气池，大大增加了沼气池单位容积的有机负荷量，因此，沼气池的容积要增加很多。

由于长期使用沼气池，发酵后留下大量残渣，使沼气池堵塞，容量减小而造成沼气池不能使用，而清洗池既耗力，又极不安全，同时增加开支费用。如果直接销售鲜猪粪又很难运输。因此，应该对猪粪进行固液分离措施，既可解决猪粪在沼气池的沉淀问题，极大增强沼气池的处理能力，又可大大减小沼气池、生化池的建设面积。节省环保处理的建设投资和土地使用面积，分离出的猪粪还可直接作为果树、林木施肥和作为有机肥的原料。卖给有机肥厂作为有机肥原料，或自做有机肥，这样做既有社会效益，又有经济效益。

这样就需要使用猪粪固液分离设备——猪粪处理机（图 8-49）又称猪粪脱水机、猪粪固液分离机、猪粪尿水分离机。猪粪处理机可以高效地通过专用液下无塞切割泵将粪池中猪粪抽送到固液分离机，进行固液分离，分离出含水率仅为 40％以内的固体粪和粪液。其关键部件选用不锈钢材料制成，整机重量近半吨且外形尺寸较小，是规模化养猪场理想的固液分离设备，能大幅度地提高固液分离与效益。

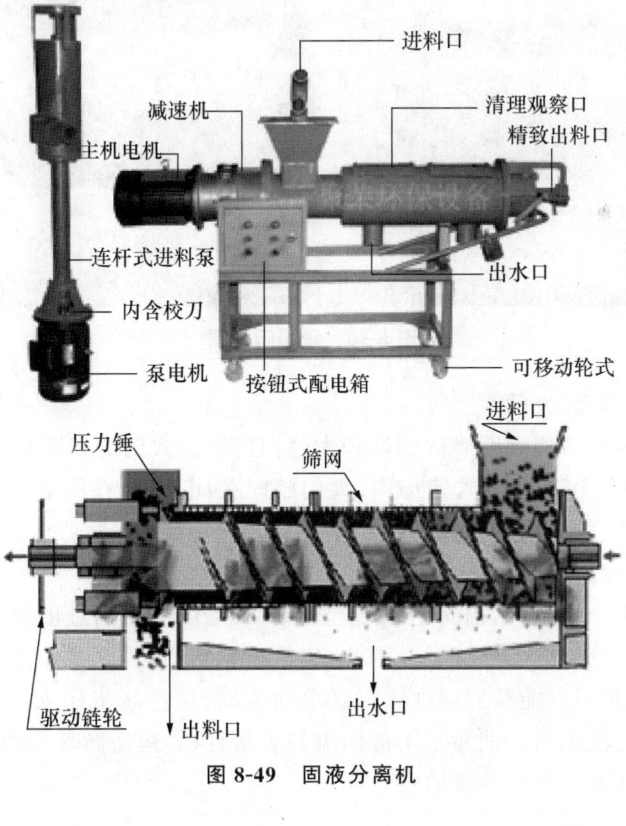

图 8-49　固液分离机

8.4　生物安全控制设备

生物安全体系是指达到生物安全目的的一切举措或内容。其中规模化猪场的生物安全主要是指防止包括寄生虫在内的病原微生物进入猪场、在猪场流行或扩散到其他猪场的所有举措或内容。

8.4.1 猪场外部生物安全体系构建

8.4.1.1 猪场选址

猪场的选址应该符合通风、干燥、卫生、环保的要求。禁止在自然保护区、水源保护地和污染严重的地方建场，同时要远离屠宰场和居民区等不利于防疫的地方。猪场应位于居民区常年主导风向的下风向。猪场周围还应该有围墙、绿化隔离带或防疫沟（图 8-50）。

图 8-50 猪场示意图

8.4.1.2 猪场围墙、大门

使用栅栏或建筑材料建立明确的围墙和大门，且围墙，大门的高度和栅栏的间隙能够阻止猪场以外的人员，动物和车辆进入猪场内；大门随时关闭上锁；在围墙和大门的明显位置，悬挂，或张贴“禁止入内”的警示标志。

8.4.1.3 出猪台

在猪场的生物安全体系中，出猪台设施（图 8-51）是仅次于场址的重要的生物安全设施，也是直接与外界接触交叉的敏感区域。因此，建造出猪台时，需考虑以下因素：①划分明确的出猪台净区和污区，猪只只能按照净区—污区单向流动，生产区工作人员禁止进入污区；②出猪台的设计应保证冲洗出猪台的污水不能回流到出猪台；③建造防鸟网和防鼠措施；④保证出猪台每次使用后能够及时彻底冲洗消毒。

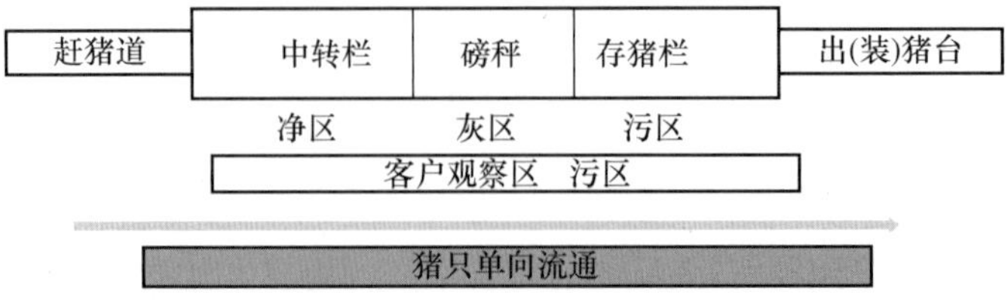

图 8-51 出猪台示意图

1. 出猪台建设要点

(1)出猪台角度　出(卸)猪台用于各大养猪场连接运猪车与地面,出(卸)猪台坡度要小于等于 20°,让猪缓慢自行上、下车,便于转移运输,避免摔伤。

(2)出猪台位置　建造在生产区育肥舍的一角且处于猪舍下风口,远离猪舍猪群,防止交叉感染。

出猪台(地面)有效面积与出猪台环境消毒时消毒液用量参考值,见表 8-1。

表 8-1　出猪台地面有效面积与猪台消毒液用量参考值

生产车间	位置	出猪台(地面)面积数值参考	
		数值/m^2	消毒液最少用量/L
配怀	出猪台	28	8.4
产房	出猪台	28.19	8.457
	出猪台	96.7	29.01
育肥	升降机	18.55	5.565
	进猪台	21	6.3

2. 出猪台的设计与应用

(1)普通水泥出(卸)猪台(1～3 层设计)　①单层上猪台(图 8-52),高 0.9 m,跑道宽 0.5 m;②大车装运猪,建议建设 2～3 层水泥砖台,第 1 层高 1.2 m,第 2 层高 1.8 m,第 3 层高 2.4 m,跑道宽 0.5 m;③出猪台坡度不大于 20°。

图 8-52　普通水泥出(卸)猪台

此种出猪台结构简单,适合于中小规模猪场使用,但不能灵活适用于各种高度的运猪车使用。上猪台建设高度应根据装猪车辆的高度设计。

(2)平升式出(卸)猪台　①平升式出(卸)猪台(图 8-53),台面尺寸大部分长 2.2 m、宽 1.5 m、升起高度 4 m;②出猪台坡度不大于 20°;③操作原理:台面水平升降靠车端带有活动搭板,可以搭在运猪的车辆上,将生猪赶上升降台面,关好护栏,掀起搭板,升降台面缓缓降下,降到与猪圈月台水平是打开另一端护栏将猪赶出。

常用于种猪的转运作业,移动方便,工作效率高,但设备成本稍高。

(3)斜坡式出(卸)猪台　①斜坡式出(卸)猪台(图 8-54)台面尺寸长 8.5～6.5 m、宽 1.5 m、升起高度 3 m;②出猪台坡度不大于 20°;③操作原理:一端升起另一端为轴点与猪圈月台水平,升起端与运猪车对接根据车上圈架高度而变化。

它主要用于规模猪场、肉联厂、生猪交易市场等场所,移动不方便,但生产效率高。

(4)起重机式出(卸)猪台　①起重机式出猪台(图 8-55)分为 2 部分组成,水泥地基面+起

图 8-53　平升式出(卸)猪台

图 8-54　斜坡式出(卸)猪台

图 8-55　起重机式出(卸)猪台

重机式出猪台。水泥地基面尺寸大部分长 1 m、宽 1.5 m,与地面水平;起重机尺寸长 8.5～6.5 m、宽 1.5 m,升起高度 4 m;②出猪台坡度不大于 20°;③操作原理:起重机升降靠车端尾部栏门处,可以搭在运猪的车辆上,将生猪赶上升降台通道,缓慢将猪赶上运输车。

常用于大型育肥猪场的转运作业,升高高度方便,特适用于不同层次运猪车的装猪,但操作程序较危险。

(5)断奶仔猪出(卸)猪台　①断奶仔猪出(卸)猪台(图 8-56)单层上猪台,高 0.9～1.5 m,跑道宽 0.3 m。操作原理:出猪台人工升降靠车端尾部栏门处,可以搭在运猪的车辆上,将断奶仔猪赶上出猪台通道,缓慢将猪赶上运输车;②出猪台坡度不大于 20°。

图 8-56　断奶仔猪出(卸)猪台

8.4.1.4　入场生物安全

1. 猪只入场

新引进的猪只是猪场的最大风险源头,但是为了改善生产性能,引种在所难免。引进种猪时,应采取以下措施。

(1)隔离　种猪到达目的地后,要立即对卸猪台、车辆、猪体及周围地面进行消毒,然后将种猪卸下,用刺激性小的消毒药对猪体表及运输工具进行彻底消毒,用清水冲洗干净后进入隔离舍(图 8-57)。

(2)观察　隔离时长 1～3 个月,具体视情况而定。

2. 人员入场

外来人员不能与猪直接接触,需要隔离 24～72 h 后沐浴更衣方能进猪场,并且应该严格遵守净区和污区的界限。

3. 车辆入场

运猪车辆:最好采用“四步消毒法”,即清洗—消毒—干燥—高温。

(1)清洗　用清洗剂和水进行高压冲洗,要做到无死角。

图 8-57　入场猪只的消毒

(2)消毒　用高效消毒剂喷洒消毒半小时左右。

(3)干燥　静置车辆到干燥为止。

(4)高温　70℃ 10 min,这一过程会将绝大多数病毒杀灭。

运料车和其他车辆虽然不用如此严格地消毒,但是也要做好基本的清洗和消毒,防止将病原带入猪场。

4. 物品入场

猪场的兽药、疫苗以及生活用品等应在门口的消毒间进行消毒,主要根据情况采用以下3种消毒方式:第一种,臭氧消毒:需要2 h左右。第二种,雾化消毒剂:需要直接与物料接触,但覆盖面有限。第三种,紫外消毒:需要30 min左右。

8.4.1.5　防止鼠、虫、鸟入场

采用合适的防鸟网和防虫、蚊、蝇网等,防止外来不明生物将病原带入猪场(图8-58)。

图8-58　猪场防鸟网

8.4.2　构建猪场内部生物安全

8.4.2.1　区域、栏舍合理布局

要划分好生产区、生活区、隔离区和办公区,各区域之间保持安全的距离或建立一定的防护设施。其中生产区由内至外依次划分为种猪区、保育区、生长区和待售区;隔离区选择在猪场生产核心的外延位置,位于猪场的边缘地带。

规模化猪场栏舍布局(图8-59)应该采用分区多点式,方便实行“全进全出制”的生产

图8-59　猪场布局

方式。

8.4.2.2　建立合理消毒制度

规模化猪场完善的消毒制度应该包括进入生产区前的消毒、生产分区入口处的消毒、猪舍入口处的消毒、空栏的清洗消毒、大环境的消毒、猪只的消毒。

8.4.2.3　建立适当免疫程序

科学的免疫程序需要建立在众多因素的基础之上，比如，外界疾病的压力、季节性疾病流性特征、猪场所在区域的疫病防控与净化要求等，每个场的情况都不相同。所以，大家应该根据自己的实际情况制定适合自己场的免疫程序。

另外，在合理免疫程序的基础上，还要选择合适的疫苗。比如，伪狂犬疫苗，在国内伪狂犬病毒普遍变异，而传统 Bartha 株疫苗难以提供有效保护力的形势下，选择扑伪优为代表的新一代伪狂犬基因缺失疫苗尤为重要。同时，还要注意疫苗的妥善运输和保存，让好的疫苗发挥出好的效果。

8.4.2.4　场内人员有效管理

新到猪场报到或请假外出归来的员工，应先在办公区和生活区隔离 2 d 以上，才可以进入生产区。员工在进入生产区前必须进行沐浴更衣。员工禁止在其他有猪的区域居住，进场前至少 1 周，未接触其他猪只。

8.4.2.5　有害生物及其他动物控制

禁止在场内饲养家禽和宠物。饲料房和圈舍安装防虫网，防止苍蝇、蚊虫等进入栏舍。猪场常年实施灭鼠、灭蝇等措施。

第9章

猪场建设与环境控制大事件

本章内容提要

随着养猪业的发展，养殖规模不断扩大、饲养密度不断增加，猪场建设和环境控制越来越受到重视，猪场建设和环境控制技术的进步为猪群进一步创造了良好的生活环境，满足猪只生理需要，保证猪群健康成长，降低猪场的养殖成本、提高经济效益。促进了养猪业的快速发展。本章以年代为脉络，主要介绍了1978—2018年的40年间猪场建设和环境控制对养猪业影响较大的一些事件。

9.1 猪舍建设大事件

中国是一个有5 000年文化以农耕文化起源的农业大国。养猪业的发展是期中之一。过去，勤劳的中国人民把从野外猎取的野猪放在家里驯养，这自然需要有猪栏，这就是现在猪舍的起源。

1955年我国农村出现小猪场，即把一家一户小猪圈连成排舍，前面无窗或有墙有窗封闭，有运动场，后来出现双列式或多列式，猪舍屋顶有单坡、双坡等。

1958—1961年的4年间，小猪场并为大猪场，饲料供给开始有机械化自动化，并有了自动化设施。

20世纪60—70年代，京津地区出现“大岗圈”把公母猪、仔猪、肥猪饲养在同一猪舍内，无运动场，猪只不运动，拴系饲养，青粗饲料为主，适当搭配精料，营养不完善不均衡。

1975年后全国各地相继出现中小型机械化、半机械化猪场，提出了把待配母猪、妊娠母猪、产仔母猪、育成猪分别饲养的工艺，猪舍地板有全漏缝和半漏缝，粪尿在大坑内，定期排放。

外资饲料工业也引入国内。

20 世纪 80 年代开始，养猪生产模式虽然由传统式饲养改为流水线工厂化饲养，棚舍利用率、劳动生产率和经济效益都有了很大提高。1988 年以来，建成或在建首个万头工厂化猪场的省（自治区、直辖市）有北京、上海、山西、浙江、江西、河南、湖北、湖南、甘肃、新疆、四川、云南。广东、广西、辽宁、台湾都已在此之前起步。

进入 21 世纪，中国的猪场建设工作逐步标准化、规模化和法制化。

2007 年，农业行业标准《标准化规模化猪场建设规范》(NY/T 1568—2007)颁布实施。

2008 年，国家标准《规模化猪场建设》(GB/T 7824.1—2008)颁布实施。

2010 年，我国开始关注和接触自动饲喂系统，同年 5 月通威股份通过对欧洲产品的消化吸收，研制了我国全自动猪场饲喂系统。

2011 年起，大资本陆续进驻养猪业，全国大、小企业老板，特别是矿业老板、资金大鳄都纷纷涉足养猪业。20 世纪末，由芬兰等欧洲国家开始把液态饲喂设备引入中国，大约持续了 10 年之久，目前国内一些设备厂家开始生产液态料设备，并成功推广，解决了霉变和粉尘等问题。

2013 年 12 月，国内最大的美式轻钢结构猪场——天邦公司现代化猪场项目在安徽省和县功桥镇开工，占地 10 hm^2，共有 5 栋猪舍，建成可容纳 6 200 头基础母猪的现代化猪场，每周断奶出栏仔猪达 2 500 头，无论是单场养殖规模，还是整体的自动化程度，都堪称当今国内的最高水准，中国养猪模式步入现代化养殖，全行业由大转强的序幕已然开启。

9.2　环境控制大事件

猪场环境控制是来源国外全封闭设备引进而被中国养猪人所重视，20 世纪 80 年深圳光明畜牧场和广东广三保养猪公司等全面引进国外全封闭生产线，20 世纪 90 年代初，北京养猪育种中心全部引进美国全封闭养猪生产线。由此带来环境改善问题。

1983 年以来，我国在引进、消化、吸收的基础上，设计并研制成功了国产农用低压大流量高效节能轴流风机系列，于 1988 年通过农业部新产品鉴定，填补了我国低压大流量风机的空白。

1988 年，纸质蒸发降温湿垫在北京农业工程大学研制成功，我国在"八五"期间通过农业部以"8098 单片机"为核心开发了以畜禽的日龄为基准的温度、湿度、光照度等多因素闭环控制系统的硬件与软件技术，初步实现了畜禽舍环境的智能化控制品鉴定，填补了我国纸质湿垫降温产品的空白。

"九五"期间开发了畜禽舍的网络分布式控制系统，温湿度一体式数字化传感器，大大提高了对整个畜禽场实现计算机智能控制的可靠性，并降低了设备投资和运行成本。

2008 年，国家标准《规模猪场生产技术规程》(GB/T 17824.2—2008)颁布实施。

2008 年，国家标准《规模猪场环境参数与环境管理》(GB/T 17824.3—2008)颁布实施。

2014 年，中国农业机械学会机械化养猪工程分会正式成立。学会主要由养猪机械工程、机械化养猪企业以及饲料、兽药企业和有关的教育科研单位组成。

第 10 章
物联网猪舍案例分析

本章内容提要

物联网技术是改变人类未来生活方式的新兴技术，已在安防、交通、电力和物流等领域得到应用。现代养猪业中，猪舍环境中的温度、湿度和有害气体浓度以及生产的设施设备等对猪的生长和繁殖性能有着巨大的影响，运用物联网技术可实现猪舍内环境的实时监测与生产的智能控制，有助于发展智慧养猪、精细养猪、高效养猪、绿色养猪，提高养猪业质量效益和国际竞争力。本章从物联网的发展到物联网技术在猪舍环境控制、母猪智能化饲养管理、仔猪自动精细饲喂控制和智能化育肥猪群养管理中的应用案例进行了简述和介绍，以期有助于推动现代养猪业中物联网的应用，使现代化装备、科学化的管理和技术将得到广泛的应用，实现生猪产业全产业链的可持续发展。

10.1 物联网概念

10.1.1 物联网

物联网(Internet of Things)是通过射频识别(RFID)、红外感应器、全球定位系统、激光扫描器等信息传感设备，按约定的协议，把任何物品通过物联网域名相连接，进行信息交换和通信，以实现智能化识别、定位、跟踪、监控和管理的一种网络概念。它是新一代信息技术的重要组成部分，也是“信息化”时代的重要发展阶段，被称为继计算机、互联网之后世界信息产业发展第三次浪潮，具有智能、先进、含量、互联的四重特征。

“物联网概念”是在“互联网概念”的基础上，将其用户端延伸和扩展到任何物品与物品之间，进行信息交换和通信的一种网络概念。互联网(Internet)，又称网际网络或音译因特网(Intranet)、英特网，始于 1969 年美国的阿帕网，它是网络与网络之间所串联成的庞大网络，这些网络以一组通用的协议相连，形成逻辑上的单一巨大国际网络。通常 intranet 泛指内联网，而 Internet 特指因特网。

这种将计算机网络互相连接在一起的方法可称作“网络互连”，在这基础上发展出覆盖全世界的全球性互联网络称互联网。离开了互联网，物联网概念就是无本之木，无源之水；有互联网必然在人们头脑中形成与之相对应的物联网概念，不会只有物联网，而没有互联网概念的情况出现。

10.1.2　物联网的发展

物联网实践最早可追溯到 1990 年施乐公司的网路可乐贩售机——Networked Coke Machine。1995 年比尔盖茨在《未来之路》一书中曾提及“物联网”，但未引起广泛重视；1999 年美国麻省理工学院(MIT)自动识别(Auto－ID)中心的 Kevin Ashton 教授在研究 RFID 时，首次提出物联网的概念，提出“万物皆可通过网络互联”，阐明了物联网的基本含义，被国内外普遍公认为最早提出“物联网”的。早期的物联网是依托射频识别(RFID)技术的物流网络，随着技术和应用的发展，物联网的内涵已发生了较大的变化。

2003 年美国《技术评论》提出传感网络技术将是未来改变人们生活的十大技术之首。

2004 年日本总务省提出 u-Japan 计划，力求实现人与人、物与物、人与物之间的连接，希望日本建设成为一个随时随地任何物体、任何人均可连接的泛在网络社会。

2005 年国际电信联盟(ITU)发布的《ITU 互联网报告 2005：物联网》，引用了“物联网”的概念，物联网的定义和覆盖范围有了较大的拓展，不再只是指基于 RFID 技术的物联网。

2006 年韩国确立了 u-Korea 计划，出台了《物联网基础设施构建基本规划》，将物联网确定为新的增长动力。

2009 年欧盟执行委员会发表了欧洲物联网行动计划，描绘了物联网技术的应用前景。

2009 年 1 月 28 日，IBM 首次提出“智慧地球”概念，建议新政府投资新一代的智慧型基础设施，美国当年将新能源和物联网列为振兴经济的两大重点。今天的“智慧地球”战略被美国人认为与当年“信息高速公路”有许多相似之处，同时被他们认为是振兴经济、确立竞争优势的关键战略。

10.1.3　我国物联网的发展

物联网的概念与其说是一个外来概念，不如说它已经是一个“中国制造”的概念，它的覆盖范围与时俱进，已经超越了 1999 年 Ashton 教授和 2005 年 ITU 报告所指的范围，物联网已被贴上“中国式”标签。物联网这个概念我国在 1999 年提出来的时候叫传感网。

1999 年中科院就启动了传感网的研究和开发。与其他国家相比，我国的技术研发水平处于世界前列，具有同发优势和重大影响力。2008 年 11 月在北京大学举行的第二届中国移动政务研讨会“知识社会与创新 2.0”提出：“移动技术、物联网技术的发展代表着新一代信息技术的形成，并带动了经济社会形态、创新形态的变革，推动了面向知识社会的以用户体验为核心的下一带创新(创新 2.0)形态的形成，而创新 2.0 形态的形成又进一步推动新一代信息技术的健康发展。”

2009 年 8 月 24 日，中国移动总裁王建宙在台湾公开演讲中，也提到了物联网这个概念。工信部总工程师朱宏任在中国工业运行 2009 年夏季报告会上表示，物联网是个新概念，截至 2009 年还没有一个约定俗成的、大家公认的概念。他说：“总体来说，‘物联网’是指各类传感器和现有的‘互联网’相互衔接的一种新技术。”

2009 年 8 月，温家宝总理在无锡视察时提出“感知中国”，无锡市率先建立了“感知中国”研究中心，中国科学院、运营商、多所大学在无锡建立了物联网研究院。物联网被正式列为国家五大新兴战略性产业之一，写入了十一届全国人大三次会议政府工作报告，物联网在中国受到了全社会极大的关注。

《2014—2018 年中国物联网行业应用领域市场需求与投资预测分析报告》数据表明，2010 年物联网在安防、交通、电力和物流领域的市场规模分别是 600 亿元、300 亿元、280 亿元和 150 亿元。2011 年中国物联网产业市场规模达 2 600 亿元。

2017 年 3 月 5 日，李克强总理在《政府工作报告》中指出“推动“互联网＋”深入发展、促进数字经济加快成长，让企业广泛受益、群众普遍受惠”。

2018 年 3 月 5 日，李克强总理在《政府工作报告》中指出：“发展壮大新动能，做大做强新兴产业集群，实施大数据发展行动，加强新一代人工智能研发应用，在医疗、养老、教育、文化、体育等多领域推进‘互联网＋’。发展智能产业，拓展智能生活。运用新技术、新业态、新模式，大力改造提升传统产业。”

物联网技术是改变人类未来生活方式的新兴技术，已在很多领域应用，随着农业产业的结构调整，畜牧业中规模化养殖将进一步快速发展，现代化的装备、科学化的管理和技术将得到广泛地应用，畜牧业也将成为物联网技术应用的重要领域。畜牧业物联网就是借助于物联网先进的传感技术、传输技术和信息处理技术，通过对畜禽养殖环境、生产性能、畜禽流通信息的感知，通过可靠的传输以及智能处理，达到对养殖环境、流通过程的实时监测与科学控制，减少对人力资源的依赖，实现畜禽业全产业链的可持续发展。现代养猪业猪舍环境中的温度、湿度和有害气体浓度对猪的生长、繁殖性能影响巨大，运用物联网技术可实现猪舍内环境的实时监测与智能控制，有助于发展智慧养猪、精细养猪、高效养猪、绿色养猪，提高养猪业质量效益和国际竞争力。

10.2 物联网猪舍案例

物联网是新一代信息技术的重要组成部分，也是信息化时代的重要发展阶段。随着各国政府向物联网倾斜政策和企业的大力支持和投入，从 1999 年至今得到了极大的发展，渗透进了金融、交通、政务、医疗、工业、国防、农业以及居民生活等每一个行业领域。可以预见，未来越来越多的行业领域以及技术、应用都会和物联网产生交叉，各行各业向物联网方向转变优化已经成为了时代的发展方向。畜牧业从 20 世纪 70 年代初就开始利用信息技术对种畜禽场进行计算机管理，为基于物联网技术的云计算及大数据分析奠定了数据基础。

10.2.1　猪舍环境控制系统

猪舍环境中的温度、湿度和有害气体浓度与猪的成长息息相关，对猪的生长影响巨大，在猪舍环境条件不适宜的情况下，猪的遗传潜力不能得到充分发挥，甚至会降低猪的抵抗力，容易感染疾病，导致猪繁殖性能及生长性能大大下降。运用物联网技术，通过智能传感器，在线采集空气中的温度、湿度、光照强度、风速以及空气中的二氧化碳(CO_2)、氨气(NH_3)、硫化氢(H_2S)等，通过有线、无线传送到管理人员手机、Pad、电脑等信息终端，可实现猪舍内环境的实时掌握，并根据监测结果，远程控制相应设备的开启和关闭，通过控制和改善这些因素，减少环境因素对猪生产的不利影响，提高生产性能。

10.2.1.1　托普仪器的物联网猪舍

托普仪器物联网猪舍(图 10-1)监测系统可采用视频、传感器等对生猪养殖环境进行全天候监测，全方位智能监控，能够更及时更准确的得到猪舍的情况和环境参数，并及时响应处理一般问题。养殖户可配备终端智能手机，手机中安装有物联网智能技术软件，设定好猪舍内关键的空气质量、舍内温度湿度、猪群水质要求、饲料储存情况等数据指标，一旦数据偏离正常范围，将会向终端智能手机发出报警信号。无论身处何处，终端用户均可通过手机远程视频察看的方式操作手机智能软件，开关畜舍内相关设备，以达到猪舍内所需控制效果，给猪群一个舒适的生长环境。与以前的人工方法相比，全面提高了饲养人员对猪舍的掌控能力。

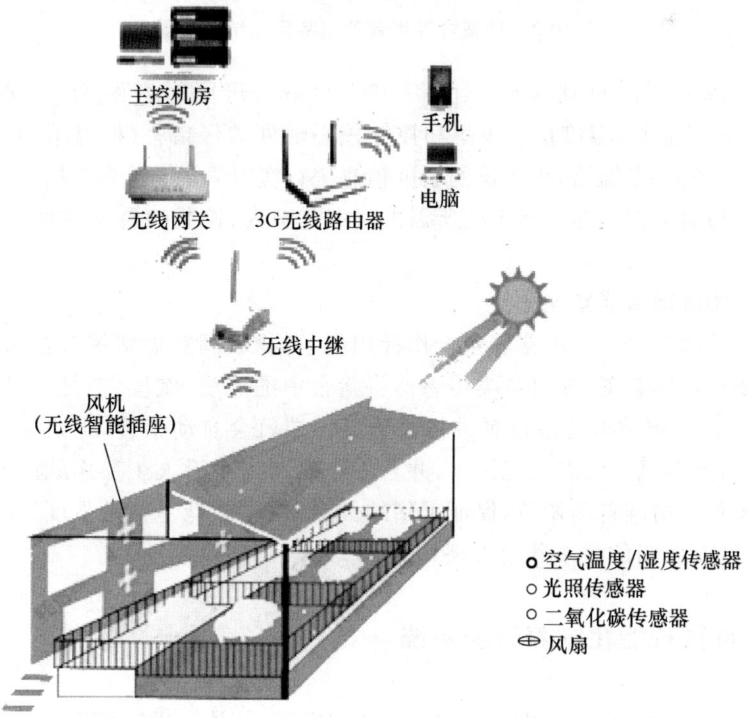

图 10-1　托普仪器的物联网猪舍

资料来源：http://www.tpwlw.com/case/21.html.

10.2.1.2 辽宁朝阳市—温氏股份北票智能猪舍

石家庄圣启科技有限公司根据北票种猪场的现场实际情况、综合考虑天气、地理环境，满足高标准种猪场的监测要求，为温氏集团北票50万头生猪标准化养殖项目安装了智能畜禽养殖(猪舍)环境综合测控系统。该系统应用二氧化碳传感器、氨气分析仪、硫化氢传感器等设备，实时采集养殖舍内的气体参数值，将数值传输到管理平台，控制设备联动控制通风换气，可以及时排出污浊空气，不断吸收新鲜空气。通过改善猪只生长环境，为猪只创造了最佳、舒适的生产、生活环境，仔猪成活率、肉料比和生长速度等生产性能进一步提高。

10.2.1.3 分娩舍保温箱温度自动控制系统

哺乳仔猪对环境温度十分敏感，温度的变化很容易让其出现敏感性反应，而传统猪场却无法保证母猪和仔猪同时保持在最适宜的范围内。为了满足哺乳仔猪和分娩母猪对环境温度需求的差异，内蒙古农牧业科技园区的分娩母猪舍应用了于明珠等设计的基于PLC的仔猪舍(保温箱)温度自动控制系统，自动监控系统的组成包括硬件和软件2个部分。具体结构如图10-2所示(于明珠，武佩，韩丁，2012)。

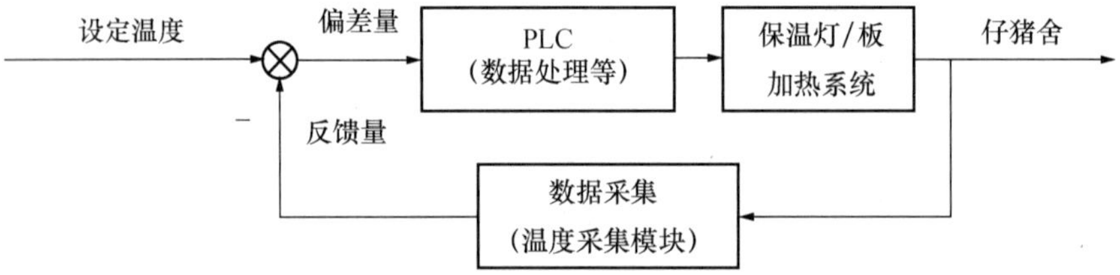

图10-2 仔猪舍温度自动控制系统结构框图

应用自控系统的分娩母猪舍建筑面积290.83 m^2，可同时容纳24头分娩母猪产仔，以PLC为仔猪舍(保温箱)温度信息采集和控制核心部件的仔猪舍(保温箱)温度自动控制系统，能够实现对仔猪舍(保温箱)小环境的温度信息进行实时采集与控制，该温度监控系统能够将仔猪舍(保温箱)温度控制在仔猪生长所需的温度范围内，控制的最大相对误差为3.7%(于明珠等，2012)

10.2.1.4 物联网智能猪倌

江苏省建湖县的玉龙生态黑猪养殖合作社用上了“物联网智能猪倌”，在猪场内安装了温度、湿度、空气质量传感装置，通过各类传感器将猪舍中的温度、湿度、空气质量等数据实时传输到PC终端，任何一项数据超过设置的标准值，PC端就会自动报警，比如，二氧化碳超标就能自动报警提醒，点击鼠标就能实现排风，并且一定时间内若无人工操作就能自动开启排风。实现猪舍空气质量的精准自动调节，保证了猪的健康，同时降低了劳动强度，与传统养殖相比节约了人力，10 000头猪的集中养殖管理只需20多人。

10.2.2 母猪智能化饲养管理系统

母猪智能化饲养管理系统是借助于射频识别(RFID)及计算机控制技术，结合现代营养学原理和现代管理技术，实现了母猪大群饲养的状态下的个体精确管理，不仅解决了母猪采食不均、肥瘦不一问题，而且解决了群养母猪每个个体的转舍、免疫、健康检查、配种等精确管理问题，充分挖掘了母猪生产潜力。

基本的 RFID 系统由 RFID 标签、RFID 读写器及后台数据库 3 部分组成：①RFID 标签：由芯片与天线组成，具有唯一的电子编码，有一定的信息存储容量，附在物体上以标识目标对象。根据不同的射频信号发射方式可以分为主动式(有源)标签和被动式(无源)标签。前者可以主动地向读写器发送射频信号；后者接收到读写器发出的电磁波信号后，将部分电磁能量转化为供自己工作的能量。②RFID 读写器：控制射频模块向标签发射读取信号并接受标签的应答，对标签对象标识信息进行解码，将对象标识信息连同标签上其他有关信息传输到后台主机以供处理。③后台数据库：存放标签的基本信息和企业应用相关的数据。

10.2.2.1　母猪电子群养饲喂

新湘农生态科技有限公司是国内第一家应用电子群养饲喂的猪场(图 10-3)，母猪电子群养饲喂采用的关键技术是 RFID 无线射频识别技术，系统能够准确识别个体母猪信息，既能满足动物福利要求，又能做到猪场精细化数据管理。通过 2 年的应用，节约了人力，提高了生产成绩，400～600 头母猪只需要 3 个工人管理，母猪年提供保育仔猪 23～25 头，出栏 1 万头以上保育仔猪。(李永辉，2010 年)

图 10-3　国内母猪电子群养饲喂

资料来源：新湘农生态科技有限公司。

10.2.2.2　智能化母猪群养管理系统(Velos 系统)

湘潭兴龙畜牧业有限公司 2011 年引进荷兰智能化母猪群养管理系统(Velos 系统)(图 10-4)，母猪在一个 140 d 的繁殖(生产)周期中，其中，70 d 的时间在饲喂站，活动空间大达 80 m^2 以上，母猪运动量增加，肢蹄与体质得到锻炼，健康状况更好，能有效减少母猪肢蹄病，促进发情排卵，经过 3 年的应用，采用智能化母猪群养系统与传统限位栏饲养相比，每头母猪年供断奶仔猪数增加 7 头，母猪年产胎数增加 0.3 胎，母猪利用年限平均延长 1 年，情期受胎率和分娩率分别提高 10 个和 8.9 个百分点，母猪产程缩短 1 h，断奶后发情时间提早 2 d；母猪肢蹄病发生率和母猪更新率均降低了 8 个百分点；全场员工减少 3 人。由于母猪繁殖力和劳动效率提高，全场年增收节支 60 万元以上，经济效益显著(吴买生等，2015)。

图 10-4　智能化母猪群养管理系统

10.2.2.3　种猪性能测定自动化系统 ACEMA64

北京养猪育种中心、北京市顺义种猪性能测定站、深圳农牧公司、农业部种猪质量监督检验测试中心(武汉)，种猪的饲养引入法国 ACEMO 公司的种猪性能测定自动化系统 ACE-

MA64。该系统的基本工作原理是：当带有RFID卡的猪进入读写器的射频场后，由其天线获得的感应电流经升压电路升压后作为芯片的电源，同时，将带信息的感应电流通过射频前端电路检得数字信号送入逻辑控制电路进行信息处理；所需回复的信息则从存储器中获取经由逻辑控制电路送回射频前端电路，最后，通过天线发回给读写器。计算机网络通过接口获取养殖场里猪的信息，并集养猪场日常管理需要的基本功能为一体，将养猪场日常管理所涉及的各种记录、统计、报表等原来用手工完成的工作全部实现计算机管理。

系统基本满足了养猪场目前生产管理的需要，从宏观决策上提供信息，便于管理者及时、准确地了解养猪场的管理状况，提高了现代化管理水平（胡圣杰等，2007）。

10.2.3 仔猪自动精细饲喂控制系统

针对目前仔猪养殖成本高、自动化程度低的问题，河南省伊川新大牧业发展有限公司应用了由张伏等设计的仔猪自动精细饲喂系统。系统以微处理器为核心，结合液位传感器、光电传感器组成信息采集模块，对自动精细饲喂装置的上料电动机、喂料电动机和上水水泵进行实时控制（图10-5）。自动精细饲喂装置可采用远程控制系统易微联WiFi模块，在预设饲喂装置干湿料的比例、下料快慢的情况下，可通过手机远程控制界面控制，实现仔猪饲喂过程中的配料、搅拌、喂料、冲洗料桶和食槽的自动化（图10-6）。该系统喂养仔猪平均日增量是普通喂养的2倍（张伏等，2018）。

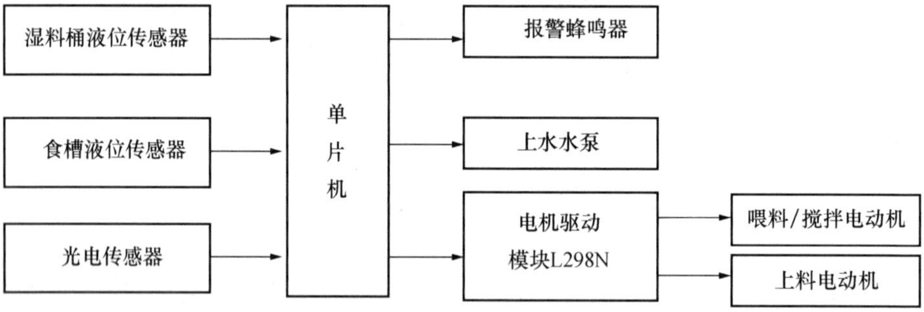

图10-5 控制系统整体示意图

图10-6 现场图片

10.2.4　智能化育肥猪群养管理系统

金华市金东区傅村镇大堰河农牧场，应用“智能化育肥猪群养管理系统”，本系统包括猪舍环境调节和猪体重调节两个子系统。通过环境监测器和每头猪耳朵上的电子耳标，把数据传给控制系统的电脑，经过配套的云平台技术计算分析后，再将数据传到手机上，通过手机就可查看猪舍内空气质量和猪群的生长情况等。根据所提供的数据，能够及时调整系统开关，控制猪舍空气质量和猪群饲料的供应。依托智能化育肥猪群养管理系统，整个农牧场 5 个饲养人员管理 21 栋猪舍，节约了人工费用，降低了生产成本，农场每年大概可以降低成本 15 万～20 万元。

物联网技术被认为是 21 世纪改变人类生活方式的十大新技术之一。养猪业通过物联网的应用，使得生产更加精准和高效，是现代化养猪将来发展基本的方向。但是要做到可持续发展，应培养畜牧和信息专业复合型人才，进一步提高物联网设备的可靠性、稳定性、精准度等性能指标，以满足生猪生产的需要。

参考文献

[1]罗运兵．中国古代猪类的驯化与饲养“与猪同行”．大众考古，2013(4)：44-47.

[2]余海波．规模化猪场的生产工艺及组织实施．中国畜牧业，2014(12)：82-83.

[3]王清玲．现代养猪饲养工艺．兽医导刊，2015(14)：78-78.

[4]李保明．现代养猪工艺模式与环境控制新技术研究进展．中国猪业，2012(4)：12-12.

[5]张艳春．猪场的清粪工艺及其优缺点．湖南农业，2017(7)：27-27.

[6]姚维斌．中小规模猪场水泡粪工艺探讨现代农业科技，2016(20)：161-162.

[7]韩华，陈冲，彭英霞，等．猪场尿泡粪工艺设计．今日养猪业，2014(8)：10-14.

[8]丘毅．陆川县高架网床养猪技术集成模式评析．猪业科学，2014(4)：132-133.

[9]李振．高架网床节能减排生态养猪技术．南方农业，2016，10(6)：176-177.

[10]孙德林．楼房养猪杂谈．猪业科学，2008(6)：74-75.

[11]陈剑晨．“住楼房、坐电梯”让养猪更轻松．江西农业，2015(3)：58-58.

[12]何葆祥．楼房养猪的优点．养猪大视野，2006(6)：20-21.

[13]黄春玲，李延森，周波，等．中小规模猪场建设存在的问题及对策思考——以江苏省调研结果为基础．江苏农业科学，2009(5)：213-215.

[14]王利民，孙永峰．中小型猪场的选址与建设．中国畜禽种业，2012，8(12)：37-38.

[15]刘影．标准化养猪场的选址与布局规划．现代畜牧科技，2017(11)：148-148.

[16]蒋宗兴．中小型猪场的选址与布局．养殖与饲料，2012(7)：17-19.

[17]董日辉．标准化规模猪场选址与布局应注意的几个问题．河南畜牧兽医：综合版，2013，34(8)：10-12.

[18]黄剑铭．浅谈规模化猪场的选址和规划设计．中国农资，2013(12).

[19]朱尚雄．国内工厂化养猪的现状．中国畜牧杂志，1988(3)：15-17.

[20]张荣波，李焕烈．我国养猪机械设备发展概况、方向及前景．养猪，2011(1)：49-53.

[21]邵燕华．中国南方地区夏季猪舍降温效果的实验研究．杭州：浙江大学，2002.

[22]王云林．现代中国养猪．北京：金盾出版社，2007.

[23]郭宗义，王金勇．现代实用养猪技术大全．北京：化学工业出版社，2010.

[24]李如志．家畜环境卫生学．3 版．北京：中国农业出版社，2003.

[25]施正香，李保明，等．健康养猪工程工艺模式-舍饲散养工艺技术与装备．北京：中国农业大学出版社，2012.

[26]杨公社．猪生产学．北京：中国农业出版社，2002.

[27]闫益波．轻松学养猪．北京：中国农业科学技术出版社，2014.

[28]闫益波．养猪防疫消毒技术指南．北京：中国农业科学技术出版社，2017.

[29]李长生，路旭，吴冰．规模化猪场粪污处理工艺的研究[J]．农业工程学报 1997，13(9)：

58-63.
[30]李俊卫,彭英霞,王浚峰,等．规模化猪场粪污综合利用工艺分析[J]．家畜生态学报,2015,36(11):67-71.
[31]钱易,米祥友．现代污水处理新技术．北京．中国科学技术出版社,1991.
[32]马常宝,史梦雅．我国主要畜禽粪便资源利用现状与分析研究[J],中国农技推广,2006,32(11):7-11.
[33]张克强,高怀友．畜禽养殖业污染物处理与处置．北京:化学工业出版社,2003.
[34]朱平．人工湿地-稳定塘组合生态系统对污染水体的处理[D]．上海:华东交通大学,2014.
[35]李纪周．天津市规模化畜禽养殖场粪污治理及资源化利用调查研究[D]．北京:中国农业科学院,2011.
[36]蔡文炳．规模化猪场粪污处理模式的比较分析[D]．南京:南京农业大学,2015.
[37]肖冬生．规模化养猪场粪污水处理和利用的研究[D]．北京:中国农业大学,2002.
[38]夏运红．不同基质和湿地植物的潜流人工湿地处理畜禽污水的效果研究[D]．雅安:四川农业大学,2015.
[39]郭飞．人工湿地污水处理影响因素研究及优化[D]．上海:同济大学,2006.
[40]李如治．家畜环境卫生学．北京:中国农业出版社,2003.
[41]杨仁全,卢朝义,张一帆．工业化农业生产．北京:中国农业出版社,2009.
[42]邓良伟．猪场废水处理新工艺研究[D]．杭州:浙江大学,2007.
[43]武深树．畜禽粪便污染防治技术．长沙:湖南科技出版社,2014.
[44]刘培军,张曰林,王泽洋．农村沼气建设与利用．济南:山东科学技术出版社,2009.
[45]苏有勇．沼气发酵检测技术．北京:冶金工业出版社,2011.
[46]杨北桥,马虎．沼气工程实用新技术．银川:阳光出版社,2012.
[47]董红敏,陶秀平．畜禽养殖环境控制与通风降温．北京:中国农业出版社,2001.12.
[48]付新成．夏季猪舍各种通风方式的优缺点分析[J]．中国猪业,2016,11(7):63-64.
[49]刘卫东,赵云焕．畜禽环境控制与牧场设计．郑州:河南科学技术出版社,2012(8):6-41,89-124.
[50]李保明．我国畜牧工程技术发展的现状与趋势[J]．中国家禽,2002(24):5-8
[51]殷安全,冉建川．新法养猪．重庆:重庆大学出版社,2014.
[52]张永春．保温猪舍．哈尔滨:黑龙江科学技术出版社,1982.
[53]王宏,李立山,张宁．北方塑膜暖棚猪舍设计与环境控制[J]．中国畜牧兽医文摘,2005(5):65-66。
[54]霍克民,隋志鹏,徐丽华．冬季塑料大棚养猪应注意的几个问题[J]．现代畜牧兽医,2007:17.
[55]李保明,施正香,张晓颖等．利用低下水对猪舍地板局部降温效果研究[J]．农业工程学报,2004(20):255-258.
[56]全炳昭,吴贵泉．迪卡白带仔母猪的热应激与滴水降温抗应激的研究[J]．中国畜牧杂志,1993(1):24-25.
[57]纽银花,崔绍荣．夏季鸡舍风扇湿帘蒸发降温设施的研究[J]．浙江农业大学学报.1989

(1):290-296.
[58]刘铁男．光照对猪的影响及光照管理[J]．现代畜牧科技,2017(2):16
[59]苗玉涛,李广东,王健诚,等．光照对猪繁殖性能的影响[J]．北方牧业,2014(24):21.
[60]李峰．光照对养猪的影响及猪舍光照控制技术[J]．中国畜牧兽医文摘,2012(28):83
[61]杨公社．猪生产学．北京:中国农业出版社,2002(12):15-23,279-289
[62]高岩．猪舍光照指标及照明系统的建议[J]．猪业科学,2015(12):42-43
[63]孙培明,唐宏．病死猪无害化处理技术综合性分析与讨论．中国猪业,2015,10(04):55-58.
[64]印遇龙．中国生猪产业技术创新与发展:生猪产业技术创新战略联盟五周年回顾．长沙:湖南科学技术出版社,2015.
[65]农业部．病死猪无害化处理技术规范．2013.
[66]麻觉文,洪晓文．我国病死动物无害化处理技术现状与发展趋势．猪业科学,2014,31(10):90-91.
[67]刘凤华．家畜环境卫生学．北京:中国农业大学出版社,2004.
[68]颜培实,李如治．家畜环境卫生学:4版．北京:高等教育出版社,2011.
[69]于明珠,武佩,韩丁,通菲基于PLC的仔猪舍温度自动控制系统的设计与试验研究．农机化研究．2012(11):102-105.
[70]李永辉．智能化养猪模式在中国养猪业的应用．中国猪业,2010(9):45-46.
[71]吴买生,刘国新,刘应龙,等．智能化母猪群养系统在规模猪场中的应用,猪业科学,2015,32(9):38-39.
[72]胡圣杰,王树才．RFID技术在养猪业中的应用．湖北农机化,2007(5):24-25.
[73]张伏,王亚飞,吕美,等．仔猪自动精细饲喂系统设计与试验,农业机械学报,2018,49(7):39-45.
[74]Bodman, GR. Non-mechanical ventilation-designing for function. Dairy housing Ⅱ. Proceedings of second national dairy housing conference. ASAE, St. Joseph, MI. 1983: 122-129.
[75]Bickert, WG. Full wall ventilation to improve warm weather environments in naturally-ventilated livestock buildings. Livestock Environment Ⅲ. 1988:1-7.
[76]Verstegen MWA, Brandsma HA, Mateman G. Feed Requirement of Growing Pigs at Low Environmental Temperatures[J]. 1982, 55(1):245-259.
[77] Harrison, PC, Gonyou, HW, Muiruri, HK. et. al. Behavioral conductive cooling for zone body cooling by chickens and pigs in hot environments Ⅳ[J]. Proceedings of the Fourth International Livestock Environment Symposium. 1993:228-235.
[78]Bull RP, Harrison PC, Riskowski GL, et al. Preference among cooling systems by gilts under heat stress[J]. Journal of Animal Science, 1997, 75(8):2078.
[79]BaccariJr F, Gayao ALBA, NunesJRV. Effect of water cooling on growth rate of Large White-Landrace gilts during termal stress[J]. Livestock Environment, Ⅳ: Proceedings Fourth International Livestock Environment Symposium. 1993:889-894.
[80]Nichols DA, Murphy JP, Robbins FV. Drip cooling of lactating sows[J]. ASAE Paper

No.83-4007.
[81]Wilson JL, Hughes HA, Jr WWD. Evaporative cooling with fogging nozzles in broiler houses]Equipment]. [J]. 1983, 26(2):0557-0561.
[82] Bottcher RW, Driggers LB, Carter TA, et al. Field Comparison of Broiler House Mechanical Ventilation Systems in a Warm Climate [J]. Applied Engineering in Agriculture, 1992, 8(4):499-508.